João Wesley

Uma Introdução
à Sua Vida e Pensamento

Timothy J. Crutcher

João Wesley

Uma Introdução à Sua Vida e Pensamento

cnp

Casa Nazarena de Publicações

ISBN 978-1-56344-796-9

Copyright © 2015

Publicado por
Casa Nazarena de Publicações
17001 Praire Star Parkway
Lenexa, KS 66220 EUA

Título em Inglês: *John Wesley: His Life and Thought*
© 2015 por Timothy J. Crutcher
Postado por Beacon Hill Press of Kansas City
Uma divisão da Nazarene Publishing House
Kansas City, Missouri 64109 (EUA)

Esta edição foi publicada com o consentimento da Nazarene Publishing House.

Design da capa: Juan Fernandez

*Aos meus alunos e colegas
da Southern Nazarene University.*

Índice

Introdução

João Wesley é uma figura teológica significativa para muitas pessoas na igreja protestante, especialmente para aquelas que possuem o legado de seu Movimento Metodista e que frequentam uma das várias denominações que surgiram a partir dele. Este livro é uma tentativa de oferecer ao leitor uma orientação básica da biografia de João Wesley e os elementos mais significativos de sua herança teológica. Ele tem a intenção de ser uma fácil introdução a esta figura bastante complexa e, por isso, é um livro projetado principalmente para alunos iniciantes no estudo de Wesley em cursos de preparação ministerial ou para leigos interessados em saber mais sobre este grande pensador e evangelista. É, portanto, um livro mais voltado para a igreja do que para a educação acadêmica formal. Esperamos que, no entanto, seja um livro que possa servir como uma ponte entre os dois, dando aos leitores reflexões sólidas suficientes sobre Wesley para que possam envolver-se de uma forma proveitosa e profunda em obras mais eruditas acerca do mesmo.

Na primeira parte deste livro apresentaremos a biografia de Wesley, começando com uma visão geral de seu contexto histórico e analisando em seguida a sua infância, idade adulta, os eventos que deram início ao seu ministério, os primeiros dez anos do Reavivamento Evangélico do qual ele fez parte e terminando com dois capítulos sobre os períodos posteriores de sua vida. Nesta breve visão biográfica tentaremos equilibrar tanto os detalhes pessoais da vida de Wesley, como a sua vida e ministério encaixaram-se nas maiores controvérsias e questões com as quais envolveu-se.

Na segunda parte do livro, exploraremos as visões básicas que sempre surgem ao longo de seus sermões e outros escritos. Wesley era o que poderíamos chamar de um "teólogo ocasional", significando que ele cumpriu sua vocação teológica quando a ocasião exigia - um pouco aqui, um pouco ali, um sermão aqui, um folheto ali. Ele mesmo nunca organizou tudo em uma teologia sistematizada, sendo assim todos os padrões que podemos usar para organizar seu pensamento são um tanto artificiais. No entanto, nós devemos organizar, por isso a nossa apresentação de Wesley começará com seu método teológico e, em seguida, exploraremos suas visões básicas sobre Deus, a criação, os seres humanos e o pecado. Com este pano de fundo, seguiremos para a descrição de Wesley sobre o grande drama da salvação – tanto de uma forma geral como em uma "ordem da salvação" específica - e como esta salvação se revela na vida corporativa da Igreja.

Considerando que este livro pretende ser uma introdução simples, devemos notar desde o início que a vida e pensamento de Wesley são, de fato, mais complicados do que eles são apresentados aqui. Na tentativa de capturar os principais acontecimentos de sua vida e as grandes percepções que orientam seu pensamento, muitas nuances tiveram de ser ignoradas. É desta maneira, naturalmente, que devemos começar quando iniciamos nossa jornada de aprendizado em qualquer área. Todavia, dar atenção a este fato logo de início é de grande ajuda, a fim de que o leitor não pense que qualquer coisa dita ou afirmada neste livro deva ser tomada como a última palavra sobre o assunto. O objetivo deste livro é fazer com que a perspectiva geral seja a mais clara possível, consequentemente, temos ignorado algumas das complexidades que facilmente ofuscariam esta perspectiva. Deste modo, enquanto acreditamos que a visão teológica de Wesley é coerente, podemos admitir que a implementação de sua visão em seus vários escritos e atividades nem sempre era tão coerente. No entanto, essas inconsistências são mais fáceis de serem vistas diante do cenário de uma visão mais ampla da sua obra. E enquanto elas devem preocupar historiadores e teólogos sistemáticos de nossos dias, elas podem ser convenientemente ignoradas por aqueles que estão olhando fixamente apenas para o seu encontro com Wesley.

Considerando que esta introdução é pretendida como um encontro preliminar com Wesley, temos focado muito mais em seus próprios escritos - particularmente seu *Diário* e seus *Sermões* - do que no que outras pessoas disseram a seu respeito. Referências que não sejam de Wesley foram mantidas a um mínimo, e todas as citações são de Wesley, a menos que esteja explicitamente indicada de outra forma. Ao citar Wesley, temos tentado dar informações suficientes para o leitor encontrar a citação em qualquer edição de sua obra, mas também incluímos, quando disponível, o volume e página das citações entre parênteses, por exemplo: (Ed. Bicentenário 8:13), para a edição do Bicentenário das Obras de Wesley (*The Works of John Wesley*, Oxford University Press e Abingdon Press, 1980-2013). Esta edição ainda não foi publicada e quando for concluída, será a edição padrão das obras de Wesley em inglês. Para aquelas que ainda não estão disponíveis nessa edição, usaremos as edições padrões anteriores das obras de Wesley. Citaremos *The Works of John Wesley* [As Obras de João Wesley], 3ª edição, editado por Thomas Jackson (Kansas City, MO: *Beacon Hill Press* de Kansas City, 1978), como "Jackson", com o volume e número da página. Para suas cartas posteriores usaremos *The Letters of the Rev. John Wesley,*

A.M. [As Cartas do Rev. M.A. João Wesley], editado por John Telford (London: Epworth, 1931) e as citaremos como "Telford", também com o volume e número da página. Em qualquer citação de Wesley, o leitor poderá assumir que todas as ênfases e palavras em itálicos vêm dos originais publicados pelo mesmo.

Finalmente, devemos mencionar uma característica do nosso uso da linguagem que alguns leitores podem achar estranho, a saber, a tentativa de evitar uma linguagem tendenciosa de gênero — particularmente quando referindo-se a Deus. Isso significa que não utilizaremos quaisquer pronomes para Deus, referindo sempre Deus como Deus e não com designações como "Ele". Pode não parecer natural, no entanto, o uso da linguagem humana para falar sobre Deus já não é natural de qualquer forma. Porventura o constrangimento no falar sobre o que Deus faz para o próprio Deus, ou a forma como Deus se sente sobre a Criação de Deus nos lembrará que Deus não se encaixa perfeita e ordenadamente em nossas categorias humanas pré-fabricadas de pensamento ou linguagem. Wesley, certamente, viveu em um período anterior ao despertar de tais preocupações, e nós não fizemos nenhuma tentativa para conformar os escritos de Wesley às nossas sensibilidades contemporâneas. Ele utiliza pronomes masculinos para Deus e usa "homem", "humanidade" e "ele" quando se refere a pessoas genéricas. Talvez devêssemos ser incomodados por tais coisas, porém teremos que perdoar a cegueira de Wesley e sua cultura. Isto me parece melhor do que estar constantemente chamando a atenção para o fato com expressões como "[*sic*]".

Este, então, é o nosso roteiro, uma breve orientação para o que será explorado à nossa frente. No entanto, os roteiros só importam realmente se os seguirmos, por isso, vamos dar início a viagem.

CAPÍTULO UM

Wesley e a Inglaterra do Século XVIII

Para entender um escritor como João Wesley – ou qualquer escritor do passado – conseguir entender algo do ambiente em que ele ou ela viveu e escreveu é de grande ajuda. O significado sempre será em função do contexto e, por isso, geralmente precisamos colocar escritores em seu contexto histórico para descobrir o que eles queriam dizer, especialmente aqueles que viveram séculos antes de nascermos. O mundo para o qual eles escreveram era diferente do nosso. Os desafios eram diferentes, valores diferentes e os pontos cegos eram diferentes. Saber um pouco sobre tudo isso nos ajuda a ouvir o que os escritores estavam dizendo de uma forma mais clara. Certamente pesquisamos a história com muito "temor e tremor", já que não podemos afirmar que compreendemos perfeitamente até mesmo o nosso próprio contexto. Se não compreendemos todas as coisas que moldam a nossa maneira de pensar e agir nos dias atuais, provavelmente não compreenderemos tudo corretamente a respeito de um tempo em que, hoje, está a nossa disposição apenas por meio de documentos e artefatos. Ainda assim, mesmo sendo imperfeitas as nossas tentativas de compreensão do contexto histórico de João Wesley, elas deverão evitar alguns dos erros que cometeríamos se tentássemos lê-lo como se estivesse escrevendo hoje. Às vezes, é a nossa distância e diferença daqueles escritores que os tornam mais úteis para nós, e o entendimento desta distância traz um foco mais claro do trabalho deles.

João Wesley viveu de 1703 até 1791, na Inglaterra, o país que ocupa a metade sudeste da ilha da Grã-Bretanha. O século XVIII foi um período de mudanças significativas para a Inglaterra, visto que as estruturas mais antigas da sociedade que haviam sido herdadas da era medieval começaram a dar lugar àquelas que se parecem mais com as modernas. Houve mudanças na religião, política, pensamento e economia. Houve até mesmo uma mudança no calendário.

Wesley viveu entre essas mudanças e respondeu a muitas delas. Como se vê Wesley em relação a sua cultura, no entanto, ainda é um assunto de muito debate. Por um longo tempo, muitas pessoas - particularmente a descendência Metodista de Wesley - acharam importante enfatizar a vida e trabalho de Wesley como uma reação *contra* as tendências "corruptas" da igreja e sociedade britânica do século XVIII. Assim, certas características do tempo de Wesley foram enfatizadas – tais como a diminuição da frequência à igreja ou o aumento do número de pobres urbanos – porque estas eram as coisas a que Wesley respondeu mais criativamente. Outras características da resposta de Wesley à sua época, algumas que mostraram um ponto de vista comum – como a sua oposição à Revolução Americana ou a sua recusa em retirar-se oficialmente da Igreja da Inglaterra, receberam menos peso.

Nos últimos cinquenta anos ou mais, no entanto, historiadores têm mudado a maneira com que olham para o século XVIII, e muitos cristãos têm renovado o seu compromisso de concentrarem-se no que une vários grupos cristãos ao invés do que naquilo que os dividem. Biógrafos contemporâneos de Wesley agora tendem a destacar as coisas que Wesley tinha em comum com sua época e sua "igreja de origem". Com base nestes pontos em comum, alguns wesleyanos até querem manter Wesley como um recurso para todo o cristianismo e não apenas como o herói e fundador do Protestantismo Metodista.

Ambas perspectivas têm os seus pontos bons e ruins, mas os leitores iniciantes de Wesley não devem sentir nenhuma pressão para tomar partido em tal debate. Assim como acontece muitas vezes com Wesley, é melhor ter uma abordagem de "ambos/e" para com o engajamento de Wesley em seu contexto do que a de "ou um/ou outro". Wesley era ao mesmo tempo um produto do seu tempo e um desafio para ele. Ele era um exemplo do "meio-termo" do Anglicanismo e um espinho no seu lado institucional. Ele foi um homem que representou alguns dos ideais de seu tempo, mas ele também lembrou seus ouvintes dos muitos aspectos em que a vida inglesa ficou muito aquém dos seus próprios ideais.

Eis então algumas características cruciais do contexto de Wesley que fornecem um pano de fundo útil para a compreensão de sua vida e pensamento. Embora possamos apenas arranhar a superfície das profundas questões envolvidas, esses recursos devem ser suficientes para dar ao leitor – que não está familiarizado com a Inglaterra do século XVIII – um entendimento básico da época. Essas características são a igreja oficial e protestante do país (Igreja da Inglaterra); a turbulência política da época; o clima intelectual da época; e a maneira com que a sociedade estava mudando. Em cada caso explicaremos as questões envolvidas e, em seguida, apresentaremos uma pequena indicação de como essas questões são importantes para a compreensão de Wesley.

A Igreja Protestante Oficial da Inglaterra

Um bom lugar para começar a montar as peças do contexto de Wesley é na Igreja da Inglaterra, a que hoje também se referem como a Igreja Anglicana. Esta é a igreja que o nutriu e ordenou, e em seguida, teve que lutar com os desafios que ele próprio apresentou e as questões que levantou. A maioria das pessoas vivas hoje, concordando ou não, está familiarizada com o conceito de separação entre Igreja e Estado. O mundo de Wesley, no entanto, não estava. A opinião da grande maioria dos ingleses durante a vida de Wesley foi a de que Igreja e Estado eram duas facetas inseparáveis da sociedade, trabalhando juntas para o bem mútuo.

Cerca de duzentos anos antes da época de Wesley, em 1534, o Rei Henrique VIII separou a Igreja da Inglaterra da "Igreja de Roma" e fez-se o chefe da Igreja, bem como o do Estado. Ele acreditava que – como a maioria das pessoas nos dias de Wesley – ele governava por direito divino, e desobedecer ao rei era, por fim, desobedecer a Deus. Deste modo, no rei, a Igreja e Estado estavam indissociavelmente ligados, mas este vínculo também permeou a sociedade inglesa fora do palácio. Por exemplo, os bispos da Igreja da Inglaterra tinham assentos na Câmara dos *Lordes*, a câmara alta do Parlamento Inglês. Isto lhes dava poder político, mas também poderia distraí-los de suas funções pastorais. Muitos outros funcionários do governo, tais como juízes de paz, também eram do clero, desta forma as pessoas muitas vezes envolviam-se com a Igreja e Estado ao mesmo tempo. Finalmente, havia leis que forçavam a crença e prática Anglicana, por isso a religião foi sempre uma questão legal e não apenas uma questão moral ou pessoal.

Tudo isto fez com que a Igreja da Inglaterra se tornasse a igreja "oficial" na sociedade inglesa, o que significa que ela era a única religião oficial do país. Apenas os membros da Igreja da Inglaterra que participavam da Santa Ceia regularmente poderiam ocupar um cargo político. Embora nos dias de Wesley havia uma tolerância oficial para aqueles que não concordavam com os ensinamentos ou a estrutura da igreja, essa tolerância não era o mesmo que liberdade religiosa. Os "dissidentes" ou "não-conformistas", como eram chamados, não eram muitas vezes processados por sua discordância, mas o desacordo ainda era tecnicamente ilegal. Eles também foram sujeitos a restrições que eram graves o suficiente para fazer com que muitos deles se tornassem insatisfeitos com a monarquia da Inglaterra. Contudo, a união entre Igreja e Estado de Henrique VIII provou ser duradoura e só começou a dividir-se no final da vida de Wesley.[1]

Ter este conhecimento é importante, porque Wesley sempre teve uma relação ambígua com a sua "igreja mãe". Por um lado, ele defendeu explicitamente este sistema de igreja oficial. Wesley afirmou que Deus era a base do governo, que reis governavam por direito divino, e ele usou essa ideia para argumentar contra a Revolução Americana. Ele resistiu à ideia de registrar seus metodistas como dissidentes, e permaneceu um sacerdote anglicano até o dia de sua morte. Por outro lado, muitas vezes, as ações de Wesley comprometeram este princípio. Ele valorizava a missão da igreja de salvar almas e levar pessoas à santidade de vida mais do que valorizava as estruturas anglicanas que deveriam apoiar essa missão. O seu uso de pregadores leigos ao invés dos oficialmente ordenados, seu desprezo pelas fronteiras paroquiais e o fato de que ele próprio ordenou sacerdotes, desafiou a igreja oficial do lado de dentro assim como os dissidentes o fizeram do lado de fora. Após a Revolução Americana, Wesley incentivou os metodistas americanos a funcionarem como uma igreja livre e independente, que não precisava de apoio do governo. Assim, ao mesmo tempo que Wesley compartilhava o pressuposto básico de que a Igreja e o Estado estavam conectados, ele estava comprometido com um ideal de cristianismo que o fez desafiar algumas áreas do sistema da Igreja Estatal e isso o colocou em apuros. Veremos muitos exemplos disso à medida que caminharmos através da história da vida de Wesley.

Turbulência Política

A história política da Inglaterra no século XVIII – bem como cerca de metade do século anterior – também estava ligada a questões religiosas. Estas questões formaram o pano de fundo pelo qual as pessoas discutiram religião e política, e estas até mesmo deram forma aos assuntos internacionais da Inglaterra e a sua posição no cenário mundial.

A agitação político-religiosa da Inglaterra começou na Reforma na década de 1530, mas atingiu um pico crítico com as Guerras Civis Inglesas 1642-51 e a Comunidade Puritana e o Protetorado de 1649-1659. Os puritanos eram os que queriam "purificar" a Igreja da Inglaterra dos elementos litúrgicos e torná-la mais parecida com as igrejas protestantes do Continente Europeu. A maioria das pessoas que viveram nessa turbulência já havia morrido na época de Wesley, mas a memória cultural destes eventos ainda dava forma aos medos e preocupações dos ingleses. Embora houvesse questões econômicas graves que alimentaram essas guerras civis, o entendimento popular delas eram os conflitos religiosos em que os protestantes radicais tinham assassinado o rei, exilado seu filho, e, em seguida, tentaram em vão governar o país e impor a sua religião radical aos demais.

Para muitos anglicanos, esses eventos mostraram como o fanatismo religioso pode ser perigoso. O fato não era que as pessoas simplesmente discordavam a respeito de doutrina e prática, mas era que elas estavam tão emocionalmente envolvidas em sua religião, que estavam dispostas a matar por seus ideais. A memória desses conflitos com os puritanos tornou as pessoas desconfiadas de qualquer religião emocional que desviava-se de um padrão "normal" de religião moral e uma frequência moderada à igreja (seja em Igrejas Anglicanas oficiais ou aquelas Não-Conformistas registradas). Tal fervor religioso não era apenas de mau gosto, ele poderia ser realmente uma ameaça para o país.

Isso nos ajuda a entender por que Wesley enfrentou uma séria oposição. Uma coisa era ter alguns pregadores estranhos querendo que as pessoas fossem mais religiosas do que eram. Outra coisa era agitar emoções religiosas que poderiam ser vistas como um prelúdio para uma guerra civil. Como veremos, no período em que Wesley viveu, isto assumiu a forma tanto de censura por parte da elite da sociedade como também violência contra os metodistas vindas daqueles de escala social mais baixa.

O conflito com os puritanos também deu forma ao ambiente teológico da Igreja da Inglaterra, que foi oficialmente restaurada à sua antiga posição, juntamente com a restauração da monarquia. Uma vez que os puritanos queriam acabar com coisas da "alta igreja" como bispos e livros de oração, os líderes anglicanos recém-restaurados naturalmente enfatizaram essas coisas. Os puritanos eram fortes calvinistas em sua teologia, enfatizando a pecaminosidade total da humanidade e a doutrina da predestinação. Portanto, foi fácil para os líderes anglicanos enfatizarem ideias opostas como a busca da santidade através de boas obras e os meios da graça, ou a ideia de que as pessoas não eram predestinadas, mas tinham o livre arbítrio.

Estas ênfases antipuritanas foram impostas sobre a igreja, e isso forçou muitos ministros (incluindo ambos os avós de Wesley) a renunciarem suas posições na Igreja da Inglaterra e tornarem-se dissidentes. Essa atitude também permeou as escolas de formação de ministros da Igreja da Inglaterra, como Oxford, onde

Wesley frequentou quando jovem. Wesley foi, portanto, exposto a ambos os lados deste debate, e veremos que suas próprias atitudes eram uma mistura eclética das posições representadas pelos puritanos e pelos chamados "*Caroline Divines*" (uma vez que "Carol" é latim para "*Charles*" [Carlos], o nome do novo rei).

As coisas simplesmente não acalmaram para a Inglaterra quando a Convenção do Parlamento em 1660 convidou Carlos II – o filho exilado do rei decapitado pelo Parlamento anterior – a regressar do exílio e ocupar o trono inglês. Carlos II passou a década de intervenção exilado na França, o que gerava desconfiança por duas razões. Em primeiro lugar, a França havia sido uma "inimiga" antiga da Inglaterra, ou pelo menos a sua "irmã rival", por centenas de anos. Em segundo lugar, relacionado a isso, a França também era firmemente Católica Romana. Isso a tornava tanto um adversário religioso quanto político.

Carlos II seria o Chefe da Igreja da Inglaterra, uma igreja protestante, portanto, qualquer vínculo com o catolicismo romano era suspeito. As suspeitas foram confirmadas quando Carlos entrou para a Igreja Católica Romana em seu leito de morte. O problema tornou-se ainda pior sob o reinado de seu irmão, Jaime II. As fortes inclinações pró-francesas e pró-católicas de Jaime levaram a uma revolução. Sete nobres ingleses convidaram a filha protestante de Jaime, Maria, e seu marido holandês, Guilherme de Orange, para invadir o país e salvar o trono inglês para o protestantismo. Jaime fugiu de volta para a França depois de alguns conflitos pequenos em um evento lembrado nos dias de Wesley como a Revolução Gloriosa de 1688. Guilherme e Maria foram reconhecidos pelo Parlamento como governantes concomitantes, mesmo que o rei anterior ainda estivesse vivo.

Com esta mudança na monarquia, duas orientações políticas importantes surgiram na Inglaterra, eventualmente unindo-se como partidos políticos. Um partido, que ficou conhecido como *Whig*, enfatizava o papel do Parlamento Inglês no governo inglês, e eles procuraram dar a esse corpo uma prioridade e controle cada vez maior. O outro partido, conhecido como *Tory*, sentia que o rei deveria ser visto como o elemento central no governo e que ele deveria ser obedecido em todas as coisas.

A Revolução Gloriosa lançou uma longa sombra sobre a maior parte da vida de Wesley, mesmo acontecendo 15 anos antes de seu nascimento. A maioria dos ingleses não assumiu nenhum lado durante a invasão, seja para defender seu rei ou para auxiliar seu rival. Quando a poeira baixou, eles aceitaram a nova situação e prestaram seus juramentos de lealdade para com os novos monarcas. Uma minoria significativa, entretanto, não aceitou este resultado. No princípio, eles acreditavam que um monarca somente governava por direito divino, e que nenhum grupo de pessoas – nobres, parlamentares ou qualquer outro – poderia mudar isso. Eles não podiam prestar juramento ao seu novo rei porque eles acreditavam que Jaime II ainda era o seu legítimo rei, por mais que discordassem de sua religião ou política. Essas pessoas eram conhecidas como *non-jurors* (porque recusaram-se a prestar o juramento de fidelidade), e elas foram excluídas da vida política e religiosa oficial da Inglaterra. Como veremos, a mãe de Wesley, Susanna, simpatizava com essas ideias, o que causou problemas em casa.

Maria morreu em 1694, e Guilherme reinou sozinho até sua morte em 1702. Ele foi sucedido por outra filha protestante de Jaime, Ana. Na época em que a Rainha Ana foi coroada, o próprio Jaime já havia falecido, por isso havia menos objeções de princípios relacionadas à sua coroação, mas ainda havia alguns que acreditavam que os herdeiros masculinos de Jaime - particularmente seu filho Jaime e seu neto Carlos – ainda eram os legítimos governantes da Inglaterra. Essas pessoas eram chamadas de "jacobitas" (de acordo com a forma hebraica do nome Jaime), e rebeliões armadas dos jacobitas, com a intenção de colocar o "Velho Pretendente" (Jaime III) ou o "Jovem Pretendente" (Carlos III) no trono, abalaria a Inglaterra nos próximos cinquenta anos ou mais.

Nem Guilherme e Maria, nem a rainha Ana e seu marido tiveram descendentes que sobreviveram. Assim, para garantir o trono da Inglaterra para o protestantismo, o Parlamento atribuiu a sucessão real para a neta de um rei anterior (Jaime I da Inglaterra, que reinou em 1603-1625) e aos seus herdeiros protestantes. A Rainha Ana morreu em 1714, quando Wesley tinha apenas 11 anos, e assim Jorge, príncipe-eleitor de Hanôver, na Alemanha, tornou-se Jorge I da Inglaterra. No ano seguinte, 1715, houve uma revolta jacobita significativa no norte da Inglaterra e Escócia, conhecida como "A Quinze". Outra revolta parecida aconteceu em 1745 (previsivelmente conhecida como "A Quarenta e Cinco"), perto do início do Reavivamento Evangélico de Wesley. Por trás dessas revoltas havia sempre a ameaça de que a França invadiria a Inglaterra e ajudaria a restaurar os descendentes de Jaime II ao trono e, portanto, o catolicismo romano na Inglaterra. Foi apenas quando as vitórias militares da Grã-Bretanha sobre a França na década de 1740-1760 e a chegada de Jorge III ao trono em 1760 que essa ameaça diminuiu. No entanto, em pouco tempo esta foi substituída pela ameaça iminente de independência Americana.

O conhecimento deste contexto político nos ajuda a dar sentido a algumas características dos escritos de Wesley e a reação das pessoas aos mesmos. Primeiramente, na época de Wesley havia um sentimento de insegurança política, e

Wesley frequentemente abordava esta insegurança. Muitas de suas obras refletem um homem dirigindo-se a um tempo instável, e Wesley trabalhou tanto para acalmar os temores desnecessários como também para usar a insegurança deste mundo para indicar as pessoas ao vindouro.

Em segundo lugar, isso nos ajuda a ver porque Wesley foi muitas vezes acusado de "papismo", como o catolicismo romano foi ironicamente chamado na época de Wesley, uma vez que tais ataques poderiam pintar Wesley tanto como uma ameaça política quanto religiosa. Em um ambiente político "ou um/ou outro", os argumentos "ambos/e" de Wesley foram frequentemente incompreendidos e mal interpretados. Qualquer coisa que ele dissesse que soasse muito parecido com a teologia puritana ou católica romana levaria a ataques dos anglicanos, uma vez que eles eram acostumados a lutar em ambas as frentes. Wesley, então, era pego em um triângulo de preocupações teológicas entre o Puritanismo, o Catolicismo Romano e a Igreja da Inglaterra. Uma vez que Wesley muitas vezes teve de se defender contra ataques muito diferentes, até mesmo opostos, algumas das suas defesas soavam confusas, até mesmo contraditórias. Quanto melhor entendermos este contexto político-religioso, melhor entenderemos a resposta de Wesley aos mesmos.

Clima Intelectual

Política e religião não eram as únicas coisas no cenário público da vida dos ingleses do século XVIII, por mais dominantes que possam parecer em certas ocasiões. A era de Wesley foi denominada a "Idade da Razão", e aconteceram muitas mudanças intelectuais, principalmente em ciência e filosofia. Por vezes, Wesley aprovava estas novas ideias, mas outras vezes opôs-se a elas. Enquanto Wesley admirava a razão, filosofia e ciência, ele também viu os seus limites, e esta tensão foi importante para a forma como ele pensava.

A ciência como disciplina cresceu em importância e visibilidade na cultura inglesa durante a vida de Wesley. As pessoas passaram a buscar o conhecimento científico e a adotar uma perspectiva científica do mundo. Logo após a sua restauração, o rei Carlos II fundou a Sociedade Real de Londres para a Melhoria do Conhecimento Natural (mais conhecido simplesmente como *"The Royal Society"*). Esta deu um apoio oficial e real para o avanço do conhecimento científico e um selo público de aprovação para projetos científicos. Famosos presidentes da *Royal Society*, como Isaac Newton (1643-1727) concentraram mais atenção do público na ciência. Invenções científicas, especialmente as que envolveram tecnologia têxtil e de energia a vapor, elevaram a Inglaterra a tornar-se o primeiro país industrializado, e a ciência tornou-se uma busca aceitável – às vezes até mesmo esperada – pelas classes ociosas.

O antagonismo que muitos hoje sentem entre ciência e religião ainda não havia se desenvolvido nos dias de Wesley. Muitos dos cientistas notáveis da Inglaterra, como Isaac Newton e Joseph Priestley tinham fortes inclinações e interesses religiosos (embora reconhecidamente nem sempre em direção às doutrinas tradicionais do cristianismo). A maioria das pessoas via a ciência como perfeitamente compatível – até mesmo uma consequência natural – com a crença em um Deus Criador. Não só a maioria dos cientistas acreditava em Deus, um número proeminente de bispos da Igreja da Inglaterra falava da ciência com grande estima e o próprio clero frequentemente dedicava-se a atividades científicas.

Wesley era realmente um homem de seu tempo quando se trata deste assunto. Ele tinha um forte interesse na ciência e gostava de ler sobre novas invenções e descobertas, especialmente aquelas que prometiam melhorar a vida das pessoas. O próprio Wesley escreveu sobre eletricidade e compilou uma lista muito popular de remédios caseiros chamada *Primitive Physick* [Físico Primitivo], um manual de medicina popular, insistindo que baseava-se na observação empírica.[2] Ele instou o estudo da ciência na escola que fundou em Kingswood, entre seus pregadores metodistas, e até mesmo a todos os ministros, afirmando que era importante para a compreensão da Bíblia.[3] Wesley viu a ciência, naquele tempo, como uma assessora da fé e não uma ameaça.

No entanto, a filosofia que surgiu ao lado da ciência era completamente uma outra questão. Aonde a ciência era prática e dava às pessoas uma boa compreensão do mundo físico, Wesley concordava e a utilizava. Ele mesmo era um tanto científico em sua abordagem às preocupações religiosas. Mas quando a ciência oferecia uma visão naturalista do mundo, sem espaço para a intervenção divina, Wesley fortemente opôs-se a ela. Juntamente com o interesse de Wesley na ciência, também o encontramos acreditando em espíritos e bruxas. Ele argumentou a favor das limitações do conhecimento científico e pela providência divina que trabalhava ao lado das causas físicas da matéria. Assim, enquanto a ciência foi importante para Wesley, sua filosofia não governava seu mundo. Esta atitude é aparente em muitos de seus trabalhos ao longo de sua vida.

Mudanças na Sociedade

Juntamente com essas mudanças no pensamento, surgiram as mudanças nos padrões de vida no século XVIII. A maioria dessas mudanças foram graduais, porém claras. Lenta mas seguramente, a paisagem social da Inglaterra mudou enquanto o comércio desenvolvia-se e as metrópoles e cidades tornavam-se mais importantes. Wesley encontrou nessas mudanças muitas oportunidades para ministério que estavam sendo perdidas pela, mais tradicional, igreja oficial.

Muitas das alterações significativas foram as econômicas, introduzidas pelos avanços na tecnologia e novas oportunidades para o comércio. Por quase toda a sua história, a Inglaterra era uma sociedade rural, cuja principal atividade econômica era a agricultura e criação de gado, ao qual foi adicionada uma série de indústrias caseiras, como a produção de tecido. Havia apenas uma cidade de tamanho significativo, Londres, e a maioria de seus cidadãos vivia na área rural em vez da urbana. As cidades eram locais essencialmente para comerciantes se reunirem para a venda de produtos e onde as classes mais altas se reuniam para eventos sociais. Este cenário mudou lentamente durante a vida de Wesley.

Novos modos de produção encorajaram as pessoas a viverem próximas por razões econômicas. As pessoas começaram a se deslocar para as cidades à procura de emprego, mas isso significou deixar as redes de apoio familiar e vilarejos que tinham sustentado a sociedade inglesa por tanto tempo. A perda dessas redes deixou as pessoas vulneráveis, tanto para os acidentes da vida quanto às tentações da vida urbana anônima. A igreja oficial teve dificuldade em manter-se diante dessas mudanças, e assim cada vez um número menor de pessoas era servido efetivamente pelo seu sistema de paróquia e pela estrutura do ministério pastoral que ela ditava. A frequência à igreja diminuiu durante este período, e a maioria das pessoas pensaram o mesmo sobre a moralidade.

Seja a leitura das atividades de Wesley um suplemento à igreja ou um desafio a ela, suas práticas mais distintas surgiram a partir desta mudança do contexto social. As reuniões das classes e pregações ao ar livre abordaram as necessidades espirituais não atendidas pelas estruturas tradicionais da igreja. O movimento metodista prosperou em cidades onde as estruturas da Igreja da Inglaterra eram deficientes, bem como nas áreas rurais, onde o mesmo era uma realidade. Até mesmo o trabalho de Wesley em ministérios de compaixão – como a fundação de dispensários para os pobres ou a iniciação de uma escola para filhos de operários das minas de carvão - é melhor entendido como uma resposta à crescente ineficácia dos meios tradicionais de apoio social.

Uma última mudança, que não foi tão significativa para o período de Wesley, mas que certamente afeta a maneira como lemos sobre isso hoje, foi o fato de que na metade da vida de Wesley a Inglaterra mudou o calendário, criando dois sistemas separados para recordar datas de eventos. O antigo calendário, chamado de Calendário Juliano, tinha sido utilizado desde o Império Romano. De acordo com esse calendário, cada ano continha exatamente 365 ¼ dias. O problema é que esta fórmula tinha cerca de 11 minutos a menos, o que fez com que o ano civil ficasse atrás do ano solar (reconhecido como equinócio e solstício). Para os países católicos, o Papa Gregório XIII consertou este problema em 1582 com o seu Calendário Gregoriano, que era mais preciso e que diminuiu a diferença entre o ano solar e o ano do calendário. A Inglaterra protestante originalmente não queria seguir esta ideia católica, mas por volta de 1750 isto tornou-se um problema. Então, eles adotaram o novo calendário e redefiniram suas datas para coincidir com o calendário de todos os outros. Assim, por exemplo, quando Wesley nasceu, os calendários na Inglaterra registravam que o dia era 17 de junho de 1703. Entretanto, depois de 1752, Wesley passou a comemorar seu aniversário em 28 de junho, que foi a data marcada pelo calendário gregoriano se este tivesse sido utilizado naquela época. Ao mesmo tempo, a Inglaterra também modificou o início do ano novo oficialmente de volta para 1 de Janeiro (o ano costumava começar em 25 de março), o que explica porque muitas datas nas cartas de Wesley estão escritas com duas datas (por exemplo: fevereiro de 1740/41). Quando isso acontece, é o segundo ano que está de acordo com a nossa forma moderna de numeração.

Há muito mais que se poderia dizer sobre a época em que Wesley viveu e serviu, mas no momento isso é suficiente para nos orientar. Com um pouco deste pano de fundo vamos estar mais atentos a algumas das características importantes do contexto de Wesley e ter mais ferramentas para entender sua vida. Então, dediquemo-nos nossa atenção a esta vida agora.

Notas bibliográficas

[1] Foi quando as ideias de uma "política secular" começaram a se desenvolver na cultura inglesa, apesar de já existirem há décadas antes disso. Para mais informações, consulte J. C. D. Clark's *English Society 1660-1832,* Cambridge: Cambridge Univ. Press, 2000.

[2] "Prefácio" de *Primitive Physick* (*Jackson* 14: 307-18). O texto completo do próprio livro está disponível online no endereço eletrônico http://books.google.com/books/about/Primitive_Physick_Or_an_Easy_and_Natural.html?id=fLEUAAAAQAAJ (Acesso em 13 de janeiro de 2014).

[3] Veja "An Address to the Clergy", §I.2 (Jackson 10:483).

CAPÍTULO DOIS

Histórico Familiar e Infância (1600-1720)

Ao explorar a vida de alguém, é complicado começar "no início", porque definir "o início" é difícil. Poderíamos começar com o nascimento, porém mesmo um evento importante como este ocorre em meio a outras circunstâncias e é rodeado por influências e fatores que terão um efeito profundo na maneira com que a vida deste jovem irá desenvolver-se. Embora haja muito a aprender quando olhamos profundamente para o passado da família Wesley, começaremos com um simples esboço da vida dos pais de João antes de seu nascimento.[1] Então avançaremos para alguns episódios de sua infância, alguns fatos que ele ou seus pais acharam suficientemente significativos para serem registrados, e terminaremos com o nosso jovem Wesley pronto para entrar na Universidade de Oxford.

João Wesley foi criado em uma família que incorporou muitas das preocupações religiosas que tocamos no capítulo anterior. Seus pais eram ambos indivíduos de elevado princípio que haviam retornado à Igreja Anglicana após terem sido criados em famílias fortemente dissidentes. Assim, ambos expuseram seus filhos às ricas tradições devocionais dos não-conformistas e puritanos, e também aos princípios da "alta igreja" que havia atraído cada um deles separadamente de volta à plena comunhão com a Igreja da Inglaterra.

A mãe de João Wesley nasceu Susanna Annesley, filha de Samuel Annesley (1620-1696), o líder dos dissidentes em Londres. O Rev. Annesley tinha sido removido de sua posição como pastor da *St. Giles-Cripplegate*, Londres, em

1662, quando a Igreja da Inglaterra estava removendo a influência puritana de seu seio, como resultado das guerras civis que discutimos no capítulo anterior. Susanna foi a 25ª filha e a última (embora a maioria de seus irmãos morreram na infância), e nasceu no dia 20 de janeiro de 1669. Aparentemente, o pai de Susanna repassou a sua filha uma capacidade mais forte para as convicções que possuía do que o conteúdo dessas convicções. Com uma idade aproximada de treze anos – após uma pesquisa extraordinariamente precoce e uma deliberação - Susanna abandonou a tradição dissidente de seus pais e começou a frequentar os cultos anglicanos sozinha. Independente de quais foram os sentimentos de Samuel Annesley a respeito da dissidência de Susanna de sua tradição já dissidente, ele deu a sua filha a sua bênção e manteve-se muito próximo a ela até o fim de sua vida.

Este hábito de reflexão e deliberação caracterizou Susanna ao longo de sua vida. Ela publicou apenas um material durante sua vida, uma carta aberta anônima defendendo seu filho, mas ela também escreveu muitas cartas pastorais e teológicas para seus filhos e manteve um diário autorreflexivo. Na coleção de suas obras[2] podemos ver que ela foi uma pensadora cuidadosa e que conhecia muito bem as questões filosóficas e teológicas da época. Diferentes intérpretes de Wesley têm opiniões diferentes sobre a maneira exata em que sua mãe o influenciou, mas é difícil negar o fato de sua influência sobre seu fundamento teológico.

Pouco depois da jovem Susanna juntar-se à igreja oficial, ela assistiu ao casamento de sua irmã mais velha Elizabeth. Lá, conheceu outro jovem (embora seis anos mais velho que ela) "dissidente dos dissidentes", chamado Samuel Wesley. Como Susanna, o pai de Samuel, João Wesley (homônimo de nosso Wesley), tinha sido removido de sua paróquia em 1662, pouco antes do nascimento de Samuel. Ao contrário do pai de Susanna, que tinha herdado de sua família meios suficientes para sustentar a si próprio quando perdeu seu trabalho como pastor, o pai de Samuel foi atirado para a pobreza e morreu em dificuldades quando Samuel tinha apenas oito anos de idade. Através da generosidade de outros, Samuel foi educado em uma série de escolas dissidentes até a idade de vinte e um anos. Então, enquanto ele tentava responder a algumas das críticas anglicanas contra a sua tradição dissidente, Samuel se viu convencido por eles e voltou à Igreja da Inglaterra. Ele e Susanna mantiveram sua amizade e trocavam correspondências, provavelmente alimentados por suas trajetórias semelhantes, e os dois se casaram no dia 12 de novembro de 1688, enquanto Guilherme de Orange fazia sua marcha pela Inglaterra nos eventos que culminariam na Revolução Gloriosa.

Demorou quase três anos para Samuel garantir seu primeiro pastorado em tempo integral, enquanto isso ele passou o tempo como pastor interino, como capelão da marinha e como escritor independente. O irmão de João Wesley, Samuel, nasceu durante esses anos de dificuldades financeiras, e que prenunciavam os problemas financeiros que seguiriam a família Wesley ao longo de suas vidas. Finalmente, em 1691, a família mudou-se para uma paróquia muito rural no sul de Ormsby, Lincolnshire. A vida ainda era difícil naquele lugar - Susanna deu à luz a seis crianças lá, mas somente três sobreviveram a infância – mas eles continuaram lutando até que Samuel foi forçado a renunciar a paróquia por ter confrontado a amante do proprietário das terras. Foi esse ato altamente baseado em princípios, mas que custou muito caro, que precipitou a mudança da família, em torno de 1697, para a paróquia em Epworth, onde Samuel serviu pelo resto de sua vida.

O início de Samuel em Epworth foi difícil, mas sua cuidadosa atenção aos seus deveres pastorais acabou ganhando a maioria da comunidade. Ainda assim, a família sofria dificuldades financeiras. A maioria das crianças nascidas naquela época morreram, seu celeiro desabou, e parte da reitoria (ou casa pastoral) pegou fogo. Samuel, no entanto, permaneceu atento ao seu ministério e também trabalhou em um projeto acadêmico que se tornaria a obra de sua vida: um comentário detalhado sobre o livro de Jó. Então, no final de 1701, o Rev. Wesley novamente demonstrou uma cara devoção aos seus princípios, desta vez de uma forma que confrontou os igualmente fortes princípios de sua esposa.

Samuel acreditava no direito divino dos reis, mas ele também acreditava que a invasão do rei Guilherme durante a Revolução Gloriosa foi necessária para preservar o protestantismo (e portanto sua igreja escolhida) na Inglaterra. Susanna, no entanto, não compartilhava desta opinião. João Wesley descreveu o conflito a um amigo da seguinte forma: "'Sukey', disse meu pai a minha mãe um dia depois da oração familiar, 'por que não disse amém esta manhã na oração para o rei? 'Porque', ela disse, 'Eu não acredito que o príncipe de Orange é o rei.' 'Se for esse o caso', disse ele, 'você e eu devemos nos separar; porque se temos dois reis, temos de ter duas camas"[3]. Nesse ponto, Samuel Wesley dirigiu-se para Londres e não retornou durante o resto do ano. Felizmente para a harmonia da família Wesley, o rei Guilherme morreu em março de 1702, e ambos Samuel e Susanna poderiam concordar com o seu sucessor, a Rainha Ana. Nenhuma das partes recuaram, mas o conflito terminou. Um pouco mais de um ano depois, em 17 de junho de 1703,[4] João Wesley – chamado de "Jacky" pela maior parte de sua família – nasceu.

Mais tarde em sua vida, João Wesley solicitou de sua mãe suas regras para a criação de seus filhos. As reflexões de Susanna forneceram uma visão interessante sobre como a vida deve ter sido na família da reitoria de Epworth. Seus métodos eram altamente disciplinados, com horários rígidos para comer e brincar, mas estes refletiram seu próprio caráter.[5] Mau comportamento era estritamente punido, mas a obediência era frequentemente recompensada. A maior parte desta disciplina foi voltada para a educação religiosa das crianças, o que Susanna sentia ser seu dever mais importante. "Eu insisto no vencimento da vontade da criança, cedo, porque este é o único fundamento forte e racional da educação religiosa," ela escreveu para seu filho. Uma ênfase no domínio próprio foi estendida até mesmo para o comportamento normal das crianças. Por exemplo, as crianças eram ensinadas a chorar baixinho, de modo que "aquele barulho odioso de crianças chorando raramente se ouvia em nosso lar; e a família vivia usualmente em tanto silêncio como se não houvesse criança no meio dela."[6] Susanna cuidou também do resto da educação dos filhos (embora até mesmo nisso, quando lhes ensinou a ler, foi a partir da Bíblia). Ela insistiu especialmente, o que era excepcional para a idade, que as meninas aprendessem a ler antes de qualquer outro "trabalho de mulher" que a sociedade queria que elas fizessem, como costurar.

Talvez o alto senso de ordem de Susanna na família ajudou a protegê-los um pouco do caos que sempre parecia lhes ameaçar. Parte desse caos foi causado pela incapacidade de Samuel para lidar bem com dinheiro, e assim muitas vezes ele se encontrava em dívidas. Em 1705, quando Wesley tinha apenas dois anos, houve uma eleição política controversa em que os pontos de vista políticos de Samuel causaram alguns problemas. Em retaliação, um de seus paroquianos cobrou uma dívida que Samuel não podia pagar, e ele foi colocado na prisão. Naquele local Samuel serviu pastoreando seus companheiros de prisão, confiando à sua esposa o cuidado de sua família. Felizmente, o antigo arcebispo de Wesley, John Sharpe, veio em seu socorro e, com a ajuda de alguns colegas pastorais de Samuel, pagou as dívidas que o mantinham preso. Durante a prisão de Samuel, o cuidadoso arcebispo visitou Susanna e sua família e perguntou-lhe se estava tudo bem, se nunca lhe "faltava pão". Sua resposta parecia emblemática às condições financeiras da casa Wesley. "Meu Senhor," ela respondeu, "Eu voluntariamente me submeto a sua Graça, e, de forma literal, nunca me faltou o pão. Mas, em contrapartida, tenho tido que me esforçar tanto para obtê-lo antes de ser comido e pagar por isso posteriormente, que, com frequência, tem sido desprazeroso para mim. E acho que ter o pão em tais termos é o próximo grau da miséria de ter nenhum."[7]

João Wesley era muito jovem para lembrar-se bem do incidente da prisão de seu pai, mas houve outro infortúnio que ele lembrava-se muito bem. Talvez isto tenha desempenhado algum papel no desenvolvimento de seu senso de chamado. Na noite de 09 de fevereiro de 1709, um incêndio começou na reitoria Epworth, provavelmente com algumas faíscas que subiram ao telhado seco. O fogo caindo na cama despertou uma das irmãs de João, Hetty, e ela soou um alarme. Samuel Wesley ouviu pessoas de fora gritando "Fogo!" e acordou para descobrir que era sua própria casa que estava em chamas.

Conforme podemos imaginar, uma boa dose de confusão se seguiu. Samuel acordou sua esposa grávida, que acordou a empregada, que agarrou a criança mais jovem em seus braços acordando e ordenando que as outras crianças no quarto a seguissem. Com a ajuda de suas filhas mais velhas, Samuel conseguiu, mesmo através das chamas, retirar a maioria de sua família pela porta da frente. Outras crianças fugiram para a rua através das janelas, mas quando Samuel tentou voltar à casa para garantir que todos haviam saído, a escada desabou sob o seu peso. De volta lá fora, eles perceberam que tinham todas as crianças, exceto o pequeno "Jacky". Eis o relato de Wesley, escrito muito mais tarde, a respeito do que aconteceu depois:

> Creio que foi apenas naquele momento que acordei. Eu não chorei, como eles imaginaram, a menos que o tenha feito mais tarde. Lembro-me de todas as circunstâncias tão distintamente como se fosse ontem. Vendo que o quarto estava muito claro, chamei pela empregada para que me pegasse, mas nenhuma resposta. Eu coloquei a cabeça para fora das cortinas e vi fogo no topo da sala... Eu então subi em um baú que ficava perto da janela. Alguém no quintal me viu e propôs a correr para ir buscar uma escada. Outro respondeu: "Não haverá tempo; mas penso que há outro meio. Aqui me colocarei contra a parede; levante um homem de pouco peso e o coloque sobre meus ombros." Eles o fizeram e ele tirou-me para fora da janela. Só então todo o telhado caiu, mas caiu para o lado de dentro ou teríamos todos sido esmagados ao mesmo tempo. Quando me levaram para a casa onde meu pai estava, ele gritou: "Venham vizinhos! Ajoelhemo-nos! Demos graças a Deus! Ele me deu todos os oito filhos; que a casa se vá, sou suficientemente rico!"[8]

O quanto este notável resgate influenciou Wesley é uma questão de debate. Susanna escreveu mais tarde em seu diário de meditação: "Eu tenho a intenção de ser mais particularmente cuidadosa com a alma desta criança, para a qual tão misericordiosamente Tu proveste."[9] Mais tarde, Wesley referiu a si mesmo usando (reconhecidamente fora de contexto) a frase bíblica "um tição tirado do fogo". Esta frase tornou-se uma espécie de emblema para Wesley, ele identificou-se com ela e a usou em um epitáfio que compôs para si mesmo quando pensou que estava morrendo. Embora viria a negar que isto lhe deu qualquer sentido de um chamado especial ou destino, no entanto, isto ficaria gravado em sua memória.

O incêndio destruiu todos os bens da família Wesley, e obrigou-os a viver separados, entregues a várias casas na aldeia até que a casa pudesse ser reconstruída. Mas a forte liderança de ambos, pai e mãe, mantiveram a família unida apesar das dificuldades. Embora Samuel fizesse sua parte, foi Susanna a principal responsável pela coesão da família. Mesmo quando Samuel estava fora, ela fazia todo o necessário (como ela fez quando ele estava na prisão) para cuidar das necessidades físicas e espirituais da família, mesmo quando suas ações criavam conflitos.

Em 1711, Samuel Wesley estava novamente longe de casa, desta vez em Londres como um representante oficial para a Convocação, o órgão oficial da Igreja da Inglaterra. Seu assistente, Rev. Inman, no entanto, só iria realizar um culto aos domingos, e ele parecia apenas pregar sobre a obrigação dos cristãos de pagarem suas dívidas. Considerando que todos sabiam que Samuel estava frequentemente endividado, não havia segredo sobre o destino desses ataques.

Sabendo que o cuidado espiritual estava claramente em falta, Susanna decidiu realizar cultos de domingo à noite para a sua família em casa. Eles cantavam, liam as Escrituras e Susanna lia um sermão de um dos livros de Samuel. Primeiro os criados da casa quiseram aderir, e, em seguida, alguns dos vizinhos. Em pouco tempo, Susanna tinha mais pessoas na sua casa no domingo à noite do que presentes na igreja no domingo de manhã, possivelmente até trezentas pessoas. O assistente queixou-se a Samuel, em Londres, chamando os cultos de "conventículos", uma palavra que refere-se a reuniões ilegais e sediciosas de dissidentes. Em resposta, Samuel escreveu para sua esposa, pedindo-lhe para parar com as suas reuniões, apesar de ter conhecimento das mesmas já por um tempo através das próprias cartas de Susanna.

As respostas de Susanna ao marido revelavam suas preocupações espirituais e a força de sua personalidade. Em sua primeira resposta, ela explicou o porquê havia iniciado os cultos e respondeu a objeção do marido sobre uma mulher conduzir cultos na igreja. Em sua segunda resposta, ela detalhou todo o bem que estava sendo feito através dos cultos. Ela estava trazendo várias pessoas de volta à igreja que já não frequentavam por um longo tempo, e seu trabalho estava edificando benevolência entre a família Wesley e seus paroquianos. Ela encerrou sua resposta com estas notáveis palavras:

> Se por fim achares apto dissolver esta assembleia, não diga-me mais que desejas que eu faça isso, pois não satisfará minha consciência; mas envie o seu co-

mando positivo em termos tão completos e expressos que possa absolver-me de toda a culpa e punição por negligenciar esta oportunidade de fazer o bem às almas, quando nos apresentarmos ante o grande e terrível tribunal de nosso Senhor Jesus Cristo. Não me atrevo a desejar que essa prática nunca tenha sido iniciada, porém será com extremo [?] pesar que vou dispensá-los, pois prevejo as consequências. Oro a Deus que lhe direcione e abençoe.[10]

Não houve mais nenhuma discussão após o ocorrido. Os cultos continuaram até a chegada de Samuel em casa. Depois disso, a família sempre ocupou uma posição elevada na estima da comunidade.

Foi este ambiente espiritual e de princípios sólidos que Wesley deixou quando, com a idade de dez anos, foi enviado para ser educado na escola *Charterhouse* em Londres, uma oportunidade que ele recebeu na nomeação do Duque de Buckingham. Era uma típica escola inglesa em muitos aspectos, com uma tradição de disciplina rigorosa dos professores e de maus-tratos por parte dos alunos mais velhos. *Charterhouse* foi a casa de Wesley pelos próximos seis anos. Apesar de ter recebido uma sólida educação que lhe permitiu seguir para a Universidade de Oxford, posteriormente Wesley lembrava-se daquele tempo mais pelo abrandamento de seu fervor espiritual, que lhe havia sido passado pelos seus pais. Wesley recordou: "Os próximos seis ou sete anos foram passados na escola; onde, tendo sido removidas as restrições externas, tornei-me muito mais negligente do que era anteriormente, até mesmo com as obrigações exteriores, e quase continuamente culpado de pecados exteriores, que eu sabia o serem tais, embora não fossem escandalosos aos olhos do mundo. No entanto, eu ainda lia as Escrituras e fazia minhas orações, pela manhã e à noite."[11]

Como podemos ver, Wesley ainda era religioso, embora menos do que em casa. Seu comportamento era provavelmente muito exemplar, e sabemos que ele era o aluno favorito do professor Thomas Walker. Mas ele ainda não tinha a seriedade que marcaria o resto de sua vida. Isso veio durante o tempo em Oxford, para onde Wesley foi em 1720.

Notas bibliográficas

1   Para mais informações sobre os antecedentes familiares de Wesley, veja o trabalho muito detalhado de dois volumes de Martin Schmidt, *John Wesley: A Theological Biography*, trad. Norman P. Goldhawk, New York: Abingdon, 1963.

2   *Susanna Wesley: The Complete Writings*, editado por Charles Wallace, Jr., New York: Oxford Univ. Press, 1997.

3   Adam Clarke, *Memoirs of the Wesley Family*, New York: Bangs and Mason, 1824. Veja também *"An Account of the Disturbances in My Father's House"*, §8, (Jackson 13:504), tradução nossa.

[4] Como observamos no Capítulo 1, Wesley mais tarde comemorava a data gregoriana de 28 de junho como o seu aniversário, em vez de 17 de junho, que foi a data registrada pelo calendário juliano na época.

[5] Susanna registrou em uma carta ao seu filho Samuel que permitia-se gastar apenas o mesmo tempo em recreação que gastasse em atividades devocionais (*Susanna Wesley*, 62).

[6] Carta de Susanna para João datada de 24 de julho de 1732. Tradução extraída do *website*: http://orapto.com.br/index.php?option=com_content&view=article&id=70:criacao-de-filhos&catid=38:meditacao&Itemid=75 (Acesso em 12 de dezembro de 2014)

[7] *Susanna Wesley*, 98, trad. nossa.

[8] John Hampson, *Memoirs of the Late Rev. John Wesley*, vol. 1, London: James Graham, 1791, 71, trad. nossa.

[9] *Susanna Wesley*, 235, trad. nossa.

[10] *Susanna Wesley*, 82-83, trad. nossa. O ponto de interrogação entre parênteses representa incerteza no manuscrito original.

[11] *Journal*, §2 (Ed. Bicentenário 18:243), trad. nossa.

CAPÍTULO TRÊS

Oxford e o Clube Santo (1720-1735)

A admissão de Wesley à Universidade de Oxford iniciou uma carreira acadêmica que o ocuparia pelos próximos quinze anos. Foram anos formadores e muito importantes para Wesley, imprimindo um selo escolástico em seu caráter que perduraria ao longo de sua vida. Durante esses anos ele tornou-se um ministro da Igreja da Inglaterra e adotou os hábitos de leitura e escrita que produziriam seu enorme legado literário. Ele também começou sua própria busca e ensino da santidade, que acabaria sendo sua contribuição teológica mais importante para a Igreja. Mais uma vez, não podemos fazer justiça a todos os eventos e influências na vida de Wesley durante este tempo, e por isso temos de contentar-nos com uma pequena e representativa amostra.[1]

Wesley chegou a Oxford logo após seu aniversário de dezessete anos, no verão de 1720. Lá, ele havia sido admitido na *Christ Church College,* uma faculdade já conhecida por notáveis graduados como o filósofo John Locke e o colonialista americano William Penn. A faculdade também tinha fortes laços com a Igreja da Inglaterra. Originalmente fundada pelo Cardeal Thomas Wolsey como *Cardinal's College* antes da Reforma Inglesa, a faculdade foi refundada por Henrique VIII em 1546 e tornou-se o lar do bispo para a recém-criada diocese de Oxford.

Pelos próximos quatro anos, a *Christ Church* seria o lar de Wesley, com um tempo ocasional gasto com seu irmão mais velho em Londres e, com menos frequência, de volta com seu pai e sua mãe, em Epworth. Com o diploma da escola *Charterhouse*, ele tinha direito a um pequeno salário, mas seus anos de graduação ainda foram anos magros para o jovem estudioso. Como seu pai, encontrava-se em dívidas frequentemente. No entanto, ele parece ter desfrutado de seus dias de graduação ao máximo. Ele era conhecido por participar em muitos dos esportes disponíveis (como remo, equitação e tênis), ele frequentava os cafés, ocasionalmente o teatro e tinha muitos amigos.

Todavia, a faculdade era mais do que uma vida social para Wesley. Ele também exerceu o seu estudo acadêmico com dedicação e energia, inicialmente lia tudo o que lhe interessava, mas acabou fixando-se em um padrão rigoroso de estudos. Ele concentrou-se em clássicos e teve um grande interesse na lógica, o que dominou muito bem e que se tornaria uma característica de seu discurso pelo resto de sua vida. O crítico literário Samuel Badcock, com base em cartas que havia lido da época e conversas com sua família, descreveu o jovem João Wesley, desta forma: "[Ele foi] um estudante muito sensato e perspicaz, desconcertando pessoas através das sutilezas da lógica, e rindo delas por serem tão facilmente direcionadas; um rapaz do melhor gosto clássico, dos sentimentos mais generosos e valorosos... alegre e vivaz, com uma predileção por inteligência e humor."[2]

Wesley concluiu seu bacharelado em 1724 e decidiu ficar em Oxford para prosseguir seu mestrado. Em setembro do mesmo ano, Susanna levantou a questão com seu filho de entrar no ministério como uma profissão. A razão de Susanna foi que ela queria que João viesse ajudar seu pai como um pároco auxiliar e assim ficar mais perto da família. Wesley aqueceu-se com a ideia e em janeiro de 1725 mencionou a ideia em uma carta a seu pai. Samuel Wesley aprovou, embora ele advertiu seu filho a fazer tal movimento apenas pelas melhores razões. Susanna estava mais entusiasmada e esperava que Wesley fosse ordenado diácono naquele verão. Ao dar conselhos sobre como preparar-se, Samuel exortou o estudo acadêmico, especialmente da Bíblia e suas línguas originais, mas Susanna enfatizou a leitura em áreas mais práticas ("Esta é uma infelicidade quase peculiar à nossa família", escreveu Susanna a seu filho, "que seu pai e eu raramente pensamos da mesma forma"[3]). Houve, no entanto, rapidamente um acordo entre os pais de que a entrada no ministério ajudaria Wesley em seu próprio desenvolvimento espiritual, e juntamente com Wesley, eles concordaram que este era o caminho a seguir.

Enquanto Wesley estabelecia a ideia de ministério, outra oportunidade começou a se apresentar. Em maio de 1725, houve uma resignação no grupo de Membros na *Lincoln College*, também em Oxford. No sistema da Universidade de Oxford, os Membros – no caso de *Lincoln* eram um total de doze – eram os tutores e professores que formavam o órgão oficial daquela faculdade. Eles recebiam um lugar para morar na faculdade, liberdade para exercer seu trabalho acadêmico, e até mesmo um pequeno salário, que poderiam complementar tendo seus próprios alunos. Estas posições eram altamente valorizadas, e esta em particular exigia que seu titular fosse nascido na diocese de Lincoln. Como Epworth estava convenientemente localizada nesta diocese, Wesley decidiu candidatar-se para a posição e seu pai o ajudou com recomendações.

Enquanto Wesley estava se preparando para sua ordenação e na esperança de garantir sua associação, Wesley encontrou dois trabalhos que traiam um forte impacto em seu desenvolvimento espiritual. Ele se correspondeu com sua mãe a respeito deles, refletiu nos mesmos com cuidado, e mais tarde, os recomendou para outros ao longo de sua vida. O primeiro era um par de livros, por vezes impresso juntamente, intitulado *Regras e Exercícios para um Viver e Morrer Santo*, de Jeremy Taylor. Ele tinha sido aconselhado por um amigo para não lê-lo até que fosse mais velho, mas ele o leu de qualquer maneira e isso o levou a consagrar a sua vida inteiramente a Deus. "Imediatamente," Wesley escreveu enquanto ele refletia acerca do impacto daquele trabalho em sua vida, "resolvi dedicar a Deus toda a minha vida, todos os pensamentos, palavras e ações, e me convenci de que não havia meio termo; mas que cada parte da minha vida (não apenas *alguma*) teria de ser um sacrifício ou a Deus ou a mim próprio, e este último seria como se fosse ao diabo."[4]

O segundo livro foi *A Imitação de Cristo*, ou *O Padrão Cristão*, atribuído a Thomás de Kempis. Ele pode até mesmo ter lido este livro antes do livro de Taylor, tendo discutido algumas das questões suscitadas em uma carta para sua mãe em maio de 1725, mas a respeito do último, Wesley data a eficácia do livro em sua vida apenas no ano seguinte. Em qualquer caso, embora Wesley discordasse com o livro em uma série de questões – especialmente a ideia de que Deus parecia querer que as pessoas fossem infelizes nesta vida, a ideia do livro a respeito de como uma alma deve buscar a comunhão com Deus ressoava com as ideias do trabalho de Taylor. Mais tarde Wesley escreveu: "Li 'A Imitação de Cristo' de Kempis. A natureza e a extensão da *religião interior*, do coração, apresentou-se-me com maior clareza do que nunca."[5] Este seria um livro que o próprio Wesley republicaria e o recomendaria ao longo de sua vida.

Os biógrafos de Wesley muitas vezes divergem sobre como interpretar a forte orientação espiritual que esses livros ajudaram a produzir. Alguns, seguindo a própria interpretação madura de Wesley, veem essa dedicação como a verdadeira raiz de sua espiritualidade. Outros concentram-se na ideia de que esta orientação (como demonstrado pelos acontecimentos que se seguiram) ainda continha um forte elemento do trabalho para a sua salvação. Estes escritores costumam adiar uma "conversão evangélica" de Wesley para bem mais tarde (tipicamente 1738). No entanto, seja qual for a forma de interpretação desses eventos, eles nos mostram Wesley como um jovem de vinte e dois anos seriamente espiritual, e estes eventos também prepararam o palco para os eventos que se seguiriam.

Os próximos dezoito meses da vida de Wesley foram marcados por inúmeros sucessos. Ele foi ordenado diácono em 19 de setembro de 1725, e continuou seus estudos na Universidade de Oxford no ano seguinte. Após sentar-se para um exame nos clássicos grego e latim, Wesley foi devidamente eleito membro na *Lincoln College*, em 17 de março de 1726, e seu irmão Charles juntou-se a ele na Universidade de Oxford (unindo-se a *Christ Church*) em maio. Mais tarde ainda naquele ano, em novembro, o domínio reconhecido de Wesley em grego e lógica levou à sua eleição, tanto como professor de grego, como moderador dos debates diários, chamados de "Disputas", na faculdade. Finalmente, no dia 14 de fevereiro de 1727, Wesley recebeu o seu diploma de Mestrado em Artes.

Embora as coisas estivessem indo bem para a carreira de Wesley, havia ao mesmo tempo tensões na família Wesley, muitas delas giravam em torno de sua irmã mais velha Mehetabel, a quem todos chamavam "Hetty". Em maio de 1725, Hetty havia fugido com um namorado cuja identidade é desconhecida, mas que imediatamente a traiu e a deixou. Desonrada e provavelmente grávida, ela tentou voltar para casa, mas o pai de Wesley não aceitava nada disso. Para cobrir sua vergonhosa gravidez, ela casou-se em outubro daquele ano, teve o bebê pouco antes da eleição de Wesley como Membro, mas perdeu a criança no final do ano. Alguns dos irmãos de Hetty, incluindo João, tentaram defende-la, enquanto outros, como o mais velho Samuel Jr., ficaram do lado do pai. Isso causou tensão considerável na família e algumas trocas de cartas indiferentes, mas eventualmente as coisas esfriaram. Até agosto de 1727 as situações já estavam remendadas para Wesley poder deixar Oxford e, finalmente, responder ao desejo de sua mãe em ajudar seu pai no ministério.

Wesley permaneceu em Lincolnshire, ajudando seu pai nas paróquias de Epworth e Wroot (a qual também tinha sido dada ao seu pai em 1722), de agosto de 1727 até outubro de 1729. Ele pregou toda semana em uma dessas duas paróquias, realizou seus deveres pastorais e continuou a ler obras espirituais. Esses anos não foram, aparentemente, muito gratificantes para Wesley, e ele não parecia desfrutar do ministério paroquial tanto quanto ele gostava de sua vida acadêmica na Universidade de Oxford. Ele voltou para Oxford por alguns meses em 1728 para se preparar e receber sua ordenação completa de sacerdote, que aconteceu em 22 de setembro do mesmo ano, logo após ele obedientemente voltou para Epworth. Um ano mais tarde, porém, ele foi chamado de volta a *Lincoln College* pelo Reitor, Dr. John Morley, que insistiu que os termos de sua associação exigiam que ele cumprisse seus deveres em pessoa. E assim, em novembro de 1729, Wesley estava de volta a Oxford, onde permaneceria pelos próximos seis anos.

Enquanto Wesley estava longe de Epworth, seu irmão Charles havia começado uma reunião com um outro jovem chamado William Morgan, e talvez mais um ou dois jovens, para momentos de oração e estudo. João tinha visitado este grupo em maio de 1729, mas o grupo se separou durante aquele verão, quando Charles juntou-se a João em Epworth e Morgan voltou para casa. Quando João retornou, no entanto, o grupo se reuniu novamente, eventualmente acompanhados por outros, e foi este grupo que recebeu pela primeira vez o rótulo de "Metodistas".

Existe um debate sobre a origem do cognome "metodista". O grupo foi originalmente insultado com rótulos como "Clube Santo" ou "traças da Bíblia", sendo zombados por sua seriedade incomum acerca de religião. Charles Wesley afirma que o grupo foi chamado de "metodistas" antes que João retornasse de Epworth. João lembra-se do aparecimento do nome alguns anos mais tarde. Há também um debate sobre o significado, se ele veio de sua abordagem metódica à religião, por manterem os métodos da universidade, ou como um termo de insulto primeiro dado a outro grupo marginal e depois reaplicado para o "Clube Santo". Independente de como e quando ele surgiu, o nome "metodista" pegou, e foi assim que os seguidores de Wesley seriam conhecidos na história.

Wesley liderou esse pequeno grupo pelos próximos seis anos. Eles dedicavam-se à comunhão semanal, às obras de caridade (visitando os presos e ajudando aos pobres) e, sobretudo, ao estudo das Escrituras. Sua principal determinação, Wesley relatou mais tarde, eram ser "cristãos bíblicos". Para algumas pessoas, o rigor do grupo era motivo de admiração. Um deles foi George Whitefield, que tinha ouvido falar sobre o grupo mesmo antes de sua chegada em Oxford e sinceramente buscava uma oportunidade para juntar-se a ele. Mas para a maioria, a abordagem de Wesley à religião parecia severa ou extrema. Wesley, naturalmente, sentia que era simplesmente a abordagem ditada pela própria Escritura. "Tenho sido acusado", observou em 1731, em uma carta a um amigo, "de ser demasiadamente rigoroso, por ir longe demais com questões de religião e colocar fardos sobre mim mesmo, se não em outros, que não eram nem necessários nem possíveis de serem carregados... Indo longe demais no desempenho de minhas atribuições! Por que, o que é isso senão mudar a própria santidade em extravagância!"[6]

Acusações contra Wesley vieram à tona em agosto de 1732 com a morte de um dos membros originais do "Clube Santo", William Morgan, que estava enfermo física e mentalmente por quase um ano. A notícia espalhou-se em Oxford de que Morgan havia morrido por jejum excessivo e que Wesley era o culpado. Assim que Wesley ouviu estas acusações, ele preventivamente escreveu ao pai de William. Esta carta, que descreve a breve história e propósitos do "Clube Santo", foi posteriormente reeditada e tornou-se a justificativa padrão inicial para o movimento. A carta satisfez o pai de William suficientemente ao ponto dele confiar seu outro filho aos cuidados de Wesley, mas ele também, eventualmente, decidiu que os padrões de Wesley eram irracionais e prejudiciais.

Apesar destes padrões serem muito elevados, seria um erro ver Wesley como uma máquina religiosa sem coração, e isso pode ser visto nas cartas para as várias mulheres de sua vida a quem ele se voltou em busca de apoio. Ele escreveu com frequência para sua mãe e ativamente procurava seus conselhos. Ele também compartilhava em uma carta circulante com várias mulheres casadas, algumas delas de sua idade, algumas mais velhas. Estas cartas, ao longo daqueles anos, dão ao leitor uma visão de um Wesley em desacordo com o disciplinador severo como era visto em Oxford. Elas são pastorais e afetuosas (na verdade, até demais para a sensibilidade de sua mãe), aparentando-o como um jovem arrojado do início dos anos 1700 que muitos em sua época aspiravam ser. Aqui, novamente, vemos Wesley como um representante de sua própria época, ao mesmo tempo em que ele estava tentando superá-la.

Uma coisa incomum sobre Wesley foi sua ênfase em uma religião pessoal. "Eu assumo que a religião seja," ele afirma em uma de suas cartas, "não a simples repetição de muitas orações... não algo a ser acrescentado ocasionalmente a uma vida descuidada ou mundana; mas um hábito de decisão constante da alma; uma renovação de nossas mentes à imagem de Deus; uma recuperação da semelhança divina."[7] Um de seus primeiros sermões ao longo destas linhas foi "A Circuncisão do Coração", que ele pregou em 1733. Mesmo depois de sua famosa experiência em Aldersgate (relatada no próximo capítulo), Wesley viria a afirmar que este foi o melhor sermão que havia escrito sobre o tema.[8] A sua recepção mista mostrava que houve muitos que aprovaram a sua abordagem evangélica, bem como outros que opuseram-se a ela. Também demonstra que o compromisso intelectual de Wesley para com a "religião do coração" existia muito antes de Aldersgate dar aos seus sentimentos a chance de alcançá-la.

De volta em Epworth, a saúde do idoso Samuel Wesley estava delicada. Ele nunca se recuperou totalmente de uma queda desastrosa de sua carroça em 1731 e, agora, ele sentia o seu fim se aproximar. Sua primeira preocupação foi com sua esposa e com o ministério em sua paróquia depois que ele morresse. Ele parecia querer construir um legado ali e, quando ele não conseguiu convencer seu filho mais velho e homônimo para tomar o seu lugar, ele começou a pressionar João a fazê-lo. João, no entanto, estava completamente resistente. Quer sua resistência tenha vindo de sua experiência não tão prazerosa nos anos paroquiais anteriores ou - como ele repetiu a seu pai e irmão em várias cartas ao longo daquele período – de sua própria convicção de que ele poderia fazer um bem maior, tanto para si mesmo como para os outros, estando em Oxford. Samuel foi insistente, mas João o foi igualmente. E assim estava a situação quando João e Charles Wesley viajaram a Epworth para estar ao lado do pai à beira da morte em 4 de abril de 1735.

Nós não sabemos o que aconteceu nesse meio tempo para mudar a mente de João, mas depois da morte de seu pai em 25 de abril, Wesley candidatou-se para a sua posição em Epworth. No entanto, já era tarde demais e a posição foi atribuída a outra pessoa. João ficou em Epworth para ajudar a cuidar da paróquia até que teve a chance de ir a Londres para apresentar a Rainha o *magnum opus* de seu pai, o seu comentário no livro de Jó. Lá, sua vida tomou um rumo decididamente inesperado.

Notas bibliográficas

[1] Para uma exploração mais profunda desta época na vida de Wesley, veja V. H. H. Green, *The Young Mr. Wesley: A Study of John Wesley and Oxford*, London: Edward Arnold Publishers, 1961.

[2] "Introdução" de *The Letters of the Rev. John Wesley* (Telford 1:7), trad. nossa.

[3] Carta de Susanna, (Ed. Bicentenário 25:160), trad. nossa.

[4] Explicação Clara da Perfeição Cristã, Imprensa Metodista, 1984, §2.

[5] *Ibid.*, §3.

[6] Carta a Mary Pendarves, (Ed. Bicentenário 25:293), trad. nossa.

[7] Carta a Richard Morgan, (Ed. Bicentenário 25:367), trad. nossa.

[8] *Journal,* (Ed. Bicentenário 23:104).

CAPÍTULO QUATRO

Georgia, Aldersgate e o início do Reavivamento (1735-1739)

Após a morte de seu pai, Wesley ficou em Epworth por dois meses, onde ele se propôs a cuidar da paróquia até o momento em que viu que não seria chamado para substituir seu pai. Ele e Charles então viajaram à Londres para fazer uma apresentação formal da obra monumental de Samuel Wesley sobre o livro de Jó para a esposa do rei Jorge II, a rainha Caroline, a quem fora dedicada. Enquanto em Londres, Wesley foi abordado por várias pessoas - entre elas o governador James Oglethorpe - sobre a possibilidade de conduzir a paróquia missionária em Savannah, Geórgia, em lugar daquela que lhe foi negada em Epworth. No ano anterior, Samuel Wesley havia recomendado um de seus genros para tal posição, mas Wesley só menciona ouvir sobre isso em agosto de 1735.

A colônia da Geórgia tinha sido estabelecida em 1732 por James Oglethorpe como resposta às lotadas e mal administradas prisões de devedores na Inglaterra. A colônia daria aos devedores uma oportunidade de trabalhar para o pagamento de suas dívidas e também formaria uma proteção entre as outras colônias inglesas ao norte e as crescentes colônias espanholas na Flórida. A Wesley foi oferecida a oportunidade de ministrar aos colonos locais e espalhar o evangelho aos americanos nativos com quem os colonos haviam entrado em contato.

Wesley pensou sobre a oferta por um mês e decidiu que seria a melhor escolha. Por alguma razão, a morte de Samuel Wesley tinha criado uma ruptura decisiva entre Wesley e Oxford, e ele preferiu esta nova oportunidade à ideia de retornar aos seus deveres acadêmicos lá. Charles Wesley decidiu juntar-se a seu irmão neste empreendimento, e os dois, com alguns outros, embarcaram no *Simmonds* em 14 de outubro de 1735, com direção à Geórgia.

A temporada de Wesley na Geórgia

A viagem para Geórgia revela muito sobre o estado de espírito e o coração de Wesley durante este período de sua vida. Por um lado, ele tomou para si o ministério àqueles a bordo do navio, até mesmo estudando alemão para melhor servir um grupo de imigrantes da Morávia que estavam também a bordo.[1] Wesley e seus companheiros passavam o tempo, como o faziam em Oxford, estudando as Escrituras e obras devocionais, comprometendo-se em disciplinas espirituais e pregando e pastoreando seus companheiros de viagem.

Estas atividades ministeriais e acadêmicas, no entanto, ainda deixavam Wesley instável. Várias vezes durante a viagem o navio *Simmonds* enfrentou ondas e tempestades violentas. Em uma situação eles tiveram a certeza de que iriam naufragar. Wesley viu-se aterrorizado com a ideia de morrer, o que revelou a fraqueza de sua fé e o fez envergonhar-se. Os imigrantes morávios, por outro lado, pareciam prontos para encarar a morte com uma calma segurança, até mesmo celebrando cultos no meio da tempestade. Wesley nunca tinha encontrado pessoalmente uma fé tão segura e ele registrou em seu *Diário*, ao presenciar o comportamento deles que "Este foi o mais glorioso dia que eu vi até então."[2]

A viagem para Geórgia levou vários meses, e eles finalmente chegaram em 05 de fevereiro de 1736. Um mês depois, Wesley começou seu ministério em Savannah. Seu primeiro sermão foi bem recebido, e as pessoas pareciam comprometidas, mas como Wesley refletiu mais tarde em seu *Diário*, não era um sinal das coisas que estariam por vir. Em suas próprias palavras: "Eu dificilmente acreditaria que a maior parte deste povo atento e sério, dali por diante, pisotearia esta palavra e falsamente diria todo o tipo de mal a respeito daquele que a falou."[3] Algumas das dificuldades de Wesley eram devidas, sem dúvida, à natureza áspera dos primeiros colonos de uma colônia de devedores, mas Wesley não ajudou a situação pela maneira estrita que ele tratava seu ministério. O nível de seriedade com a qual ele assumiu sua responsabilidade não foi acompanhada pelo nível de seriedade com que as pessoas o aceitaram, e a sua maneira litúrgica não encaixava-se bem com as intuições mais relaxadas do povo. Uma vez ele mesmo recusou-se a batizar o filho de uma jovem mulher, porque ela se recusou a fazê-lo da maneira Anglicana adequada.[4]

Essa desconexão foi sentida em ambos os lados. Apenas três meses após o início de seu ministério na Geórgia, um dos seus paroquianos, William Horton, disse-lhe livremente: "Eu não aprecio nada do que fazes. Todos os teus sermões são sátiras sobre indivíduos específicos. Portanto, nunca mais o ouvirei. E todas as pessoas pensam como eu... Na verdade, não há nenhum homem ou mulher na cidade que se importe com uma palavra que tu dizes."[5] Com tais menções, não é de admirar que o ministério de Wesley na Geórgia durou tão pouco. No entanto, Wesley poderia ter sido capaz de suportar esses atritos não fosse seu relacionamento com os seus paroquianos interrompido por sua relação com apenas um deles, uma jovem chamada Sophy Hopkey.

O relacionamento de Wesley com a senhorita Hopkey nunca foi mencionado em seu *Diário* publicado, mas encheu seus diários particulares. Embora ela fosse quinze anos mais jovem que Wesley e profundamente ligada à elite de Savannah, os dois desenvolveram um relacionamento romântico que parece ter começado quando Sophy cuidou de Wesley durante uma enfermidade em agosto de 1736.[6] Wesley, no entanto, não conseguia conciliar-se com a tensão entre a devoção a uma mulher e a devoção a Deus. No início de março de 1737, Wesley tentou resolver a questão lançando a sorte, e a sorte tirada disse: "Não pense mais nisso". Wesley alegou sentir que foi um livramento, mas ainda assim ele ficou chocado quando, alguns dias depois, Sophy anunciou seu noivado com William Williamson, com quem ela casou-se em menos de uma semana.

Depois disso as coisas começaram a se desmoronar rapidamente para Wesley. Ao longo dos próximos meses ele encontrou várias falhas no comportamento religioso da mais nova senhora Williamson, o que culminou em uma humilhação pública da mesma, sendo restringida da comunhão em 07 de agosto de 1737. Rumores começaram a surgir a respeito de Wesley, e logo um grande júri foi reunido para analisar a questão.

Nos próximos meses Wesley percebeu que havia pouco que pudesse fazer para redimir sua reputação, que seu ministério efetivo em Savannah havia terminado e até mesmo o seu sonho original de ministrar aos americanos nativos estava fora de alcance. Quando ordens para detê-lo foram divulgadas em 2 de dezembro, ele fugiu sob a cobertura da escuridão e, em suas palavras "chacoalhei a poeira dos meus pés e parti da Geórgia, depois de ter pregado o Evangelho por lá (não tanto como deveria, mas tanto quanto fui capaz) por aproximadamente um ano e nove meses."[7] Wesley foi para o norte, cerca de quarenta milhas a pé, quase se perdendo nos pântanos e florestas várias vezes, antes de chegar a Port Royal, Carolina do Sul. De lá, ele viajou de barco para Charleston, onde partiu para a Inglaterra, no dia 24 de dezembro de 1737.

A viagem de Wesley de volta para casa deu-lhe tempo suficiente para reflexão, e ele concentrou-se em sua própria inadequação espiritual. Mesmo quando estava servindo como pastor do navio, seus pensamentos voltavam-se para a sua própria necessidade de direção espiritual. Ele sentiu-se condenado pelo seu próprio nível de incredulidade, orgulho e falta de atenção religiosa, e ele ansiava por uma fé muito mais profunda do que a que possuía até então. "Eu vim para a América para converter os índios," ele escreveu no seu *Diário*, "mas quem deverá me converter?"[8]

Aldersgate

Wesley chegou na Inglaterra no dia 29 de janeiro de 1738, os ventos predominantes fizeram a viagem para o leste através do Atlântico muito mais rápida do que a viagem para o oeste. Ele viajou para Londres a fim de visitar amigos e parentes e dar um relatório aos administradores da colônia da Geórgia. Lá, cerca de uma semana depois de sua chegada, ele conheceu um jovem morávio chamado Peter Böhler, que teria uma influência decisiva no desenvolvimento espiritual de Wesley.

Wesley sentia que o que estava em questão era a natureza da fé salvífica. Ele tinha conhecimento de Deus, seguia as leis de Deus – de forma um tanto rigorosa - e fez tudo aquilo que achava que agradaria a Deus, como dar aos pobres e visitar os doentes. Mas faltava-lhe uma clara certeza de sua salvação, um senso intuitivo de que ele confiava em Deus e que Deus o havia aceitado. Nas palavras de Wesley: "A fé que desejo é 'a verdadeira confiança e convicção em Deus que, pelos méritos de Cristo, meus pecados são perdoados, e eu estou reconciliado ao favor de Deus."[9] Wesley tinha visto relances dela nos outros morávios que conheceu, mas seria Peter Böhler que a introduziria a Wesley pessoalmente.

Durante os meses seguintes Wesley fez várias viagens para ver amigos e parentes, pregando onde quer que fosse e concentrando-se nos temas com os quais ele próprio tinha dificuldade. Por meio de muitas conversas, Peter Böhler lhe disse que a salvação acontecia somente por meio da fé e encorajou os dois irmãos, João e Charles Wesley, a buscarem essa fé. Wesley resistiu à ideia no início. No entanto, após uma leitura atenta da Bíblia e depois de ouvir algumas testemunhas que Peter Böhler havia lhe trazido, as quais testemunharam sobre a realidade desta fé em suas próprias vidas, ele passou a acreditar e dedicou-se a procurá-la.

Como parte desta busca, João Wesley trabalhou com Peter Böhler para iniciar uma pequena sociedade religiosa em Fetter Lane, Londres, que reuniu-se pela primeira vez no dia 1 de maio de 1738. As sociedades religiosas eram uma parte muito importante da tradição alemã pietista, e elas haviam se tornado um tanto populares em Londres após a Revolução Gloriosa de 1688. Elas tanto eram uma marca da vitalidade religiosa da Inglaterra, mostrando o quão sério algumas pessoas estavam a respeito de sua vida espiritual, como também uma crítica à igreja oficial, mostrando quão inadequado era o seu ministério para com essas pessoas. Esta sociedade se tornaria uma fonte de força bem como de controvérsia para Wesley durante os próximos anos.

Poucos dias depois, Peter Böhler partiu para a América do Norte e Wesley continuou a pregar e lutar com a ideia da verdadeira fé. Em 24 de maio de 1738, Wesley encontrou (pelo menos em certa medida) o objetivo que estava buscando. No que é provavelmente a mais famosa passagem do *Diário* de Wesley, ele descreve o que aconteceu a seguir com estas palavras:

> À noite, fui de má vontade até uma Sociedade, na Rua Aldersgate, onde a pessoa estava lendo o prefácio de Lutero à Epístola aos Romanos. Por volta de quinze para as nove, enquanto ele estava descrevendo as mudanças que Deus opera no coração, pela fé em Cristo, eu senti meu coração estranhamente aquecido. Senti que confiei em Cristo – Cristo apenas, para a salvação; e uma garantia me foi dada de que ele tinha tomado *meus* pecados, até mesmo os *meus*, e tinha *me* salvo [*sic*] da lei do pecado e da morte.[10]

Ali, Wesley recebeu a garantia emocional ou intuitiva de fé que lhe havia faltado anteriormente, mas que Peter Böhler lhe havia garantido que fazia parte da fé cristã. Como narra o conto mais além em seu *Diário*, ele não descreve o seu novo estado como sendo livre de tentação ou como um em que sentiu estar mais santo. Em vez disso, observa que estava mais aberto para o poder de Deus em sua vida.

> Depois de retornar para casa, fui esbofeteado por muitas tentações, mas eu clamei e elas fugiram. Elas retornaram repetidas vezes. E tão frequentemente quanto eu erguia meus olhos, ele 'me enviava ajuda do seu santo lugar'. E nisto eu me certifiquei do que consistia principalmente a diferença deste e meu estado anterior. Eu me esforçava, sim, lutava, com todas as minhas forças debaixo da lei, e debaixo da graça. Entretanto, se algumas vezes, ou mesmo frequentemente, eu era vencido, agora sou sempre um vencedor.[11]

O início do Reavivamento Evangélico

Dentro de algumas semanas, Wesley decidiu fazer uma viagem para a Alemanha, para a casa dos Morávios em uma cidade chamada Herrnhut, na Alemanha, perto da fronteira do que era então a Boêmia (atual República Checa). Ele queria saber mais sobre esta recém descoberta – ou recém reancorada – fé e encontrar mais testemunhos de sua realidade em outros. A jornada ocupou todo o verão de 1738, com Wesley deixando Londres em 13 de Junho e não retornando até o dia 16 de setembro. Em suas viagens, Wesley viu o pietismo luterano em primeira mão, especialmente analisado no contexto do luteranismo ortodoxo e o catolicismo romano que o cercava. Seu *Diário* durante estes meses está cheio de notas de suas viagens, testemunhos daqueles que encontrou, e elogios acerca da obra de Deus nos lugares que ele viu. Estes estão situados junto às críticas ao protestantismo mais formal e o catolicismo romano, que eram as principais vertentes do cristianismo na Alemanha.

Naquele verão, Wesley digeriu os ensinamentos Morávios sobre a fé, e ele diz que aprendeu muito sobre a religião interna e sincera através de seus sermões e testemunhos. Ao voltar para casa, no entanto, logo começou a ver diferenças claras entre sua fé nutrida pela igreja Anglicana e a do pietismo luterano. Por um lado, muitas pessoas respondiam a esta "nova" ideia de salvação pela fé que Deus poderia dar em um instante. Por outro lado, a ideia desafiava a ênfase Anglicana de longa data a respeito do comportamento na vida cristã. Também parecia, para muitos anglicanos, como uma espécie de entusiasmo, um conjunto de sentimentos fortes sobre religião, mas que não correspondiam com quaisquer umas de suas realidades.

Para melhor comparar as ideias morávias com as de sua própria tradição, João Wesley começou, em meados de outubro de 1738, a pesquisar os sermões oficiais e artigos de fé da Igreja da Inglaterra para, em suas palavras, "cuidadosamente inquirir qual é a posição doutrinária da Igreja da Inglaterra relativa ao ponto muito controvertido da justificação pela FÉ."[12] Ele então publicou extratos dessas fontes como um panfleto chamado *The Doctrine of Salvation, Faith and Good Works* [A Doutrina da Salvação, Fé e Boas Obras].[13] Ele também escreveu uma extensa e criteriosa carta ao líder dos Morávios, Conde Zinzendorf, analisando o comportamento dos Morávios durante o seu tempo com eles, embora tenha esperado um ano e editado a carta cuidadosamente antes de enviá-la.

Enquanto Wesley continuava a lutar teologicamente com o significado da fé e a sua própria experiência dela, ele continuou a pregar - principalmente em Oxford e Londres — e a reunir-se com a Sociedade em Fetter Lane e outros. Seu *Diário* destaca essas dificuldades, em um ponto encontramos Wesley até mesmo alegando que ainda não era um cristão, se comparado com o alto padrão que aquela palavra lhe parecia implicar.[14] Ainda assim, ele proclamou o evangelho tal como o via em todo lugar onde era convidado a pregar, mas os convites tornaram-se cada vez mais escassos à medida que mais e mais anglicanos apresentavam ter dificuldades com a estranheza da mensagem de Wesley.

Então, em março de 1739, George Whitefield decidiu que a pregação sobre a salvação pela fé não poderia limitar-se aos cultos religiosos e edifícios de igrejas, e assim ele começou uma prática que se tornaria característica do crescente reavivamento: a pregação ao ar livre. Whitefield pregava ao ar livre para quem decidisse parar e ouvi-lo, e muitos dos que paravam eram pessoas que não frequentavam a igreja ou não prestavam muita atenção se fossem. Whitefield logo pediu a Wesley para visitá-lo em Bristol para que ele pudesse ajudar com o crescimento do trabalho naquela cidade e ver por si mesmo essa nova técnica evangelística.

A resposta de Wesley foi hesitante. Em suas palavras: "Mal pude me reconciliar comigo mesmo, a princípio, por este estranho modo de pregar nos campos, dos quais ele me apresentou um exemplo no domingo. Tenho sido toda a minha vida (até muito ultimamente) tão tenaz a respeito do que concerne à decência e ordem, que deveria ter pensado que a salvação das almas é *quase um pecado*, se não tiver sido feita *numa igreja*!"[15] Esta atitude, no entanto, evaporou-se rapidamente. No dia seguinte, depois de testemunhar Whitefield pregando ao ar livre, Wesley, em suas palavras: "apresentando-me de 'forma mais vil' e proclamei, nas estradas, as boas-novas da salvação, falando de uma pequena elevação do terreno, junto à cidade, para aproximadamente três mil pessoas."[16]

Embora Wesley e Whitefield agora concordassem com os meios de compartilhar o evangelho, eles não viam o evangelho da mesma maneira. Whitefield era um calvinista convicto, que acreditava que Deus tinha, desde o início da Criação, pré-determinado um número estabelecido de pessoas que seriam salvas. Wesley, por outro lado, viu aquilo como injusto. Ele era mais convencido pela visão Arminiana (ou Católica), em que Deus deu às pessoas livre escolha e ofereceu a Sua graça para quem quisesse aceitá-la. Esta controvérsia teológica, que se intensificava e enfraquecia desde o século V, se tornaria uma das preocupações teológicas centrais da carreira de Wesley.

Wesley percebeu que essa divergência era significativa, mas ele não tinha certeza se deveria torna-la pública. Em uma carta para a sociedade em Fetter Lane, Londres, Wesley relata essas dúvidas e sua decisão de determinar a vontade de Deus lançando a sorte. Ele fez isso em 26 de Abril de 1739, e a sorte lançada disse: "Pregue e publique". Wesley assumiu esse resultado como permissão divina, não só para proclamar a doutrina da graça gratuita a todos em suas pregações, mas também para publicar – para o desalento de Whitefield - seu sermão *"A Livre Graça"*, três dias depois.

Com o início da pregação ao ar livre e a confissão explícita de Wesley de uma mensagem arminiana em oposição a predestinação, os principais ingredientes para o seu papel no nascente Reavivamento Evangélico estavam apresentados, com todos os seus frutos inerentes e controvérsias. A nutrição deste reavivamento, a organização de seus frutos e o engajamento de suas controvérsias agora tornaram-se o trabalho da vida de João Wesley.

Notas bibliográficas

[1] Os morávios eram um grupo de pietistas alemães cujos traços de herança espiritual vinham do líder da pré-Reforma Jan Hus(1369-1415).

[2] *O Diário de João Wesley,* Arte Editorial, 2009, (adiante: *Diário*), p. 23.

[3] *Ibid.,* p. 28.

[4] *Journal,* (Ed. Bicentenário 18:157).

[5] *Ibid.,* (Ed. Bicentenário 18:161-62), trad. nossa.

[6] *Diary,* (Ed. Bicentenário 18:409).

[7] *Diário,* p. 51.

[8] *Ibid.,* p. 57.

[9] *Ibid.,* p. 63. Wesley aqui está citando a Homilia oficial da Igreja da Inglaterra.

[10] *Ibid.,* p. 82.

[11] *Ibid.,* p. 83.

[12] *Journal,* (Ed. Bicentenário 19:21), trad. nossa.

[13] The Doctrine of Salvation, Faith and Good Works (Ed. Bicentenário 12:27-43).

[14] *Journal,* (Ed. Bicentenário 19:29).

[15] *Diário,* p. 94.

[16] *Ibid.,* pg. 94.

CAPÍTULO CINCO

Desenvolvimento e Controvérsias
(1739-1749)

A década de 1740 viu o Metodismo unir-se como um movimento distinto dentro do movimento maior que foi o Reavivamento Evangélico, enquanto Wesley articulava suas posições sobre as diversas controvérsias levantadas pelo Reavivamento. A estrutura conectiva básica do metodismo tomou forma quando os convertidos foram reunidos em sociedades e bandas, enquanto os líderes reuniam-se para conferências anuais. Controvérsias teológicas surgiram quando Wesley começou a articular suas posições únicas sobre fé e salvação em contraposição com as oferecidas pelas alas dos morávios ou calvinistas do Reavivamento, ou mesmo a sua própria igreja oficial. Outras controvérsias, mais práticas, também surgiram quando Wesley escolheu soluções inovadoras e provocantes para os problemas que enfrentou para nutrir seu crescente movimento. De qualquer forma, mais e mais pessoas em toda a Inglaterra começaram a ouvir falar e serem afetadas pelo trabalho de João e Charles Wesley, e até o final da década o movimento adotou uma identidade que perduraria - apesar das dificuldades contínuas - enquanto Wesley vivesse.

Todos os eventos que contribuíram para a identidade doutrinária e institucional do Metodismo estavam interligados, mas contar a sua história de uma maneira estritamente cronológica pode ser confuso. Com tantas coisas acontecendo simultaneamente, é difícil sustentar todos os fios incompletos da tapeçaria do Metodismo ao mesmo tempo e ainda fazer sentido do quadro. Assim, por uma questão de facilidade de compreensão – mas com a advertência de que a realidade era muito mais complicada do que a que estamos apresentando -

vamos tratar estes tópicos separadamente. Começaremos com o desenvolvimento da estrutura do Metodismo, que incorporou ideias que ainda têm muito a oferecer aos interessados no ministério hoje. Então trataremos três controvérsias importantes sobre as ideias que a pregação e os primeiros escritos de Wesley suscitaram: seu conflito com os anglicanos acerca do "entusiasmo" e inovação, seu conflito com os morávios acerca da fé e segurança, e seu conflito com os calvinistas acerca da salvação. Considerando que também estamos preocupados com Wesley como pessoa, e não apenas como o líder icônico do Metodismo, concluiremos o capítulo com os eventos significativos de sua vida pessoal. Este esboço deve nos ajudar a entender esta década crucial para Wesley, mas devemos sempre lembrar que o que separamos artificialmente para nossa conveniência nunca foi separado na experiência de Wesley. Ele teve que conciliar todas essas questões e problemas ao mesmo tempo.

O Desenvolvimento da Estrutura do Metodismo

Uma das coisas mais importantes que aconteceu durante a década de 1740 foi o aparecimento das práticas e estruturas institucionais que dariam ao Metodismo seu caráter distinto. Enquanto Wesley tentava vivenciar suas convicções fundamentais e percepções acerca da tarefa para a qual sentiu que Deus o havia chamado, ele considerou as formas tradicionais de "realizar o ministério" inadequadas. Era necessário algo novo. Embora o próprio Wesley não tenha criado todas essas inovações, todavia foi o seu apoio para com as mesmas que lhes deu o seu lugar no crescente movimento Metodista. Duas das mais importantes - e portanto mais polêmicas - novas práticas foram a pregação ao ar livre e o uso de ministros leigos. As instituições mais importantes que foram desenvolvidas dentro do Metodismo foram as estruturas de Sociedade-Classe-Banda para promover o crescimento espiritual dos convertidos no Reavivamento e da Conferência Anual dos seus líderes, que Wesley usou para manter o movimento unido e focado. Trataremos separadamente cada um destes quatro itens.

Pregação ao Ar Livre

Como já vimos, Wesley obteve a ideia de pregar ao ar livre - basicamente qualquer pregação feita fora da igreja - de George Whitefield. Os preconceitos anglicanos de Wesley fizeram com que desconfiasse da prática, mas quando viu os seus frutos, ele renunciou seus preconceitos e abraçou a ideia. De abril de 1739 até o final de sua vida, os diários de Wesley estão cheios de narrativas de suas viagens, dos lugares que pregou e as grandes multidões que vinham para ouvi-lo. Mais do que tudo, foi esta prática que deu a Wesley acesso aos ouvidos daqueles que eram menos religiosos, menos ligados às estruturas da igreja oficial e por isso talvez mais abertos à "nova" mensagem de Wesley da salvação pela graça através da fé.

Iniciando em e ao redor de Bristol, no oeste da Inglaterra, e depois em 1742 para o norte em Leeds e Newcastle, Wesley pregou onde quer que encontrasse concentrações de pessoas, até para milhares de uma vez, de acordo com seu *Diário*. Em Bristol, quando as pessoas respondiam à sua mensagem, ele as dirigia à sociedades como as que ele tinha ajudado a formar em Londres. Dentro de um mês, a resposta tinha sido tão grande que Wesley teve que encontrar um lugar onde pudessem construir uma estrutura permanente para abrigar essas novas reuniões da sociedade. Logo, o movimento metodista passou a possuir seus próprios edifícios.

Nem todas as respostas foram positivas, é claro, e Wesley registrou em seu *Diário* ao longo dos próximos anos incidentes de abuso e violência da multidão. Uma vez, um touro foi solto entre os ouvintes em Pensford, mas o lançamento de pedras ou qualquer outra coisa que estivesse ao redor era mais comum. Wesley reclamava aos magistrados a respeito da incapacidade dos mesmos em manter a paz, e escarnecedores injuriavam estas reuniões ao ar livre em panfletos e jornais, mas as pessoas ainda respondiam e o movimento Metodista crescia em número.

Ministério Leigo

Wesley sabia que a tarefa de cuidar de todas as pessoas que estavam vindo à fé e pregar àqueles que ainda haviam de fazê-lo era uma tarefa que ele sozinho não poderia cumprir. Sendo um ministro ordenado, ele primeiro teve a esperança de que haveria outros ministros que adotariam a visão deste ministério evangelístico e prestariam uma ajuda, e isso seria suficiente. Esta esperança, no entanto, revelou-se inútil. E assim, a fim de atender à necessidade prática apresentada por tantas pessoas que precisavam de assistência espiritual e direção, Wesley começou a usar leigos dedicados para preencher a lacuna que ministros ordenados não estavam preenchendo.

Como foi com a pregação ao ar livre, Wesley foi o primeiro contra a ideia de ter pessoas não-ordenadas atualmente pregando e ensinando o povo. Quando um de seus ajudantes leigos, em 1740, começou a tomar para si a função de pregar em Londres na ausência de Wesley, ele aparentemente queixou-se à sua mãe, dizendo: "Descobri que Thomas Maxfield tornou-se pregador". Susanna, que compartilhava muitas das visões da "alta igreja" que seu filho possuía, respondeu: "João, você sabe quais têm sido os meus sentimentos; você não pode conjecturar que eu favoreça prontamente coisas desse tipo, porém tome cuidado com o que fará em relação a esse rapaz pois ele é certamente chamado por Deus para pregar como você é. Examine quais têm sido os frutos de sua pregação e ouça-o também você mesmo."[1] Mais uma vez, a prática superou o preconceito, e mais tarde Wesley exultou por ver Deus agindo fora dos limites da igreja oficial. Outros líderes leigos pioneiros foram John Cennick em Bristol e Joseph Humphrey, em Londres.

Grupos Pequenos

No início da década de 1740, os grupos que estes leigos lideravam também foram evoluindo como estruturas. As sociedades metodistas originais eram muito parecidas com as sociedades religiosas não oficiais que haviam surgido na Inglaterra ao longo dos 50 anos anteriores, inspiradas pelo menos em parte, pela tradição luterana pietista e a obra de Philip Jakob Spener.[2] Esses grupos reuniam-se para ouvir palestras sobre fé ou exposições bíblicas e orar. Eles eram, como as sociedades que os morávios estavam fundando, um suplemento ordinário à vida religiosa oferecida pelas igrejas. Wesley queria que suas sociedades estivessem abertas para quem quisesse "fugir da ira que se aproxima," e ele as descreveu como "uma companhia de homens 'tendo aparência' e buscando o poder da piedade."[3]

Eventualmente, essas sociedades começaram a ser divididas em grupos menores devido ao surgimento de várias outras necessidades comunitárias e espirituais. Em fevereiro de 1742, durante uma discussão sobre como pagar a dívida do local das reuniões da sociedade em Bristol (chamada de *"New Room"*), um homem chamado capitão Foy sugeriu que todos dessem um centavo por semana. Para facilitar este exercício de arrecadação de fundos, toda a sociedade foi dividida em grupos de doze, chamados de "classes", e a cada uma foi designada um líder para recolher o dinheiro do grupo. No decorrer das visitas aos seus membros para obterem essas arrecadações, alguns líderes de classes descobriram evidências de pecados ou comportamentos inadequados e por isso os líderes de classe receberam também a responsabilidade de supervisão pastoral de seus membros. Isto serviu para fortalecer a responsabilidade para com a comunidade e prover posições de liderança leiga substanciais dentro do grupo.

Devido as diferentes necessidades espirituais dos vários membros do grupo, outras subdivisões dentro da sociedade logo também surgiram. Pequenos grupos de pessoas de mesma opinião ou situação (homens solteiros, por exemplo, ou mulheres casadas) também foram incentivados a reunirem-se para apoio mútuo, bem como o próprio Wesley tinha feito no "Clube Santo" na Universidade de Oxford e também como ele havia encorajado anteriormente em seu ministério até mesmo na Geórgia. Estes grupos eram geralmente chamados de "bandas". Em alguns lugares, uma "sociedade seleta" também surgiu, composta de membros mais avançados espiritualmente que reuniam-se para incentivar uns aos outros a gestos ainda mais profundidos de amor a Deus e de serviço aos seus semelhantes.

A Conferência Anual

Em pouco tempo o movimento de Wesley tinha crescido a tal ponto que ele decidiu incluir outras pessoas na sua liderança, consultando-os em várias questões e trabalhando com eles em seus vários problemas. E assim, em 1744, Wesley convidou os outros ministros que o estavam ajudando no movimento para uma conferência, o que rapidamente transformou-se em um exercício muito esperado e anual. As primeiras conferências anuais foram compostas simplesmente daquelas pessoas que Wesley havia convidado e cuja contribuição lhe era desejado, e no início ele não se viu criando um novo nível de organização para o movimento. Olhando para trás, no entanto, ele eventualmente disse que isso foi exatamente o que aconteceu.

O anglicanismo nos dias de Wesley era muito descentralizado e estático. O órgão central já não se reunia há algum tempo, e para eles fazia pouco sentido que as igrejas ou dioceses tivessem a necessidade de trabalhar em conjunto para realizar a missão de Deus. Cada paróquia funcionava, sob seu bispo, em grande parte por conta própria. O movimento de Wesley, no entanto, foi dinâmico e impulsionado por um forte sentido de missão, e por isso era quase natural que o mesmo desenvolvesse estruturas que manteriam todos caminhando na mesma direção. Embora tenha começado apenas com os outros ministros ordenados envolvidos, eventualmente cresceu e incluiu líderes leigos também. A cada ano os líderes metodistas reuniam-se para avaliar seu trabalho, designar pregadores para os diferentes circuitos das sociedades e pensarem juntos acerca das questões teológicas e práticas que lhes eram importantes. As primeiras preocupações incluíram discussões sobre calvinismo e a necessidade de um treinamento contínuo do seu grupo de pregadores, em grande parte, inexperientes.

Embora Wesley tivesse uma personalidade indiscutivelmente forte, o grupo parece ter funcionado muito coletivamente. Foi a iniciativa de Wesley, afinal de contas, que trouxe a união do grupo, e não havia muito sentido em chamar as pessoas a não ser que ele realmente quisesse ouvir o que elas tinham a dizer. Eventualmente, embora tenha levado décadas, a conferência anual evoluiu para o grupo que iria dirigir o Metodismo - primeiro como um movimento, em seguida, como uma denominação - após a morte de Wesley.

Talvez mais do que qualquer outra coisa, foi a organização comunitária de Wesley que permitiu que seu movimento se aprofundasse e perdurasse. Havia outros pregadores evangélicos como Wesley que anunciavam o Evangelho, porém eles nem sempre nutriram seus convertidos ou organizaram o seu trabalho. Perto do fim de sua vida, George Whitefield disse ter reconhecido essa deficiência em seu próprio ministério. Apesar de seu grande sucesso evangelístico, ele disse: "Meu irmão Wesley agiu sabiamente. As almas que foram despertadas sob seu ministério, ele as ingressou em classes e, assim, preservou os frutos de seu trabalho. Isso eu negligenciei e o meu povo é como uma corda de areia."[4]

Além de desenvolver comunidades, houve outras maneiras em que o Metodismo cresceu e deixou sua marca na sociedade inglesa. Muitas das sociedades de Wesley, como o próprio Wesley, possuíam um forte interesse em ajudar os pobres e desfavorecidos. Em 1746, a sociedade em Londres começou um dispensário médico para ajudar os pobres, e quase ao mesmo tempo Wesley publicou – com preço o mais acessível quanto possível – seu guia medicinal caseiro chamado *Primitive Physick* para ajudar àqueles que não podiam pagar por um médico. Em 1748, Wesley e a sociedade em Bristol trabalharam para fundar uma escola para os filhos dos operários de mineradoras de carvão em Kingswood. Eventualmente, esta escola seria aberta para incluir os filhos dos pregadores de Wesley, e continua a ser um colégio interno metodista até hoje.

Todos estes desenvolvimentos fazem sentido à luz das convicções teológicas básicas de Wesley sobre a natureza comum do cristianismo e da importância do amor ativo para com Deus e o próximo, ideias que exploraremos mais detalhadamente na segunda metade deste livro. Havia, no entanto, questões teológicas mais imediatas em jogo que moldaram o crescimento inicial do movimento, e por isso, é para estas que precisamos nos voltar agora.

Controvérsias Teológicas

O crescimento das sociedades metodistas e a propagação das ideias metodistas não agradou toda a população religiosa da Inglaterra na época. Houve três controvérsias específicas que marcaram os primeiros anos da participação de Wesley no Reavivamento Evangélico, e ainda que estas estavam todas girando simultaneamente em torno de Wesley, vamos tratá-las separadamente por uma questão de clareza. Primeiro, foram as controvérsias acerca da natureza da "igreja" que surgiram dentro da Igreja da Inglaterra, a igreja de Wesley, devido aos seus métodos pouco ortodoxos mencionados acima. Em segundo lugar, havia a polêmica com os morávios acerca da natureza da fé, da dúvida e da prática da "quietude". Finalmente, havia a polêmica com a ala calvinista do Reavivamento Evangélico, liderado principalmente por George Whitefield, acerca das doutrinas de predestinação e perfeição cristã.

Os conflitos com os anglicanos acerca da Igreja

Desde o início de seu movimento, Wesley teve que defender-se de críticas da igreja oficial em relação à sua mensagem e os meios pelos quais ele a promoveu. Wesley muitas vezes insistiu que não havia nada doutrinariamente novo em sua mensagem,[5] mas não muitos de seus colegas anglicanos viam dessa maneira. A lista de pessoas que escreveram contra Wesley durante este tempo é longa e distinta, variando entre bispos importantes a um desconhecido correspondente, mas com pensamentos profundos, chamado "Sr. John Smith". Até mesmo seu irmão mais velho, Samuel, o censurou. A maioria das preocupações destas pessoas girava em torno da implicação das práticas de Wesley na concepção de igreja. Se alguém pudesse pregar ao ar livre, o que seria do uso dos prédios das igrejas? Se os leigos pudessem pregar, o que seria do uso da ordenação? Se alguém pudesse dizer, como o fez Wesley: "O mundo todo é a minha paróquia"[6], porque a ordem de sistemas da Igreja da Inglaterra importaria? E se a religião realmente fosse uma questão de sentimentos pessoais e do coração de um indivíduo, porque, afinal, a Igreja teria alguma importância?

Algumas destas críticas originavam-se de mal-entendidos, e Wesley escreveu o tanto quanto pôde para esclarecê-las, embora nem sempre com sucesso. Ainda assim, *Earnest Appeal to Men of Reason and Religion* [Apelos Sinceros aos Homens de Razão e Religião] de 1743, e *Farther Appeal* [Apelos Adicionais] de 1744-45 são algumas das explicações mais claras que escreveu sobre o metodismo e o cristianismo, e ele referira-se aos mesmos pelo resto de sua vida. Outras críticas, porém, foram justas, pelo menos do ponto de vista da religião tradicional anglicana, e a resposta de Wesley foi simplesmente apontar como a sua abordagem era melhor. Salvar almas, não manter a ordem, era o que deveria ser o trabalho da igreja. Uma vez, foi negado a Wesley o uso da igreja de seu pai em Epworth, assim ele acabou pregando diante da lápide de sua sepultura. "Eu estou bem certo", Wesley escreve acerca do evento: "Eu fiz mais bem a eles pregando três dias junto ao túmulo de meu pai do que pregando três anos em seu púlpito."[7]

A questão dos sentimentos religiosos era mais complicada, especialmente porque algumas das primeiras reuniões evangelísticas de Wesley foram marcadas por exibições notáveis de pessoas gritando ou gemendo, ou mesmo tendo ataques. Eventualmente, estes incidentes cessaram e Wesley desenvolveu uma forma diferenciada de equilibrar a sua preocupação com "a religião interna" com as estruturas externas destinadas a promove-la e preserva-la. Ele sempre insistiu, no entanto, que esses sentimentos e intuições faziam parte de um relacionamento pessoal com Deus. Na verdade, estas eram as coisas que muitas vezes estavam faltando no tipo de fé acadêmica que sua tradição geralmente oferecia.

Wesley nunca desenvolveu um relacionamento fácil com as estruturas de sua igreja de origem. Por outro lado, eles nunca o censuraram oficialmente ou o expulsaram, e ele nunca deixou a igreja oficialmente. Embora essas primeiras controvérsias tenham mostrado alguns dos pontos fracos do sistema anglicano, elas também forçaram Wesley a pensar cuidadosamente sobre o seu próprio sistema. No final, ambos os lados parecem ter sido beneficiados com essa interação. Não está claro se o mesmo é verdadeiro para o segundo conjunto de controvérsias que iremos analisar, as controvérsias que Wesley teve com os morávios.

Os Conflitos com os Morávios acerca da Fé

Como já vimos, Wesley encontrou a sua fé evangélica através da interação com os morávios, e ele se importava suficientemente com o exemplo deles ao ponto de ir visitá-los em Herrnhut. No entanto, vimos também que, no seu regresso ele começou a perceber que a perspectiva deles sobre a fé criou problemas para ele e para outros, especialmente na sociedade em Fetter Lane. Ao longo dos próximos dois anos, as tensões entre Wesley e os morávios cresceu até que, em julho de 1740, ele foi completamente excluído da sociedade em Fetter Lane. Juntamente com outros ex-membros da sociedade em Fetter Lane, a maioria deles mulheres, Wesley mudou o seu ministério para outra sociedade que havia fundado no ano anterior em uma antiga fundição de munição. O edifício da *Foundry*, então, tornar-se-ia o centro do ministério de Wesley em Londres pelos próximos 40 anos.

Depois que foi excluído da Fetter Lane, o relacionamento de Wesley com os morávios deteriorou-se ainda mais, especialmente quando ele finalmente enviou a carta crítica que havia elaborado quando voltou de Herrnhut. Wesley continuou a se impressionar e ser tocado pela caminhada cristã de morávios como Peter Böhler e August Spangenberg, mas ele não podia concordar com a abordagem à fé do grupo como um todo. Em setembro de 1741, Wesley reuniu-se com o Conde Zinzendorf em Londres para discutir suas diferenças, e registrou a conversa, que foi realizada em latim, em seu *Diário*.[8] Depois disso, os metodistas de Wesley e os morávios de Zinzendorf tinham pouco a ver uns com os outros, embora ambos continuaram a conduzir o ministério com base em sociedades em Londres. Em 1745, o relacionamento entre eles estava tão frio que o Conde Zinzendorf negou qualquer ligação entre eles.

Duas coisas separavam Wesley dos morávios. Primeiro, Wesley sustentava que poderia haver graus de fé e confiança em Deus, com cada grau mais profundo de fé concedendo uma liberdade mais profunda do medo e da dúvida. Os morávios negavam tal coisa. Para eles, a fé era uma proposição de tudo ou nada. Se alguém tivesse qualquer dúvida, então essa pessoa não possuía fé. Onde Wesley enfatizava o lado progressivo do próprio crescimento na graça, os morávios insistiam que tudo acontecia em um instante e que o novo crente, naquele momento, recebia tudo o que ele ou ela iriam receber de Deus para sempre. Wesley achava esta opinião destrutiva em relação a busca da santidade, bem como incompatível com sua própria experiência e por isso ele a rejeitou.

Em segundo lugar, eles discordavam acerca de como alguém receberia esta fé de Deus. Dada a orientação deles a respeito do trabalho instantâneo de Deus, os morávios sentiam que a melhor maneira de abrir espaço para o dom da fé vinda de Deus era desistir de todos os meios de tentar obtê-la por si mesmo. Em vez de ler a Bíblia, participar da Santa Ceia e tentar viver uma vida cristã no mundo, os morávios insistiam em que só podiam "aquietar-se" e esperar passivamente por Deus. Uma vez que sentiam que uma pessoa não pudesse realizar ações religiosas, sem confiar nela própria, eles encorajavam as pessoas a não ler a Bíblia, a não orar, não participar da Santa Ceia até que Deus lhes desse fé.

Dado o próprio esforço de Wesley em direção a fé, ele poderia facilmente ter concordado com os morávios e considerado todos os seus próprios esforços inúteis até que Deus lhe desse fé. Wesley, porém, sentia exatamente o oposto. Ele viu todos os seus frágeis esforços em direção a fé, a sua tentativa de praticar virtudes cristãs, a sua leitura bíblica e a participação dos meios da graça como o próprio meio que Deus usava para trazer um aprofundamento da obra em sua própria vida. Quando ele observou a vida das pessoas que seguiam a doutrina morávia - que sentavam-se em "quietude" esperando em Deus para dar-lhes fé - ele descobriu que muitas vezes elas se esfriavam e afastavam-se de Deus, em vez de irem em direção a Deus. Mais uma vez, foi na tentativa de Wesley em viver esta fé que ele determinou quais ideias funcionavam ou não.

Os Conflitos com os Calvinistas acerca da Graça

A terceira grande controvérsia que ocupou a atenção de Wesley durante a primeira parte da década de 1740 foi o seu debate com os calvinistas. Como vimos no capítulo anterior, este debate começou quando Wesley publicou *"A*

Livre Graça", em 1739. Este sermão desafiou a noção calvinista da predestinação, enfatizando a noção arminiana (ou católica) de que Deus ofereceu a graça para todos. Esta não era uma pequena divergência, pois ambas as partes sentiam que o próprio fundamento do evangelho estava em jogo. Para Wesley, a graça foi gratuitamente concebida para capacitar uma resposta livre e amorosa dos seres humanos, levando-os a buscar a santidade, que era o que Cristo tinha vindo estabelecer. Para os calvinistas, qualquer ênfase na liberdade era uma negação do poder da graça na salvação, roubando de Deus a glória devida somente a Deus como o único autor da salvação, cuja graça é suficiente por si mesma. Na verdade, as ideias de Wesley soavam como obras de justiça e uma negação da fé protestante fundamental na justificação pela fé. Embora nem Wesley nem Whitefield quisessem uma controvérsia pública, havia pouca esperança de manter em privacidade tão grande desacordo.

Whitefield esperou quase dois anos para responder "*A Livre Graça*". Finalmente, alguém publicou uma carta que ele havia escrito para Wesley - mas nunca enviado – e a distribuiu para os membros da sociedade na *Foundry*, no início de 1741. Alegando que a carta deveria ser tratada em privacidade, Wesley encorajou seus seguidores a rasgá-la. Esta rejeição pública dos interesses de Whitefield o irritou de tal maneira que ele mesmo publicou uma longa crítica a Wesley em março de 1741, intitulada *A Letter to the Rev. Mr. John Wesley in Answer to his Sermon entitled "Free Grace"* [Uma Carta ao Rev. Sr. João Wesley em Resposta ao seu Sermão Intitulado "A Livre Graça"]. Wesley respondeu resumindo algumas obras já publicadas contra a predestinação e distribuindo-as tanto aos seus seguidores quanto aos de Whitefield.[9] A carta de Whitefield também levou Susanna Wesley a escrever seu único trabalho publicado, uma defesa anônima da teologia e ministério de seu filho.

Assim que esta primeira onda de atividade teológica havia se acalmado, Wesley e Whitefield tentaram manter seu relacionamento no trabalho do Reavivamento Evangélico de uma forma civilizada e cooperativa tanto quanto puderam. No final da década de 1740 eles estavam razoavelmente de volta em bons termos, embora a controvérsia entre eles de modo algum havia se encerrado. Os dois também estavam unidos pela amizade com Lady Selina Hastings, Condessa de Huntingdon, com quem Wesley começou a se corresponder em 1741. Lady Huntingdon era uma mulher notável por seus próprios méritos, e ela se tornaria a mais importante defensora da ala calvinista do Reavivamento Evangélico nas próximas décadas, o que também levaria a mais conflitos com Wesley.

Acontecimentos Pessoais

Em meio a essas controvérsias, Wesley também estava desenvolvendo-se como pessoa, respondendo aos conflitos e acontecimentos ao seu redor. Às vezes, ele registrava sua resposta em seu *Diário*; outras vezes, só podemos especular como essas coisas o faziam sentir. Em todo caso, partilhar de suas provações pessoais é importante se queremos ver Wesley como pessoa e não apenas como o icônico "Fundador do Metodismo e Defensor da Teologia Arminiana". Enquanto obteve sucesso em seu ministério teológico e prático, sua vida pessoal durante esta década foi muitas vezes marcada por desilusão e perda.

Perdas familiares

A década começou de uma forma difícil para a família de Wesley, com a perda de seu irmão mais velho, sua irmã mais nova e sua mãe em menos de três anos. Samuel Wesley Jr., que tinha sido o mais bem estabelecido dos filhos da família Wesley – aquele que, aparentemente, emprestava dinheiro ao resto de sua família, faleceu inesperadamente no dia 6 de novembro de 1739. Wesley anotou em seu *Diário* que sua cunhada estava em profunda tristeza, mas que ele e seu irmão Charles se alegravam porque seu irmão tinha finalmente encontrado essa certeza de fé em Cristo da qual eles pregavam, mas que ele, a princípio, havia resistido.

Dezesseis meses depois, em 09 de março de 1741, a irmã mais nova de Wesley Kezia ("Kezzy") também faleceu aos trinta e poucos anos. Wesley soube do caso através de Charles, relatando que o seu fim foi pacífico, mesmo tendo sua vida sido interrompida tão cedo. João não comentou na época em seu *Diário*, mas posteriormente em cartas ao seu cunhado Westley Hall, ele o culpa por sua morte. Hall era noivo de Kezzy antes de romper o noivado para casar-se com outra das irmãs de Wesley, Martha ("Patty") em 1735. Wesley acreditava que o golpe emocional que Kezzy havia recebido em ser abandonada por Hall causou o declínio da sua saúde, o que levou à sua morte.[10]

Então, em julho de 1742, Susanna Wesley faleceu em seus aposentos na *Foundry*. Susanna nunca teve uma boa saúde e ela foi ficando cada vez mais doente nos anos que antecederam sua morte. Desde 1740, ela estava vivendo com João na *Foundry*, onde desfrutava da companhia, de vez em quando, de todos os seus filhos, embora, como ela escreveu em uma carta a Charles, não tão frequentemente quanto ela teria desejado.[11] Todos eles, exceto Charles, que estava viajando a negócios, estavam lá no final e ela pediu-lhes para cantar um hino de louvor a Deus quando estivesse finalmente em paz. Wesley registrou seu falecimento em seu *Diário* no dia 30 de julho de 1742, juntamente com um epitáfio poético escrito por Charles, celebrando sua própria experiência de encontrar a certeza da fé.[12]

Embora essas perdas possam ter afetado Wesley pessoalmente e emocionalmente, ele não as deixou interferir em seus trabalhos evangelísticos. Como vimos acima, ele trabalhou ao longo dos próximos anos para pregar em todos os lugares possíveis e organizar e manter as sociedades que surgiram a partir destas pregações. Ele parecia contente em realizar tudo isso como um homem solteiro até o fim da década. Então, pouco mais de dez anos após o fracasso de sua corte com Sophy Hopkey, Wesley novamente encontrou-se romanticamente envolvido. Infelizmente, este episódio também terminaria em profunda decepção e dor. Se o relato pessoal de Wesley for acreditado - e é o único relato que possuímos - o que aconteceu foi o que se segue.[13]

Tragédia Romântica

Em agosto de 1748, Wesley estava pregando em Newcastle quando adoeceu. Lá, ele foi cuidado e teve sua saúde restabelecida por Grace Murray, que foi exatamente como o seu relacionamento com Sophy havia começado. Grace era uma jovem viúva que trabalhava na *Orphan House*, conduzida por metodistas, e cujo trabalho era cuidar de "pregadores doentes e desgastados". Wesley desenvolveu uma forte atração por ela e compartilhou esses sentimentos dizendo: "Se algum dia eu me casar, eu acho que você será a pessoa". Grace, sentindo-se lisonjeada e honrada, pareceu retribuir a afeição. Ela o acompanhou em uma curta viagem para pregações e logo após ele a deixou sob os cuidados de um de seus assistentes, John Bennet. Algum tempo depois, Wesley recebeu duas cartas. Uma era de Bennet, pedindo a permissão de Wesley para casar-se com Grace. A outra era de Grace dizendo que sentia que o casamento com Bennet era "a vontade de Deus".

Wesley estava profundamente confuso, provavelmente muito magoado, e - dada a velocidade dos casamentos naqueles dias e a lentidão do correio - imaginou que os dois já estivessem casados. Ele deu o que chamou de uma "resposta suave" e tentou tirar de sua mente tudo sobre aquele assunto. O casamento, no entanto, nunca aconteceu. No verão de 1749, Grace estava mais uma vez com Wesley, desta vez trabalhando com ele durante a sua viagem para pregações na Irlanda. Durante este tempo, as afeições mútuas devem ter se reacendido e aprofundado, pois Wesley registra que eles entraram em um contrato de casamento verbal quase legal. Quando eles voltaram para Inglaterra, no entanto, Grace ouviu rumores de um envolvimento de Wesley com outra mulher e escreveu uma carta de amor a John Bennet em um ataque de ciúmes. Isso reacendeu a paixão de Bennet por Grace, e ela agora viu-se dividida entre dois homens.

Wesley confrontou Grace a respeito do assunto em setembro de 1749, e ela garantiu-lhe que o escolhia no lugar de Bennet. Wesley escreveu a Bennet sobre o assunto, mas a carta nunca foi entregue. Uma cópia da carta enviada a Charles, no entanto, foi entregue, com consequências terríveis como veremos. Nesse meio tempo, Wesley continuou a lutar com a adequação de suas próprias ações e afeições, mas determinou que era correto casar-se e que Grace era a mulher. Ele também escreveu a respeito destes pensamentos em uma carta que enviou a seu irmão.

Quando Charles Wesley, que havia se casado no início daquele ano, recebeu essas cartas, ele ficou escandalizado. Apesar dos argumentos de seu irmão em contrário, Charles sentiu que tudo iria desmoronar se Wesley casasse com Grace. Ela era uma empregada - portanto, abaixo de sua posição - e Charles acreditava que ela já estava realmente casada com Bennet, ou pelo menos legalmente prometida, de forma que já não fazia dela uma mulher livre. Para salvar o Movimento Metodista de uma desgraça e seu irmão de uma tolice, Charles viajou para Newgate. Com base em outros rumores que confirmaram suas suspeitas, Charles levou Grace pessoalmente até Bennet e certificou-se de que os dois estivessem adequadamente e devidamente casados em 03 de outubro de 1749.

Quando Wesley soube do acontecido ficou atordoado. Poucos dias depois, ao ver seu irmão novamente, Charles renunciou qualquer interação com ele, mas Wesley disse que não sentia raiva. A rejeição de seu irmão era apenas mais uma dor adicionada ao seu sofrimento. Grace afirmou mais tarde que ela pensou que Charles estava levando-a para casar-se com o próprio Wesley. Ela só concordou com o casamento com Bennet quando foi informada de que Wesley não queria mais nada com ela. O dano, no entanto, já havia sido foi feito e Wesley não tocou muito no assunto a respeito de Grace depois disso. Apenas alguns dias depois, em uma carta a um amigo, ele escreveu: "Desde que eu tinha seis anos de idade que nunca encontrei provação tão severa quanto a que tenho passado nos últimos dias."[14] Com um grande senso de seu próprio infortúnio, ele escreveu em seu diário privado: "Dificilmente possa ter acontecido um caso como este desde o princípio do mundo". Suas cartas posteriores a Bennet são claramente cheias de emoção e mesmo quando elas ofereciam perdão, ainda mostravam como Wesley havia sido profundamente ferido.[15]

E assim, uma década que começou com polêmicas públicas e viu tanto desenvolvimento positivo no Movimento Metodista terminou com uma tragédia privada e uma ruptura no relacionamento de Wesley e seu irmão, que não foi tão logo curada. A decisão de Wesley de casar-se, porém, não foi alterada. Ele a cumpriu em apenas um ano e meio mais tarde, ainda que o resultado tenha sido suficiente para fazer-nos perguntar se a decisão havia sido sabiamente tomada. Isso, no entanto, é uma história que vamos tratar no início da próxima década.

Notas bibliográficas

[1] "A Member of the Houses of Shirley and Hastings," *The Life and Times of Selina Countess of Huntingdon,* vol. 1, London: William Edward Painter, 1839, 34.

[2] O livro de Spener *Pia Desideria* (1675) apoia o que ele chamou de *"collegia pietatis"*, grupos pequenos que alimentavam a fé através de responsabilização e apoio mútuo.

[3] *The Nature, Design and General Rules of the United Societies,* §2 (Ed. Bicentenário 9:69). A referência bíblica é de 2ª Timóteo 3:5, trad. nossa.

[4] Joseph Beaumont Wakeley, *Anecdotes of the Rev. George Whitefield, M.A.,* London: Hodder and Stoughton, 1872, 219-220, trad. nossa.

[5] *Journal,* (Ed. Bicentenário 19:96).

[6] *Diário,* p. 99.

[7] Carta a "John Smith", §13 (Ed. Bicentenário 26:237), trad. nossa.

[8] *Journal,* (Ed. Bicentenário 19:211-15).

[9] Incluem *A Dialogue Between a Predestinarian and his Friend,* que Wesley afirmou como seu próprio, mas que parece depender de *A Dialogue Between a Presbyterian and a Baptist* (1691), por Thomas Grantham.

[10] Cartas a Westley Hall, (Ed. Bicentenário 26:103 e 26:269-73).

[11] Susanna Wesley, 180.

[12] A morte de Susanna quase certamente aconteceu no dia 30 Julho de 1742, conforme registrado no *Diário* de Wesley (Ed. Bicentenário 19:283) e cartas (26:83, 25). No entanto, a lápide de Susanna inexplicavelmente registra 23 de julho de 1742, e assim verifica-se esta data referida aqui muitas vezes também.

[13] A informação é do diário privado de Wesley. Seu trabalho publicado nunca menciona o incidente. A maioria dos relatos relevantes do diário podem ser encontrados em *The Elusive Mr. Wesley,* 2ª ed., Nashville: Abingdon, 2003, por Richard P. Heitzenrater, 166-176.

[14] Carta a Thomas Bigg, (Ed. Bicentenário 26:389), trad. nossa.

[15] Cartas a John Bennet, (Ed. Bicentenário 26:389-96).

CAPÍTULO SEIS

Estabelecimento e Avanço
(1750-1769)

A partir deste ponto vamos acelerar o ritmo de nossa narrativa dos aconte-cimentos na vida de Wesley. Não é que menos tenha acontecido durante a úl-tima metade de sua vida, em comparação com a primeira. Wesley continuou a viajar e pregar até o ano anterior a sua morte. Ele continuou a escrever e editar recursos criados para seu movimento, expôs suas ideias e respondeu a controvér-sias. Mas a partir de cerca de 1750, o curso geral de sua vida estava definido e sua atividade continuava a ser muito consistente com o padrão estabelecido na década de 1740.

O *Diário* de Wesley durante estes vinte anos soa como um diário de bordo, devido as visitas em várias cidades inglesas e ainda sua viagem para a Irlanda. Onde quer que viajava, ele pregava ao ar livre e envolvia-se com as diversas sociedades metodistas que encontrava. Quando não estava fazendo essas coisas, estava lendo - algo que sempre fazia montado no cavalo – ou escrevia e editava. Para dar um exemplo representativo, encontramos Wesley, enquanto esperava pela virada de uma maré em uma viagem para a Irlanda, traduzindo um livro de lógica em latim para o uso com seus pregadores e na escola de Kingswood. An-teriormente estava trabalhando em uma gramática francesa e depois da viagem editou uma breve introdução à história romana.[1] Em 1750, Wesley já havia publicado uma grande coleção de extratos de obras devocionais que chamou de *The Christian Library* [A Biblioteca Cristã], fazendo com que mais recursos espirituais estivessem facilmente acessíveis ao seu povo, e ele continuou esse tipo de trabalho durante os anos de 1750 e 1760 também. Nas avaliações positivas da vida de Wesley muitas vezes encontramos o elogio à sua energia e ímpeto aparentemente ilimitados. Os menos favoráveis o descreviam como alguém exigente e viciado no trabalho. Contudo, não há como negar que esses foram anos muito ativos e produtivos para o ministério de Wesley.

Em meio a esse padrão contínuo de pregações, o trabalho nas sociedades, leitura e escrita, houve uma série de novos e notáveis acontecimentos e será a respeito destes que nos focaremos à medida que continuamos nossa jornada pela vida de Wesley. Vamos começar de onde paramos no último capítulo, traçando a vida pessoal de Wesley ao longo das décadas de 1750 e 1760. Em seguida passaremos para as controvérsias teológicas contínuas de Wesley, a maioria delas com os calvinistas e as questões que os uniam e, em seguida, os separavam. Finalmente, veremos como o Metodismo continuou a desenvolver-se como movimento e instituição, com um relacionamento com sua igreja mãe cada vez mais controverso.

Vida Pessoal

Durante este tempo, Wesley estava intimamente ligado à família de um homem chamado Vincent Perronet, Vigário de Shoreham, cerca de vinte milhas ao sudeste de Londres. Seus filhos, Charles e Edward, tornaram-se pregadores metodistas e Edward é provavelmente mais conhecido como o autor do hino "Saudai o Nome de Jesus". Através deles, Wesley veio a conhecer uma viúva de meia-idade chamada Mary Vazeille. A Sra. Vazeille havia sido casada com um próspero comerciante de Londres que, quando morreu, deixou-lhe dinheiro suficiente para ser moderadamente bem de vida para os padrões da época. Charles Wesley descreveu, ao conhecê-la, como "uma mulher de um espírito pesaroso"[2], mas algo sobre ela chamou a atenção de Wesley. Ele se correspondeu com ela de uma forma pastoral enquanto estava pregando novamente na Irlanda no final da primavera e início do verão de 1750. No entanto, algum tempo depois do seu retorno, ele começou a considerá-la como uma possível parceira para toda vida. Havia passado apenas um ano desde o trágico fim de seu relacionamento romântico com Grace Murray, mas Wesley, aparentemente, ainda sentia-se convicto em seu raciocínio de que seria melhor para ele casar do que permanecer solteiro.

Wesley menciona pouco a respeito do relacionamento em seu *Diário*, por isso não sabemos muito acerca do assunto durante o final do outono e início do inverno de 1750-1751. Sabemos que Wesley consultou alguns amigos sobre a adequação deste casamento - mais notadamente Perronet, que deu a sua total aprovação. No entanto, também sabemos que Wesley não seguiu suas próprias regras para o casamento de pregadores metodistas, o que exigia que tais uniões fossem aprovadas pelas sociedades entre as quais o pregador trabalhava. Wesley simplesmente informou a seu irmão que tinha a intenção de casar-se, mas ele não disse com quem, talvez temendo uma repetição da intervenção infeliz de Charles.

No dia 09 de fevereiro de 1751, Wesley e Mary assinaram um acordo pré-nupcial, afirmando que sua fortuna herdada ficaria para seus filhos e não Wesley. No dia seguinte, Wesley sofreu uma queda feia no gelo enquanto caminhava sobre a ponte de Londres e acabou recuperando-se durante aquela semana na casa de Mary. Pouco mais de uma semana depois, no dia 18 ou 19 de fevereiro[3], eles se casaram. Wesley não recordou nada acerca do evento em seu *Diário*.

Cartas entre João e Mary Wesley demonstravam alguma afeição real entre eles, mas elas também deixavam claro de que João não tinha nenhuma intenção de mudar sua vida de pregador itinerante, agora que ele estava casado. Sua correspondência continha como que instruções a um parceiro de negócios ou ministério o tanto quanto continha sentimentos românticos. Na primeira carta existente que temos, Wesley diz a ela: "Minha querida não fique zangada, se eu coloco sobre você muito trabalho. Eu quero que você preencha toda sua vida com as obras de fé e trabalhos de amor".[4] O amigo de Wesley e solidário biógrafo Henry Moore observou: "Ele [Wesley], mais de uma vez mencionou a mim que foi acordado entre ele e a Sra. Wesley, anterior ao seu casamento, que ele não pregaria um sermão ou viajaria uma milha a menos por esse motivo. 'Se pensasse que sim', ele disse, 'minha querida, mesmo que eu a ame, nunca veria sua face novamente.'"[5]

Apesar desta aparência de ser um relacionamento de negócios, Mary e João Wesley pareciam ter se dado bem no início. Quando ele estava muito doente em novembro de 1753 ao ponto até de escrever seu próprio epitáfio, Mary cuidou dele para que voltasse a uma boa saúde.[6] Durante suas viagens, ela o acompanhava ou ele mantinha contato por carta. Contudo, sua esposa não era a única correspondente feminina de Wesley e isso causou problemas pelo resto de seu casamento.

Em 1754, uma jovem com um passado duvidoso converteu-se sob o ministério de Wesley. O nome dela era Sarah Ryan. Em 1757, Wesley lhe deu um trabalho de empregada em Kingswood e começou a manter uma correspondência regular com ela. Embora não havia nada particularmente escandaloso nessas cartas, elas indicam que Wesley e Ryan tiveram uma afetuosa, bem como pastoral, amizade. Quando Mary Wesley abriu uma dessas cartas de Sarah ao marido, ela ficou com tanto ciúmes a ponto de deixar o marido, jurando nunca mais voltar.

Mary voltou alguns dias depois, mas os próximos anos foram difíceis na relação entre Wesley e sua esposa. Ela o acusou de negligência e, aparentemente, abriu sua escrivaninha lacrada a fim de checar sua correspondência. Wesley então a acusou de mostrar materiais comprometedores aos seus críticos. Esta disputa doméstica eventualmente apaziguou-se e, em 1763, Wesley estava louvando sua esposa em cartas a seu irmão.[7] Este relacionamento mais feliz parecia ter continuado até 1768, mas não duraria.

Mary Wesley ficou seriamente doente em agosto de 1768, tão doente que as pessoas pensavam que ela poderia morrer. Ao saber disso, Wesley voltou a Londres para vê-la. No entanto, uma vez que ele viu que sua vida não estava em perigo - o que, aparentemente, levou apenas uma hora de visita - ele dirigiu-se novamente para a Conferência Anual em Bristol. Wesley, ao que parece, tinha preocupação real para com sua esposa, mas seu trabalho tomava mais do seu tempo e ações. Dentro de alguns meses, Mary decidiu que ela não poderia viver com essas prioridades e partiu para viver com sua filha em Newcastle.

Wesley não foi o único membro de sua família a ter dificuldades conjugais durante essas décadas. Por volta de 1755, o marido da irmã de Wesley, Martha, o Rev. Westley Hall, deixou sua mulher e foi para Barbados com uma amante. Deixando Wesley e seu irmão Charles com a responsabilidade de cuidar do filho de Hall, seu sobrinho. Infelizmente, o menino viveu apenas por um curto tempo após o incidente, morrendo na tenra idade de quatorze anos. Ao mesmo tempo, Wesley também estava provendo para outro "parente", Suky Hare, que parece ter sido uma criança ilegítima do Rev. Hall. Através de suas cartas, vemos que os problemas conjugais de sua irmã perturbavam Wesley também.

Em uma nota mais favorável, nessas décadas Wesley iniciou uma amizade com um jovem imigrante suíço chamado John Fletcher. Nesse jovem, o movimento metodista encontrou um excelente exemplo de seus ideais como um movimento reavivalista dentro da Igreja da Inglaterra, e também teve o seu primeiro teólogo criativo além dos próprios irmãos Wesley. Fletcher nasceu em 1729 na Suíça, estudou na firmemente calvinista Universidade de Genebra, e mudou-se para Londres em 1752 para se tornar tutor de uma família bem-sucedida. Depois de ouvir uma mulher pregando na rua, ele procurou os metodistas e rapidamente tornou-se familiarizado com João e Charles Wesley. Ele ouviu a pregação de Wesley na *Foundry* e teve sua própria "conversão evangélica". Sentindo um chamado para o ministério paroquial ele foi ordenado na Igreja da Inglaterra em 1757, recusou uma nomeação próspera em uma luxuosa igreja para ministrar em uma área pobre chamada Madeley, onde ele serviria pelo resto de sua vida. Fletcher se tornaria o principal defensor teológico de Wesley nas controvérsias da década de 1770 e sua escolha pessoal como sucessor para liderar os Metodistas.

Controvérsias Teológicas

Assim como a vida privada de Wesley estava tendo seus altos e baixos na década de 1750 e 1760, ele também foi envolvido em uma série de controvérsias públicas, principalmente com os calvinistas acerca da predestinação e santidade. Wesley e Whitefield tentaram manter uma amizade, apesar das questões que continuavam levantando-se entre eles, mas o desejo de ambos de manter uma cooperação conseguiu conter a controvérsia, embora apenas até a morte de Whitefield. Em agosto de 1749, Wesley, Whitefield e um outro dos metodistas calvinistas reuniram-se e produziram uma declaração privada de entendimento em que prometiam não se humilharem e concentrarem-se em seus pontos em comum, mantendo-se longe de polêmicas desnecessárias. O *Diário* de Wesley, ao longo dos próximos meses, mostra uma tentativa deliberada de manter esta frente única. Por exemplo, Wesley viajou para Leeds em outubro de 1749 para pregar com Whitefield, e eles trabalharam juntos na capela de Lady Huntingdon, no início de 1750.

Não obstante, as tensões pareceram surgir no início da década de 1750. Wesley publicou seu longo trato *Predestination Calmly Considered* [A Predestinação Calmamente Considerada] em 1752, o que sugere que a questão havia novamente se tornado um ponto de discórdia. Ele também enviou uma carta a Whitefield com palavras fortes em maio de 1753, sugerindo que Whitefield estava causando alguns atritos entre os metodistas de Wesley. Depois disso, no entanto, o envolvimento controverso de Wesley com as questões que envolviam o calvinismo foi focado em direção a outras pessoas. O mais notável deles foi James Hervey e seus defensores, com quem Wesley executou uma guerra de panfletos pesadamente intitulados no final da década de 1750 e início de 1760.

Nem todo o trabalho de Wesley durante este tempo foi polêmico, embora as questões levantadas por seus debates com os calvinistas ainda dominavam sua produção literária. Por vezes ele trabalhou em questões que todos podiam concordar, como a publicação de sua mais longa obra teológica, *The Doctrine of Original Sin, According to Scripture, Reason and Experience* [A Doutrina do Pecado Original, Segundo as Escrituras, Razão e Experiência], em 1757. No entanto, o amadurecimento da teologia de Wesley o conduzia, mais frequentemente, para ainda mais longe das posições calvinistas, particularmente aquelas ideias que sentia que poderiam prejudicar diretamente a vida cristã. Isto pode ser visto em seu severo ataque contra a ideia de que a graça nos livra da obediência da lei, intitulado *A Blow At the Root: or Christ Stabbed in the House of his Friends* [Um Golpe na Raiz ou Cristo Apunhalado na Casa dos seus Amigos], de 1762. Isto também pode ser visto em sua promoção constante da ideia de que a graça de Deus produz santidade, e não apenas o perdão, como encontrada no importante sermão *"O Senhor nossa Justiça"* em 1765 e, mais especialmente, no livro de imensa influência *Explicação Clara da Perfeição Cristã*, de 1766.

Ainda que seus debates contínuos contra as ideias calvinistas mostrassem que Wesley estava preocupado em fazer uma boa teologia, o seu relacionamento pessoal com Whitefield sugere que ele estava ainda mais preocupado com o trabalho de evangelismo. De 1755 em diante, Wesley fala de sua relação com Whitefield, particularmente em seu diário publicado, em apenas termos positivos e fez um grande esforço para mostrar que ele e Whitefield eram parceiros de um mesmo empreendimento. Wesley ocasionalmente, e um pouco triunfante, observava como Whitefield parecia ser mais velho – mesmo Wesley sendo dez anos mais velho - mas ainda assim, a alta estima de Wesley para com seu parceiro reavivalista e rival teológico era clara. A boa relação dos dois era pública o suficiente a ponto de Wesley ser convidado para pregar um sermão no funeral de Whitefield, quando este faleceu em 1770 e Wesley resolveu apenas falar bem publicamente deste homem após a sua morte.

O espírito de ecumenismo que prevaleceu entre esses dois homens, no entanto, nunca chegou a um nível institucional. Durante essas décadas, os metodistas calvinistas possuíam suas capelas e pregadores e os metodistas de Wesley as deles. Em meados da década de 1760, Wesley fez algumas tentativas deliberadas para aumentar a cooperação deles através do envio de cartas pessoais e, eventualmente, um anúncio público. Quando apenas três pregadores responderam, Wesley basicamente não se esforçou mais.

Em 1768, no entanto, a Condessa de Huntingdon decidiu começar uma faculdade privada para pregadores no sul do País de Gales em um lugar chamado Trevecca, onde ela iria pessoalmente financiar a educação de jovens piedosos para o ministério. Wesley apoiou a ideia. Seu bom amigo John Fletcher foi nomeado o superintendente da escola e um de seus professores na escola de Kingswood logo foi feito diretor. Parecia o início de um período renovado de cooperação entre metodistas wesleyanos e calvinistas, porém ele não duraria. No início da década seguinte, com a morte de Whitefield e a publicação da Ata da Conferência Anual de 1770, tudo desmoronou-se.

Desenvolvimentos no Metodismo

Em meio a turbulências pessoais e contínuas controvérsias, Wesley continuou a guiar a sua ala no Reavivamento Evangélico. Sua intenção sempre foi promover uma religião interior e de experiência que externaria santidade na Igreja da Inglaterra. Assim que o movimento de Wesley tornou-se organizado, no entanto, os contrastes entre o Metodismo e a Igreja da Inglaterra eram grandes o suficiente para gerar discussões a respeito de deixar aquele aprisco e começar uma igreja completamente nova. Wesley resistiu a esta mudança decisiva, mas seus pontos de vista acerca da igreja e ministério continuaram a evoluir de tal forma que justificaram muitos movimentos menores que levaram a um distanciamento cada vez maior da "igreja mãe" do metodismo.

Como vimos em seus dias em Oxford e seu ministério na Geórgia, Wesley começou com um forte conjunto de princípios da "alta igreja", princípios que colocavam um grande peso sobre as formas e condutas adequadas, medidas pelas regras da igreja. Contudo, pouco a pouco, Wesley passou a priorizar o trabalho do ministério e os objetivos do evangelho acima das estruturas formais da igreja. A tensão que desenvolveu-se na década de 1750 e 1760 entre a visão idealizada de Wesley da Igreja da Inglaterra e sua consistente e prática violação de suas normas institucionais seria característica de Wesley até o final de sua vida.

Por um lado, no final da década de 1740, Wesley havia publicado *A Word to a Methodist* [Uma Palavra a um Metodista] e *A Plain Account of the People Called Methodists* [Explicação Clara do Povo Chamado Metodista], ambos os quais tentavam descrever o caráter distintivo da identidade metodista que era o de restaurar a verdade do cristianismo bíblico na Igreja da Inglaterra – e não para criar uma identidade separada da mesma. Por outro lado, os estudos de Wesley davam-lhe razões para acreditar que as estruturas institucionais em que a identidade da Igreja da Inglaterra estava incorporada - e as quais o movimento de Wesley muitas vezes lutava contra - não eram tão bem fundamentadas quanto ele acreditava anteriormente. Em 1746, Wesley leu *An Enquiry into the Constitution, Discipline, Unity, and Worship of the Primitive Church* [Um Inquérito sobre a Constituição, Disciplina, Unidade e Adoração da Igreja Primitiva], de Lord Peter King. Este livro afirmava que a distinção básica entre bispo e presbítero - uma distinção sobre a qual a maior parte do poder político da igreja era baseado - não era bíblica. Em 1750, Wesley leu *The General Delusion of Christians with Regard to Prophecy* [A Ilusão Geral de Cristãos a Respeito da Profecia], de John Lacy, que o convenceu de que os seguidores de Montano - um líder carismático do final do segundo século, eventualmente rotulado de herege pela igreja institucional - eram na verdade "cristãos reais e bíblicos".[8] As suspeitas de Wesley sobre a adequação da igreja institucional foram confirmadas pela leitura de *A History of the Councils* [Uma História dos Concílios] de Richard Baxter, em 1754, e "*The Irenikon*" de Edward Stillingfleet, no ano seguinte.

Wesley passou a acreditar cada vez mais que a missão da igreja – de salvar as almas e ajudar as pessoas a levar uma vida santa - era mais importante do que as suas estruturas formais, e isso fez com que a questão da separação da Igreja da Inglaterra se tornasse algo urgente. Especialmente na questão se os pregadores metodistas, embora leigos, poderiam ou não servir os sacramentos, algo que a igreja anglicana só permitia aos ministros ordenados. Alguns pregadores, nomeadamente Thomas Walsh e Charles Perronet, já tinham feito isso. Assim, este assunto foi o tema central do debate na Conferência Anual Metodista em 1755, desta vez realizada em Leeds. Wesley preparou um extenso artigo sobre o assunto,[9] onde ele leu e encorajou todos a darem a sua opinião. O grupo de pregadores reunidos, cerca de quarenta ou mais, discutiram o assunto por vários dias. Wesley colocou a conclusão sobre a separação da seguinte forma: "e, no terceiro dia, estávamos todos completamente de acordo com a conclusão geral: que (o que quer que fosse *lícito*) isso estava fora de *cogitação*."[10] Deste modo, enquanto o grupo não conseguia concordar teologicamente se tal separação era justificada, eles estavam de acordo que, praticamente, este não era o momento para isso. Praticidade, não teologia, formou a base da resposta do grupo.

Agora, isso não quer dizer que Wesley não tinha razões teológicas para empurrar os limites práticos de sua igreja, por mais que se preocupasse em dar boas razões para os seus desvios. No ano seguinte, em uma carta a Samuel Walker, ele defendia a pregação leiga alegando que eles seguiam um "chamado interior", fortalecidos pelo Espírito, o que lhes dava mais liberdade do que um mero "chamado exterior", representado pela ordenação.[11] Nesse mesmo ano, contudo, ele fez um apelo aos seus companheiros ministros da Igreja da Inglaterra chamado *An Address to the Clergy* [Discurso ao Clero][12]. Nesta carta aberta, ele pediu a todos os clérigos para viverem de acordo com o alto nível de sua vocação, um chamado que Wesley articulou em linguagem bem metodista. Talvez, após a conferência de Leeds, Wesley tenha sentido que se o clero da Igreja da Inglaterra fizesse seu trabalho melhor, as pressões para uma separação poderiam diminuir.

Mas elas não diminuíram. Muitos bispos anglicanos achavam perigoso pensar que as pessoas poderiam ser guiadas pelo Espírito para trabalhar fora dos limites da igreja institucional. Em 1762, o bispo William Warburton de Gloucester publicou uma crítica ao Metodismo chamada *The Doctrine of Grace; or*

The Office and Operations of the Holy Spirit Vindicated from the Insults of Infidelity and the Abuses of Fanaticism [A Doutrina da Graça; ou o Ofício e Operações do Espírito Santo Vindicado pelos Insultos de Infidelidade e os Abusos do Fanatismo]. Aparentemente querendo um verdadeiro debate sobre o assunto, o bispo Warburton deixou Wesley ler um esboço do trabalho antes de ser publicado. Após sua publicação, Wesley emitiu uma longa resposta[13] na qual tentou equilibrar ambas as preocupações de estrutura e espírito, embora ainda tenha dado uma clara prioridade a este último.

Este equilíbrio, no entanto, foi muito difícil de manter. Por um lado, Wesley distanciou-se das forças institucionais da Igreja da Inglaterra e justificou essa atitude apelando para a liderança do Espírito Santo. Ironicamente, ao mesmo tempo ele foi forçado a uma maior institucionalização dentro de seu próprio movimento por aqueles que, pelo menos aos olhos de Wesley, levavam a ideia da direção do Espírito muito longe. Os dois exemplos mais notáveis disso foram os pregadores leigos George Bell e Thomas Maxfield.

George Bell foi convertido pelo ministério metodista em 1758 e logo depois sentiu o chamado para pregar. O que ele pregou e a maneira como pregou, entretanto, imediatamente começaram a causar problemas para Wesley e para a sociedade que se reunia na *Foundry*. A mensagem de Bell era de uma perfeição cristã que elevava o crente acima de toda regulamentação, toda lei ou norma de comportamento. Esta mensagem não foi bem aceita por Wesley, nem a maneira extremamente emocional com que Bell pregava, vociferando freneticamente e gritando de púlpito. Wesley tentou corrigir sua maneira de pregar, mas sem sucesso. Depois que Bell proclamou que o mundo acabaria em 28 de fevereiro de 1763, Wesley confrontou-o, e ele e seus seguidores deixaram a sociedade.

Quase ao mesmo tempo, a pregação de Thomas Maxfield também estava causando discórdia e divisão entre os metodistas de Londres. Como vimos no último capítulo, Maxfield estava entre os primeiros leigos cujo ministério Wesley havia reconhecido como inspirado por Deus, apesar da falta de treinamento formal ou sanção da igreja. No início da década de 1760, porém, ele começou a pregar a perfeição cristã e santificação de uma forma que denegria a obra de Deus na justificação e quase igualava a "perfeição cristã" com uma espécie de liderança do Espírito diretamente inspirada. Maxfield, como Bell, não seguia a autoridade de Wesley. Em março de 1763 ele recusou-se a pregar na *Foundry*, eventualmente deixando o Metodismo por completo e tornando-se um ministro independente.

Essas controvérsias acerca da autoridade e do conteúdo das pregações nas sociedades metodistas conduziram a Conferência Metodista daquele ano, 1763, a adotar o que eles chamaram de *Model Deed* [Ação Modelo]. Este documento promoveu o desenvolvimento institucional do Metodismo, fornecendo um conjunto de normas para as pregações que ocorriam nas sociedades metodistas. Essas normas surgiram das doutrinas apresentadas em quatro volumes dos sermões publicados por Wesley em *Notes on the New Testament* [Notas Explicativas do Novo Testamento], um comentário que Wesley tinha escrito no início de 1754, quando a sua doença o impediu de viajar e pregar.

Ainda assim, mesmo enquanto o Metodismo continuava a institucionalizar-se, Wesley ainda não podia levar-se a agir plenamente com a prioridade da função sobre a forma. Em 1765, a necessidade de ministros ordenados dentro do movimento metodista havia aumentado, e eles estavam recebendo pouca ajuda de fontes anglicanas. Naquele ano, Wesley garantiu os serviços de um bispo grego para ordenar alguns de seus pregadores. Em retrospecto, Wesley percebeu que isso não foi uma boa ideia e o pequeno escândalo que se seguiu em algumas publicações locais levou-o a nunca comprometer-se novamente dessa maneira. Mas o próprio fato de que ele fez isso revela sua própria ambivalência sobre até onde poderia ou deveria ir para deixar o Metodismo progredir como uma igreja em pleno desenvolvimento, independente da Igreja da Inglaterra.

Esta relação tornou-se ainda mais complicada quando o Metodismo começou a espalhar-se para além das fronteiras da Inglaterra e, portanto, fora da jurisdição da igreja nacional da Inglaterra. No período em que Wesley fez sua primeira visita à Irlanda em 1747, já havia sociedades metodistas se reunindo ali. Por volta de 1752 o número de metodistas irlandeses havia crescido a ponto de iniciarem as suas próprias conferências. Wesley fez muitas viagens a Irlanda durante o resto de sua vida, gastando um total de seis anos, segundo alguns relatos, em viagens com períodos de um a três meses.

Da Irlanda, o metodismo fez o seu caminho, sem o conhecimento de Wesley, para o Novo Mundo. Um imigrante irlandês chamado Robert Strawbridge começou reuniões metodistas em Maryland, em 1766. No mesmo período, ao norte, os irlandeses metodistas Philip Embury e Barbara Heck trabalharam com um capitão chamado Thomas Webb para iniciar uma sociedade em New York. O último trabalho teve tanto sucesso que, em 1768, a sociedade escreveu a João Wesley, na Inglaterra, pedindo-lhe que enviasse alguns trabalhadores qualificados para ajudá-los. Wesley leu a carta à Conferência Anual em 1768, e na Conferência Anual do próximo ano ele comissionou dois pregadores: Richard Boardman e José Pilmore. Eles chegaram perto da Filadélfia no final de outubro de 1769 e imediatamente começaram a pregar e ajudar o crescimento das sociedades ali. O trabalho na América do Norte cresceria surpreendentemente bem.

No entanto, o conflito político e militar iminente entre a Inglaterra e suas colônias prejudicaram todos os esforços de Wesley para manter o Metodismo Americano dentro dos limites que ele havia estabelecido na Inglaterra e também forçou a questão da separação da Igreja da Inglaterra. Mas isso é uma história para o próximo capítulo.

Notas bibliográficas

[1] *Journal,* (Ed. Bicentenário 20:323, 325, 363).

[2] Charles Wesley, *The Journal of Charles Wesley*, 2 volumes, Grand Rapids, MI: Baker Books, 1980, 2:62, trad. nossa.

[3] As duas notificações do casamento de Wesley, uma na *Gentleman's Magazine* e a outra na *London Magazine*, dão datas diferentes.

[4] Cartas de João Wesley à esposa, tradução de Izilda Bella, *website*: http://minhateca.com.br/sergioelds/Documentos/Igreja/Biblioteca+Crist*c3*a3/biblioteca+crist*c3*a3/John+Wesley+-+Cartas+de+John+Wesley+*c3*a0+esposa,10408495.doc (Acesso em 12 de dezembro de 2014)

[5] Henry Moore, *The Life of the Rev. John Wesley, A.M.,* vol. 2, New York: Bangs and Emory, 1826, 104.

[6] Carta a Mary Wesley, (Telford 5:105).

[7] Cartas a Charles Wesley, (Telford 4:200 e 5:21).

[8] *Diário*, p. 192.

[9] Apêndice C, "Ought we to Separate from the Church of England" (9:567-80).

[10] *Diário*, p. 217.

[11] Carta a Samuel Walker, (Telford 3:192-96).

[12] "An Address to the Clergy" (Jackson 10:480-500).

[13] "A Letter to the Right Rev., the Lord Bishop of Gloucester" (Ed. Bicentenário 11:465-538).

CAPÍTULO SETE

Deixando um legado
(1770-1791)

Os últimos anos da vida de Wesley não foram um tempo de descanso e aposentadoria. Pelo contrário, foram tão cheios de atividades como havia sido qualquer uma de suas décadas anteriores. Sua saúde continuou notavelmente forte até os seus últimos dois anos de vida e ele considerava todo o tempo recebido como um tempo para ser usado para Deus. Sua atividade incansável é provavelmente o que levou ao colapso final de seu casamento, mas Wesley continuou a pregar e envolver-se em polêmicas - especialmente com os calvinistas, bem como tentar dirigir seu movimento, tanto na Inglaterra como nos Estados Unidos, em direção a um futuro sem ele. Examinaremos brevemente essas áreas, uma de cada vez, enquanto caminhamos com Wesley ao longo das décadas finais de sua vida.

Vida Pessoal

Começaremos novamente com a vida pessoal de Wesley e com a dissolução final de seu infeliz casamento. Como observamos no capítulo anterior, Mary tinha deixado seu famoso marido no final da década de 1760 e suas referências passageiras a ela em suas cartas indicam uma ausência prolongada. Ela retornou eventualmente, mas foi apenas para partir novamente. Em 23 de janeiro de 1771, Wesley escreveu em seu *Diário*: "Não sei o motivo para ela [Sra. Wesley] ter partido para Newcastle, propondo 'nunca retornar'. *Non eam reliqui; non dismisi; non revocabo.* [Não a deixei, nem a mandei embora; também não irei chamá-la novamente]."[1] Em agosto daquele ano, Wesley escreve revelando a seu irmão: "Minha esposa, ao que parece, continua teimosamente arrogante. Isso me incomoda muito, como se poderia supor."[2] No verão de 1772, no entanto, os dois estão juntos novamente, talvez como resultado da visita de Wesley a Newcastle e suas cartas ao longo dos próximos dois anos fazem parecer como se estivessem em termos sociáveis, embora elas são preenchidas mais com negócios do que afeição.

Em julho de 1774, Wesley escreve uma longa carta repetindo as queixas do passado e incentivando Mary a ser submissa. Contudo, isso não era aceitável por parte de Mary, e ela o deixou algum tempo depois, desta vez, para nunca mais voltar. Em meio a controvérsia calvinista discutida anteriormente, ela aparentemente mostrou alguns documentos comprometedores de Wesley para seus detratores e isso parece ter encerrado qualquer possibilidade real de reconciliação naquele momento. Uma carta de Wesley endereçada a ela em 1777 exige a sua retratação a respeito das coisas que ela disse publicamente a seu respeito e em uma carta, aparentemente final, em 1778 ele conclui com estas palavras: "Se você vivesse mil anos ainda não poderia desfazer o mal que fez. E até que você tenha feito todo o possível para isto, eu me despeço."[3]

Mary morreu em 1781, e Wesley apenas observou em seu *Diário* que ouviu falar sobre o funeral dela um ou mais dias após o ocorrido,[4] embora pareça que ela tenha deixado para ele um "anel de luto" em seu testamento, "em sinal de que eu morri com amor e amizade para com ele". Após sua morte, o coração de Wesley parece ter amolecido a seu respeito e ele a menciona com um toque de carinho.[5] Não obstante, o casamento de Wesley permanece como um dos episódios mais difíceis e intrigantes da carreira deste eminente, porém muito humano, evangelista.

O polêmico caso das Atas

Como deu-se a entender no último capítulo, o relacionamento de Wesley com a ala calvinista do movimento metodista estava indo em direção a árduos dias com o início das últimas décadas do século XVIII. A expulsão de seis estudantes metodistas calvinistas de *St. Edmund Hall*, Oxford, em 1767 - evento que deu o impulso final para a fundação da faculdade para pregadores em Trevecca, através de Lady Huntingdon - também desencadeou uma mudança dentro do movimento metodista entre os calvinistas de Huntingdon e os arminianos de Wesley. Uma importante publicação neste debate foi *The Doctrine of Absolute Predestination Stated and Asserted* [A Doutrina da Predestinação Absoluta Declarada e Afirmada], um trabalho de Jerome Zanchius na era da Reforma traduzido para o inglês por Augustus Toplady. Tudo isso parecia renovar a preocupação de Wesley, anunciada desde a primeira conferência anual em 1744 - que o seu movimento "inclinou-se muito em direção ao Calvinismo."[6]

Aparentemente, partindo de um desejo de ascender algum debate sobre o assunto, Wesley publicou uma paródia da tradução de Toplady, talvez a coisa mais insensível que Wesley já escreveu. Isso desencadeou uma enxurrada de respostas venenosas dos calvinistas, que por sua vez fez com que Wesley ficasse ainda mais preocupado com o problema. Ele levantou a questão na Conferência Anual em agosto de 1770, e as atas expuseram a posição metodista wesleyana em contraposição ao calvinismo, particularmente na questão da justificação pela fé e o papel da resposta da humanidade a Deus.

Pouco mais de um mês depois, em 30 de setembro de 1770, Whitefield morreu durante uma viagem para pregações na América do Norte e com ele morreu a mais forte conexão pessoal de Wesley com os calvinistas. Foi o desejo de Whitefield que ele pregasse em seu funeral, e Wesley foi devidamente convidado a fazê-lo em novembro daquele ano. No seu sermão em Números 23 — *"Morra eu a morte dos justos, e seja o meu fim como o deles"* — Wesley tentou dar um tom calmo e enfatizar as doutrinas em que tanto ele como Whitefield haviam concordado. Ele não mencionou nada acerca de predestinação. Dado como isso era importante para Whitefield, esta omissão foi notável e irritou os partidários de Whitefield. Pouco tempo depois, as Atas da recente conferência anual foram publicadas e as tensões se elevaram para um nível totalmente novo.

O problema estava na terminologia que Wesley e seus pregadores utilizaram para distanciarem-se do calvinismo. Nas Atas, eles explicitamente negaram a declaração "o homem não faz nada a fim de receber a justificação", declarando: "Quem quiser encontrar graça diante de Deus deve 'deixar o mal e aprender a fazer o bem.'"[7] A conferência pode ter pretendido usar isso como uma refutação de qualquer antinomianismo que poderia separar a conexão entre a salvação e a vida santa. No entanto, o conteúdo foi lido por calvinistas como Lady Huntingdon como uma refutação da justificação pela fé e substituindo-a pela justificação pelas obras. Chamado por Lady Huntingdon de "papismo desmascarado".

Imediatamente, a Condessa de Huntingdon exigiu de todos aqueles em seu círculo um repúdio explícito àquela afirmação. Quando seu diretor em Trevecca, Joseph Benson, recusou-se a fazê-lo, ele foi despedido e John Fletcher também renunciou em apoio ao mesmo. Em junho de 1771, o capelão pessoal de Lady Huntingdon, Walter Shirley, tentou reunir pregadores evangélicos contra Wesley, propondo que eles se reunissem em uma "contra-conferência" no mesmo tempo da conferência anual de Wesley e confrontassem o grupo exigindo uma retratação. Contudo, apenas alguns pregadores apareceram para esta contra-conferência e Wesley os recebeu educadamente e ouviu as suas preocupações. Ele preparou um documento conciliatório que reafirmou sua crença na justificação pela fé e admitiu que as Atas em questão possuíam uma linguagem descuidada.

Qualquer esperança de uma paz renovada que aquele documento poderia ter prometido, no entanto, foi rapidamente frustrada quando Wesley publicou *A Vindication of the Rev. Mr. Wesley's Last Minutes* [Defesa das Últimas Atas do Rev. Sr. Wesley], de John Fletcher, o qual ele o fez, curiosamente, sob as objeções de ambos Shirley e Fletcher. Isto renovou uma controvérsia que perduraria por muitos anos. Os três *Checks to Antinomianism*, de Fletcher, mantiveram o lado arminiano no debate, enquanto no lado calvinista, os principais defensores eram Augusto Toplady e os irmãos Rowland e Richard Hill.

Wesley era envolvido nesses debates, que por vezes tornaram-se um tanto desagradáveis, mas frequentemente não se ocupava com eles diretamente. Naquele período ele deixou este trabalho para Fletcher. Ao invés disso, encontramos Wesley lamentando a forma como esses debates dilaceravam as sociedades metodistas.[8] Para incentivar seus seguidores, Wesley também começou uma revista em 1778, que ele chamou de *The Arminian Magazine*, cujo título só serviu para manter as polêmicas em vista. Ao longo de sua vida, parece que Wesley queria lutar pela verdade como ele a via ao mesmo tempo que também queria manter a paz em prol da evangelização e crescimento espiritual. Mas ele nunca pôde ter ambos.

Metodismo Americano

Como temos visto, a história do metodismo americano foi apenas tangencialmente ligada à história pessoal de Wesley. O metodismo foi fundado no Novo Mundo sem o seu conhecimento e a sua influência sobre esse grupo do outro lado do Atlântico sempre foi mínima e, muitas vezes resistida. Ainda assim, a polêmica que isso provocou foi parte de sua história e a independência do metodismo americano de Wesley coincidiu bem com a independência das colônias britânicas da Coroa.

Em 1768, o rei Jorge III começou a colocar soldados apostos em torno de Boston para proteger os interesses da Coroa contra uma população colonial cada vez mais infeliz. Isso levou a um confronto entre manifestantes e soldados britânicos em março de 1770, conhecido como "Incidente na rua do Rei" pelos britânicos, mas popularizado como o "Massacre de Boston" nas colônias. A "Lei do Chá" aprovada pelo Parlamento britânico em 1773 conduziu uma famosa ação denominada "Festa do Chá de Boston", o que levou a uma escalada das hostilidades entre o governo britânico e seus colonos norte-americanos. Por fim, chegando ao ponto de conflito aberto em 1775.

Durante este tempo, Wesley contemplou ir para a América do Norte, mas nunca encontrou uma oportunidade. Em vez disso, seu papel no metodismo americano consistiu no envio de mais alguns pregadores para o trabalho através da conferência anual, embora isso tenha sido feito por voluntários e não por designação. Mais notavelmente entre os enviados foi o jovem Francis Asbury, enviado em 1771 e nomeado um dos "Assistentes" ou superintendentes do trabalho americano. Foi Asbury quem se tornaria o principal organizador e defensor do metodismo americano e isso o levaria a um confronto com o próprio Wesley.

As estatísticas metodistas americanas foram registradas pela conferência anual britânica, afirmando a ligação entre eles, até que a guerra tornou a comunicação não confiável. Aquelas atas mostravam um crescimento de 316 membros nas sociedades em 1771 para 3.148 em 1775, um aumento de dez vezes em apenas quatro anos. Os norte-americanos realizaram a sua primeira conferência anual na Filadélfia, em 1773, onde eles afirmaram a sua conexão com Wesley (ao contrário dos metodistas calvinistas) e prometeram ensinar a doutrina contida em seus sermões e escritos. Havia, aparentemente, já algum desconforto na conhecida postura pró-britânica de Wesley acerca das colônias, mas parece que isto foi mantido sob controle em virtude do interesse na unidade. Alguns eventos moveram-se rapidamente, no entanto, e esta unidade não resistiria.

Hostilidades irromperam abertamente entre os colonos e a coroa britânica em abril de 1775. Menções acerca da América do Norte desapareceram das atas na conferência anual e a maioria dos pregadores de Wesley voltaram para a Inglaterra. Francis Asbury, no entanto, permaneceu e isso fez com que as pessoas procurassem nele uma liderança, ao invés de Wesley na Inglaterra. Enquanto Wesley simpatizava-se com os apelos americanos por justiça, ele não gostava de seus apelos à independência porque assuntos políticos tinham implicações religiosas. "Lealdade é para mim", Wesley escreveu, "um ramo essencial da religião, e lamento por qualquer Metodista que se esqueça disso. Há uma estreita conexão, portanto, entre a minha conduta religiosa e política; a mesmíssima autoridade ordenando-me a 'temer a Deus' e 'honrar o Rei'".[9]

Durante os anos de guerra, Wesley publicou treze sermões diferentes e cartas abertas de apoio à Coroa e não aos colonos. O mais significativo foi *Calm Address to the American Colonies* [Calmo Discurso às Colônias Americanas], de 1775. O discurso nunca chegou à América do Norte, mas causou uma grande comoção na Inglaterra e adicionou combustível para os ataques pessoais contra Wesley. O mais notável entre eles foi uma obra de Augustus Toplady, no qual ele acusou Wesley (não sem uma certa razão, devemos dizer) de plagiar a maior parte daquele tratado de *Taxation No Tyranny* [Tributação, Não Tirania], de Samuel Johnson.

A posição anti-independência de Wesley complicou a questão para com os metodistas americanos, como muitos presumiam que todos os metodistas seguiam seu fundador. Isso encorajou metodistas americanos a se distanciarem da pessoa de Wesley, por mais que eles ainda seguissem sua doutrina. Além disso, a presença oficial Anglicana foi quase inexistente na América do Norte durante a guerra e isso criou uma distância entre os metodistas e sua igreja mãe. Wesley reconheceu este problema e, pessoalmente, pediu ao Bispo de Londres para que ordenasse mais clérigos anglicanos para a América do Norte em 1780. Contudo seus apelos não foram ouvidos. A distância entre Wesley e os metodistas americanos e entre os metodistas americanos e a Igreja da Inglaterra preparou o cenário - uma vez que o Tratado de Paris foi assinado em 1783 – para, até então, o movimento mais radical de Wesley na questão em andamento acerca do relacionamento do metodismo para com a Igreja da Inglaterra.

A turbulência na América do Norte estava sendo boa para o crescimento do metodismo lá, mais do que duplicando para 7.000 membros de 1775 a 1778 e de novo para cerca de 15.000 membros de 1778 a 1784. Naquele ano Wesley finalmente tomou a responsabilidade em suas próprias mãos e ordenou - em sua própria autoridade - dois de seus pregadores, Richard Whatcoat e Thomas Vasey, para o trabalho na América do Norte. Ele também nomeou Thomas Coke como superintendente, dando-lhe autoridade para nomear Francis Asbury como superintendente também, quando Coke chegasse na América do Norte. Wesley então enviou com eles versões revisadas e condensadas do *Livro de Oração Comum* e os Artigos de Fé da Igreja da Inglaterra para serem usados como a base desta nova igreja. Já que os americanos haviam eliminado o domínio político britânico e a Igreja da Inglaterra estava associada a essa regra política, dificilmente fazia sentido para Wesley tentar manter os metodistas americanos anglicanos.[10]

Estes movimentos representam a última influência funcional que Wesley teve sobre a ala americana de seu movimento. Quando Coke chegou à América do Norte, Asbury não aceitaria a ordenação pessoal dele em nome de Wesley até que esta tivesse sido aprovada pela conferência americana. Isso garantia que a sua própria liderança estaria ancorada na vontade dos metodistas americanos e não em Wesley. Alguns anos mais tarde, em 1786, Wesley tentou também nomear Richard Whatcoat como superintendente e fixar a data para a próxima conferência americana. Suas instruções, no entanto, foram ignoradas e a conferência americana naquele ano até mesmo eliminou o nome de Wesley em suas atas, alegando que ninguém na Europa tinha o direito de ditar assuntos na América do Norte. Wesley escreveu uma carta com palavras fortes para Asbury protestando acerca deste e outros assuntos, o que afligiu Asbury, mas não mudou sua opinião. Wesley relata alguns anos mais tarde em uma carta: "Ele [Asbury] disse a George Shadford, 'O sr. Wesley e eu somos como César e Pompeu: ele não suportará ninguém igual, eu não suportarei nenhum superior'. E em conformidade, ele silenciosamente permitiu que seus amigos votassem para eliminar o meu nome das *Atas* Americanas. Isto finalizou a questão e mostrou que ele não tinha nenhuma conexão comigo."[11] O nome de Wesley acabou por ser restaurado às atas da Conferência Americana e eles mantiveram suas doutrinas, mas ele não teve mais parte, pessoalmente, na história metodista americana.

Metodismo Britânico

Enquanto tudo isso estava acontecendo na América do Norte, eventos igualmente decisivos estavam acontecendo na Grã-Bretanha, eventos que também levariam a uma eventual separação do Metodismo Britânico com a Igreja da Inglaterra, após a morte de Wesley. Ao mesmo tempo que ajudou a empurrar o Metodismo naquela direção, Wesley ainda estava preocupado a respeito de onde isto os levariam. Para ele era importante continuar sendo um anglicano e ele temia que, se seus metodistas deixassem a Igreja da Inglaterra como os calvinistas metodistas de Lady Huntingdon o fizeram em 1772, eles "gradualmente afundariam em uma seita formal e honrosa."[12] Para Wesley, a missão dos metodistas era "espalhar vida entre todas as denominações,"[13] o que eles não poderiam fazer quando se transformassem em uma. Isto é, portanto, um tanto quanto irônico que o foco de Wesley naquela missão levou-o a agir de forma a incentivar o que ele mesmo temia.

O Metodismo continuou a crescer na Grã-Bretanha nas últimas décadas da vida de Wesley e com esse crescimento veio novos desafios. Em 1770, havia pouco mais de 29 mil membros nas sociedades metodistas nas Ilhas Britânicas (incluindo Escócia e Irlanda). Em 1780, esse número já era de quase 44 mil e a conferência após a morte de Wesley em 1791 informou mais de 72 mil membros. Havia dificuldades em torno da construção de casas de pregação, pagamento de diversas obrigações e apoio a escola Kingswood, mas também houve momentos de grande celebração. Em 1778, a Capela na *City Road* foi concluída, tornando-se o novo centro do movimento de Wesley, substituindo a *Foundry*. Localizada em frente ao famoso cemitério *Bunhill Fields*, ela contém os aposentos de Wesley e sua "capela local" e ainda hoje atrai a visita de pessoas e metodistas "peregrinos".

Wesley sentia uma grande responsabilidade em assegurar o futuro do Metodismo após sua morte e por isso o encontramos nestes anos tentando criar uma instituição sustentável, que iria cumprir a sua missão, porém sem deixar a Igreja da Inglaterra. Primeiramente, ele esperava que outro clérigo anglicano pudesse assumir as rédeas da liderança depois dele. A conduta de John Fletcher durante os anos de controvérsias com os calvinistas no início da década de 1770 convenceu Wesley de que ele era o homem certo para o trabalho e Wesley o fez saber. Entretanto, Fletcher recusou esse papel, forçando Wesley a considerar outras opções.

Em 1784, Wesley por fim definiu a Conferência Anual dos Metodistas como uma entidade jurídica, com uma aparente arbitrariedade, designando um total de cem dos seus quase duzentos pregadores como os *"Legal Hundred"*, que teriam a responsabilidade de supervisionar as diversas sociedades e casas de pregação. Ele fez isso através de um "Ato de Declaração" que foi inserido nas atas da conferência para aquele ano. Uma controvérsia surgiu imediatamente. Muitos dos pregadores excluídos do *"Legal Hundred"* sentiram-se feridos e alguns deixaram o movimento. Além disso, o próprio Wesley não submeteu-se a essa nova autoridade e continuou a agir como verdadeira autoridade da conferência, convidando quem ele queria e nomeando pregadores como ele julgava apropriado.

Após a sua ordenação de pastores para a América do Norte no mesmo ano, Wesley também começou o exercício de um escritório bispal em casa. No ano seguinte Wesley ordenou três pregadores para o trabalho na Escócia, uma ação na qual ele poderia justificar pelo fato de que a Igreja da Inglaterra não fora tecnicamente estabelecida ali. No entanto, em 1788, ele também havia ordenado pregadores para o trabalho na Inglaterra, embora curiosamente o relato dessas ordenações nunca tenha aparecido no diário publicado de Wesley, apenas em seus diários particulares.

Vemos a mesma tensão na atitude de Wesley, enquanto permanecia na Igreja da Inglaterra embora conflitando contra os seus limites, realizando as reuniões metodistas no mesmo período que os cultos anglicanos regulares aconteciam. Em 1786, Wesley ainda advertia seus metodistas a não realizarem cultos que conflitavam com os da igreja paroquial local. No entanto, já em 1788 ele estava fazendo concessões moderadas a este respeito, embora tenha alegado que isso não significava que os metodistas estavam deixando a Igreja da Inglaterra. Ao mesmo tempo, Wesley também escrevia ao bispo de Londres pedindo-lhe para não retirar os metodistas da Igreja da Inglaterra. Se isso era uma tentativa de Wesley para manter um meio termo, que era muito frágil, ou tentar "ter o melhor dos dois mundos" é uma questão de debate. No entanto, a tensão mostra o quão importante as duas realidades - a missão dos metodistas e seu lugar na Igreja da Inglaterra - foram para Wesley.

Além da separação, outra preocupação principal de Wesley acerca de seus metodistas já no fim de sua vida foi a riqueza. Para Wesley, isto parecia ser a única outra coisa que poderia drenar a alma de um movimento que tinha encontrado os seus primeiros sucessos reais entre os pobres e oprimidos. Muitos anos antes, Wesley havia pregado seu famoso sermão sobre *"O Uso do Dinheiro"*[14] e ele mesmo tentou viver pelo seu próprio conselho dado ali: "Ganhe tudo o que puder, economize tudo o que puder e dê tudo o que puder". Sua intenção era morrer sem nenhuma fortuna que qualquer um pudesse herdar e era conhecido o fato de Wesley implorar dinheiro entre seus amigos ricos para dar aos pobres. Como uma vez escreveu a uma amiga, Ann Foard, "Eu *suporto* os ricos e amo os pobres; portanto, eu passo a *maior parte* do meu tempo com eles!"[15]

Wesley, porém, não sentia que esta atitude era suficientemente compartilhada por seus metodistas. Portanto, perto do fim de sua vida ele abordou o assunto com sermões como *"Sobre o Vestuário"* (1786), *"O Perigo das Riquezas"* (1788), *"Sobre a Insensatez do Mundo"* (1790), e *"O Perigo do Aumento das Riquezas"* (1790).[16] Ele encorajou as pessoas a visitar os doentes e dar dinheiro aos pobres, tanto para seu próprio bem como para o benefício daqueles que eles estavam ajudando. Foi dito que ele chegou a fazer comentários depreciativos a respeito dos babados desnecessários de uma das camisas de um pregador durante sua última conferência.[17] Em contrapartida, quando um dos seus metodistas, John Gardner, queria fundar *The Stranger's Friend Society* para ajudar àqueles que não tinham outros meios de apoio - mesmo que eles não fossem metodistas - Wesley distribuiu uma cópia das regras da Sociedade para suas outras sociedades e deu o triplo da contribuição que Gardner havia pedido.[18]

Relacionado com a preocupação de Wesley para com os pobres estava seu apoio re-energizado para com o movimento em prol da abolição da escravidão. Wesley havia testemunhado os horrores da escravidão em 1737, enquanto ainda estava na América do Norte. Ele nunca sentiu-se bem acerca daquela prática, mas o problema não ocupava grande parte de sua atenção durante os meados de sua vida. No final de sua vida, no entanto - talvez alimentado por suas opiniões políticas sobre a Revolução Americana - ele abordou o problema novamente.

Em 1774, publicou um ataque desprezando a escravidão com o título engano-samente suave de *"Pensamentos sobre a Escravidão"* e comentou alegremente em seu *Diário* que a guerra americana tinha, pelo menos, interrompido o comércio de escravos. Nos últimos anos de sua vida ele ainda pregou um sermão sobre a escravidão (que foi, interessantemente, acompanhado por uma grande tempes-tade)[19] e escreveu cartas de encorajamento para aqueles que estavam ativamente envolvidos em esforços abolicionistas, incluindo Granville Sharp,[20] que tinha começado uma sociedade abolicionista e William Wilberforce,[21] que havia leva-do a causa para o Parlamento.

Houve pelo menos dois outros desenvolvimentos significativos no metodis-mo britânico durante estes anos finais da vida de Wesley, no qual o Metodismo tomou um papel progressista em comparação com a sua igreja mãe. Curiosa-mente, eles não foram ideias originais de Wesley e - como tantas outras inova-ções – de início ele resistiu a ambos. No entanto, a prática mais uma vez supe-rou o preconceito e a promoção de "missões estrangeiras" e o uso de pregadoras mulheres vieram a ser características importantes deixadas pelo movimento de Wesley.

O crédito para iniciar o Movimento Missionário Moderno normalmente é de William Carey e não sem uma boa razão. Mas, ao mesmo tempo em que Carey estava pensando sobre as obrigações dos cristãos em espalhar o evangelho para terras estrangeiras, um dos principais ministros de Wesley, Thomas Coke, tinha pensamentos semelhantes. Wesley e o resto de seus pregadores resistiram a ideia de "desperdiçar" recursos ministeriais em missões estrangeiras quando eles tinham tantas necessidades em casa. A Conferência Anual de 1778 recusou a ideia de Coke de enviar missionários para a África, e um grupo de pregadores consultados por Wesley em 1784 tiveram uma reação semelhante acerca de missões nas Índias Orientais. Coke manteve a visão e, eventualmente, Wesley começou a ver que a ideia tinha algum mérito. Em 1786, Coke publicou uma exortação a missões na qual Wesley contribuiu com o prefácio. Embora ne-nhum esforço, além do Novo Mundo, ter sido feito no trabalho missionário até depois da morte de Wesley, eventualmente, as missões estrangeiras (e seus deri-vados ecumênicos) tornariam-se uma parte muito importante da identidade metodista.

O outro notável desenvolvimento durante este período foi a aceitação lenta, mas real, das mulheres como pregadoras nas casas de pregação metodistas. Co-mo no caso da pregação leiga no início da década de 1740, houve circunstâncias que criaram condições para a mudança. Mulheres haviam sido líderes nas ban-das logo no início e, na década de 1760, Wesley havia dado um apoio qualificado às exortações e testemunhos de Sarah Crosby, que funcionavam como pregação em tudo menos no nome. Mas esse título ainda era importante para Wesley e ele incentivou Sarah a afirmar isso aos seus ouvintes dizendo o seguinte: "Vocês me colocam em uma posição de grande dificuldade. Os metodistas não permitem que as mulheres preguem; nem eu tomo sobre mim tal figura. Porém, eu apenas lhes direi abertamente o que estiver em meu coração."[22]

Na década de 1770, no entanto, Wesley, através do encorajamento de Maria Bosanquet (que mais tarde se casaria com John Fletcher), começou a permitir a justificação que ele tinha usado anteriormente para pregadores leigos para aplicar a mulheres pregadoras também. Dado que Deus obviamente parecia estar usando tal ministério, Wesley poderia afirmar que a elas havia sido dado um "chamado extraordinário", algo que estava além dos limites do que era normal e comum, mas que mesmo assim deveria ser aceito. Ainda assim, Wesley era sensível à natureza excepcional deste trabalho e não estava interessado que lhe fosse permitido tornar-se "comum". Em março de 1780, ele escreveu em uma carta a George Robinson: "Desejo que o Sr. Peacock coloque um ponto final à pregação das mulheres em seu circuito. Se for tolerado, irá crescer, e não sabemos onde isso terminaria." [23]

Mas aparentemente este trabalho cresceu. Eventualmente, os frutos de tal trabalho tornaram-se plenamente visíveis a Wesley e o restante de seus metodistas. Apesar do fato de que ainda era uma ideia polêmica, a Conferência em Manchester, de 1787, nomeou oficialmente sua primeira mulher pregadora para o circuito de Norwich, Sarah Mallet, dizendo: "Damos a destra de comunhão a Sarah Mallet, e não temos nenhuma objeção que seja uma pregadora em nossa conexão, contanto que ela pregue as doutrinas Metodistas e atenda à nossa disciplina."[24]

O Fim de sua vida

Durante a maior parte dos tumultuados anos descritos acima, Wesley permaneceu notavelmente vigoroso para uma pessoa de sua idade. Os registros de seus aniversários em seu *Diário* celebram a sua contínua saúde, mantendo ativa suas viagens de pregação, embora ele tenha usado carruagens com mais frequência, em vez de andar a cavalo. Entre 1783 e 1786, ele até mesmo fez duas visitas de lazer à Holanda, foram curtas pausas em uma vida de incessante trabalho.

O peso da idade eventualmente o alcançou, embora ele tenha vivido mais que seus amigos íntimos e os membros de sua família, a não ser um, a sua irmã Martha. John Fletcher teve uma morte prematura causada por uma febre, perto de seu quinquagésimo sexto aniversário em 1785. Três anos depois, Charles Wesley faleceu. Trabalhando nos poemas de seu falecido irmão, no final de 1788, Wesley observou em seu *Diário* que a idade lhe estava alcançando. Já com 85 anos de idade, sua visão já estava muito enfraquecida, embora alegrava-se pelo fato de que poderia dizer em certa medida que ainda não era um fardo, que ainda podia viajar e que sua memória e compreensão não estavam ofuscadas.[25] Ao registrar seu aniversário no próximo ano, em 1789, ele admitiu: *"Encontro-me agora na idade avançada"*, especialmente observando que sua força e memória já estavam falhando. O aniversário de Wesley em 1790 foi o seu último, e nessa altura ele sabia que o seu fim estava próximo.

Wesley participou de sua última conferência anual em agosto de 1790. Em outubro ele terminou a sua última viagem para pregações e publicou a última parte de seu *Diário*, ainda que tenha continuado a manter um diário até uma semana antes de sua morte. Em novembro, Elizabeth Ritchie, uma jovem amiga de Wesley e "filha adotiva", respondeu a sua necessidade de uma governanta e cuidadora, e a encontramos registrada em quase todos os dias no seu *Diário*, lendo para Wesley, pois já não conseguia ler por conta própria. É de suas próprias mãos que temos um relato dos últimos dias de Wesley.[26]

Perto do final de fevereiro de 1791, Wesley pregou seu último sermão. Ele logo ficou doente, com uma febre e seria uma enfermidade pela qual ele nunca se recuperaria. Por volta de 01 de março, os amigos de Wesley sabiam que esses eram seus últimos dias e reuniram-se ao seu redor. Ele pediu uma caneta e papel para escrever algo, mas não teve força para usá-los. Quando Elizabeth Ritchie perguntou-lhe o que escrever, ele respondeu: *"Nada, a não ser que: Deus está conosco"*. Ele reuniu suas forças para cantar um hino, *"Praise My Maker"* [Louvado seja meu Criador] de Isaac Watt, um de seus favoritos e as palavras daquele hino permaneceram em seus lábios durante aquela noite, mesmo quando não tinha mais energia para cantá-las. No dia seguinte, 02 de março de 1791, às 10 horas da manhã, Wesley deu seu último suspiro. Ele foi enterrado nas terras da Capela na *City Road*, seu caixão levado para o túmulo, conforme seu pedido, por seis homens pobres, aos quais foi dado a cada um uma libra pelo seu trabalho. "Eu particularmente desejo", Wesley observou em seu testamento, "que não haja veículo fúnebre, carruagem, lápide exuberante ou pompa, exceto as lágrimas dos que me amavam e me seguirão para o seio de Abraão."[27]

Assim terminou a notável vida de um homem notável. Amado por aqueles que sentiram o impacto positivo de seu movimento metodista, ultrajado por aqueles que irritaram-se durante a sua liderança ou que opuseram-se a sua teologia. João Wesley, não obstante, foi um dos evangelistas e organizadores religiosos mais bem sucedidos que a Inglaterra já tinha visto. Foi uma vida que continha as suas contradições, mas também grandes percepções. E assim, com as informações desta vida em mãos é hora de nos direcionarmos aos pensamentos que formaram o seu legado teológico.

Notas bibliográficas

[1]   *Diário,* p. 286.

[2]   Carta a Charles Wesley, (Telford 5:270), trad. nossa.

[3]   Carta a Mary Wesley, (Telford 6:322), trad. nossa.

[4]   *Diário,* p. 312.

[5]   Veja sua carta a Charles Wesley, (Telford 8:76).

[6]   *Atas* da Conferência de 1744 §23 (Ed. Bicentenário 10:130), trad. nossa.

[7]   *Atas* da Conferência de 1770 (Ed. Bicentenário 10:392-93), trad. nossa.

[8]   *Journal,* (Ed. Bicentenário 22:392 e 23:128).

[9]   Carta a Walter Churchey, (Telford 6:267), trad. nossa.

[10]   Carta para "Our Brethren in America," (Telford 7:237-39).

[11]   Carta ao Sr.--, (Telford 8:183), trad. nossa.

[12]   Carta a Henry Brooke, (Telford 8:66), trad. nossa.

[13]   Carta a Thomas Taylor, (Telford 8:211), trad. nossa.

[14]   Sermão 50, "O Uso do Dinheiro". Nota do tradutor: A versão na língua portuguesa dos Sermões de Wesley utilizada neste livro foi extraída de *Sermões de John Wesley: Texto inglês com duas traduções em português* (CD-Rom), São Bernardo do Campo, SP: Editeo, 2006.

[15]   Carta a Ann Foard, (Telford 4:266), trad. nossa.

[16]   Sermão 88, "Sobre o Vestuário"; Sermão 87, "O Perigo das Riquezas"; Sermão 119, "Sobre a Insensatez do Mundo" (EO, n. 126); e Sermão 126, "O Perigo do Aumento das Riquezas" (EO, n. 131). Nota do tradutor: A numeração de alguns sermões da Edição Jackson não é idêntica à Edição *Outler*, a edição crítica dos sermões. Neste caso, a numeração da Edição *Outler* será apresentada entre parênteses (EO, n. ---), em conformidade com o CD-Rom dos sermões traduzidos.

[17]   *Atas* da Conferência de 1790, (Ed. Bicentenário 10:709n).

[18]   Carta a John Gardner, (Telford 7:308).

[19]   *Diário,* p. 332.

[20]   Carta a Granville Sharp, (Telford 8:16-17).

[21]   Carta a William Wilberforce, (Telford 8:264-65). Esta parece ser a última carta enviada por Wesley.

[22]   Carta a Sarah Crosby, (Telford 4:133), trad. nossa.

[23]   Carta a George Robinson, (Telford 7:9), trad. nossa.

[24]   Zachariah Taft, *Biographical Sketches of the Lives and Public Ministry of Various Holy Women*, 2 volumes, London: Mr. Kershaw, 1825, 1:84, trad. nossa.

[25]   *Diário,* p. 342.

[26]   O relato completo é dado em *The Journal of the Rev. John Wesley, A.M.*, editado por Nehemiah Curnock, 8 volumes, London: Epworth Press, 1938, 8:131-144.

[27]   Curnock, 8:343, trad. nossa.

CAPÍTULO OITO

O Método Teológico de Wesley

Tendo concluído nosso breve resumo da vida de Wesley, agora passaremos para o seu legado teológico. Começaremos nossa jornada acerca dos pensamentos de Wesley olhando para sua orientação em relação à própria teologia. Wesley tinha um método teológico distinto, uma forma de pensar usada para dizer algo significativo acerca de Deus. O método teológico discute sobre as fontes que um teólogo usa e a maneira com que ele ou ela gera novas conclusões a partir de antigos pontos de partida. De certa forma, o método teológico é como a "gramática" da linguagem da teologia, as regras para colocar coisas em conjunto para que façam sentido. Sabendo *como* os teólogos fizeram o seu trabalho ajuda-nos a entender sobre *o que* eles escreveram, por isso, o método teológico nos dá um lugar conveniente para começarmos a explorar o seu pensamento. No entanto, por mais conveniente que seja, devemos reconhecer que também é artificial.

Nós não aprendemos nossa primeira língua estudando gramática; nós a aprendemos falando. A gramática vem mais tarde para nos ajudar a entender o que fazemos quando falamos. Da mesma forma, Wesley não descobriu primeiramente um método teológico e, em seguida, começou a fazer teologia. Como a maioria dos artífices, Wesley aprendeu o ofício da teologia fazendo-a. Teologia para ele nunca foi uma disciplina de "torre de marfim", onde você descobre todas as respostas e as escreve em um livro. Em vez disso, Wesley agia como se a teologia existisse para as atividades do dia-a-dia de um viver cristão, mesmo que algumas vezes possa parecer confuso. Quando confrontado com um problema, Wesley simplesmente começava a fazer teologia, descobrindo o que funcionava e o que não, enquanto ele avançava. Mesmo que ele, pessoalmente, tivesse dificuldade em admitir quando estava errado, ainda assim o pensamento de Wesley mostra marcas distintivas de desenvolvimento. Este desenvolvimento é marcado por um conjunto útil de percepções e um padrão de dinâmica consistente que ainda hoje pode nos ajudar quando fazemos teologia.

O método teológico de Wesley não é significativo porque ele descobriu algo sobre como fazer teologia que ninguém antes dele havia descoberto. Tudo que Wesley construiu teologicamente, ele construiu com as mesmas ferramentas que todo mundo estava utilizando. A distinção de Wesley vem na forma como usou essas ferramentas e manteve em equilíbrio várias forças que muitas vezes empurram a teologia fora do seu caminho. Dois desses atos de equilíbrio, em particular, são importantes àqueles que querem seguir os passos teológicos de Wesley: o ato de equilíbrio entre a teologia acadêmica e prática e entre as fontes e ferramentas que alimentam a reflexão teológica.

Para muitas pessoas, a teologia soa como uma disciplina acadêmica, algo muito distante da vida comum da fé e da Igreja, mas não é assim que Wesley a tratava. Como vimos, Wesley foi treinado como um acadêmico de Oxford, porém encontrou uma maneira de fazer teologia que combinava o trabalho acadêmico com uma orientação pastoral. Ele se importava o bastante com uma boa teologia que escreveu páginas e páginas acerca da mesma. No entanto, ele se preocupava ainda mais acerca do Deus para o qual toda aquela teologia deveria estar apontando, um Deus que estava ativamente envolvido no mundo para salvar pessoas. Wesley gastou sua energia teológica naquelas coisas que pensou que trariam um impacto maior. "Ambiciono a verdade simples para o povo simples", disse ele.[1] Para Wesley, toda boa teologia era uma teologia prática. O rigor acadêmico foi sempre colocado a serviço da prática pastoral. Isso nos ajuda a entender por que encontramos Wesley focando alguns temas - como o pecado e a salvação - e ignorando outros.

O ato de equilíbrio de Wesley entre a teologia acadêmica e prática está ligado a um outro, e este é o ato que existe entre as diversas fontes e ferramentas para se fazer teologia. E isto exploraremos com uma maior profundidade, porque é aqui que Wesley nos oferece um modelo para fazer teologia que ainda é produtivo, mesmo depois de mais de duzentos anos após sua morte. A maioria dos teólogos reconhece que as Escrituras, tradição, razão e experiência têm todas uma certa importância para o método teológico. Desde a década de 1960 os seguidores de Wesley têm frequentemente referido a estas quatro fontes e ferramentas como o "Quadrilátero Wesleyano", no entanto o termo pode ser um pouco deceptivo, uma vez que não há nada único no fato de que Wesley as utilizou. O que é único é a maneira com que Wesley as combinou. A natureza exata do uso de Wesley dessas fontes e ferramentas é algo que os estudiosos

continuam a debater, mas a natureza geral de suas intuições nos é suficientemente clara ao ponto de podermos nos beneficiar em fazer teologia hoje da
forma como Wesley o fez em seu próprio tempo. Vamos, então, passar o restante deste capítulo olhando para estas fontes e a maneira com que Wesley as uniu.

As Escrituras

Sem dúvida, o elemento mais importante no método teológico de Wesley
são as Escrituras, mas ele não nasceu com uma Bíblia na mão. Como todo
mundo, ele foi apresentado às Escrituras por sua tradição e exploraremos o
significado deste reconhecimento logo adiante. No entanto, a partir de 1725,
como um jovem buscando a ordenação e mais intensamente em 1730, como
membro em Oxford, Wesley decidiu que as Escrituras tinham que ter o primeiro lugar em sua vida se quisesse seguir a Deus e o plano de salvação de Deus.[2]

As motivações declaradas de Wesley em colocar as Escrituras como prioridade já demonstram alguns de seus compromissos teológicos, os quais exploraremos em capítulos posteriores. Como ele disse no prefácio de seu primeiro volume de sermões:

> Sou a criatura de um dia, passando pela vida como passa uma flecha através
> dos ares... Desprendo-me como uma gota numa eternidade imutável! Uma
> coisa desejo conhecer: o caminho do céu; como ancorar a salvo na praia feliz.
> O próprio Deus condescendeu em apontar o caminho; justamente para isto
> desceu Ele do céu, escrevendo o roteiro num livro. Oh! Dá-me este livro! A
> qualquer preço, dá-me o livro de Deus! Eu o possuo: nele há para mim bastan-
> te matéria de conhecimento. Permita-se-me ser o *homem de um só livro* –
> HOMO UNIUS.[3]

A principal preocupação de Wesley aqui é a salvação, e ele está convencido
de que as Escrituras contêm as informações necessárias para a busca desse objetivo. Enquanto Wesley não duvidava que a Bíblia tinha coisas a dizer acerca da
ciência ou história, esses não eram os motivos pelos quais ele lia este livro. Sua
orientação às Escrituras fluía de seu compromisso em seguir o caminho da salvação de Deus, nunca estando separado disto. A prioridade aqui é importante
para a compreensão de Wesley. Wesley não acredita na salvação porque acredita
na Bíblia; ele acredita na Bíblia porque tem um compromisso de ouvir o que
está sendo dito pelo Deus que o está salvando. Isto mantinha Wesley focado em
sua tarefa e ele tentava não perder tempo com especulações bíblicas que não
afetam o modo como vivemos nossas vidas com Deus.

Nesta citação também podemos ver a crença de Wesley em um Deus que
comunica o que Deus quer que as pessoas saibam. Wesley acredita que, se Deus

não nos mostrar, nós não temos nenhuma maneira de saber o "caminho do céu" por conta própria. A nossa própria razão e nossa própria experiência não podem nos dar conhecimento de Deus e do mundo de Deus. Deus tem que revelar isso a nós. As Escrituras são, portanto, extremamente importante, porque são a nossa única fonte para o conhecimento de Deus.

Esta perspectiva acerca das Escrituras como uma "revelação para a salvação" é o ponto de partida para a teologia de Wesley. Tudo o que descobriu e redescobriu sobre a salvação e a vida cristã, ele descobriu olhando através das lentes das Escrituras. Se alguém usava as Escrituras de forma a ferir a capacidade das pessoas a conectarem-se a Deus, isso era um abuso e consequentemente incompreensão das Escrituras. O foco cuidadoso de Wesley no papel salvífico das Escrituras acima de tudo encontra seu caminho em muitas das declarações doutrinárias acerca das Escrituras nas igrejas que possuem o seu legado.[4]

O compromisso de Wesley para com as Escrituras não era apenas uma questão acadêmica; era a característica central de toda a sua vida. Virtualmente cada registro no *Diário* que temos dele inclui um tempo dedicado à leitura das Escrituras. Sua forma padrão de comunicação pública era o sermão. Seu diário, suas cartas e suas dissertações estão cheios de palavras e frases da tradução padrão das Escrituras utilizada nos dias de Wesley (a versão "*King James*"). Wesley viveu com este livro e o mesmo deu forma a quem ele era bem como o que ele pensava. Se tirássemos as Escrituras da teologia de Wesley, não sobraria quase nada.

Tradição

As Escrituras tornaram-se a coisa mais importante para Wesley apenas porque ele pertencia a uma tradição que o ajudou a ver a sua importância. Podemos pensar em tradição como toda a luta com as Escrituras e a vida que as pessoas que viveram antes de nós nos passaram, seja pessoalmente ou por escrito. Essas tradições significam que nenhum de nós começa a partir do zero, mas nem toda tradição tem o mesmo valor. Algumas tradições são boas e nos apontam para o caminho certo. Algumas tradições, no entanto, servem melhor como um lembrete de onde os becos sem saída estão. Wesley usou a tradição de uma forma cuidadosa e diferenciada, reconhecendo tanto o seu valor quanto seu perigo. Nisto, ele nos fornece um modelo viável de como pode existir uma "fidelidade crítica" para com a tradição.

Como vimos, a família de Wesley deu-lhe uma ampla introdução às várias tradições da Reforma Protestante. Como um bom protestante, Wesley respeitava a tradição, mas nunca deu a ela a palavra final – que pertence apenas às Escrituras. Se ele acreditava que uma tradição contradissesse sua melhor compreensão das Escrituras, então contentava-se em criticar ou rejeitar essa tradição. No entanto, se isso não acontecia, então ele também contentava-se em aceitá-la e usá-la. Ele não era preso pela tradição tampouco rebelde para com ela. Era, para ele, uma ferramenta. Poderia servir como um ponto de referência para testar diferentes interpretações das Escrituras e sua aplicação na vida cotidiana. Deu-lhe um lugar para começar e um lugar para ir, de modo que ele não se sentia como se estivesse lutando sozinho com as Escrituras ou com o ministério. Tradição era importante, mas não definitiva. Nos ajuda a ver coisas nas Escrituras e aplicá-las em nossas vidas. Sem ela, talvez não saibamos por onde começar, mas isso não significa que ela sempre nos diz para onde ir. Para Wesley, a tradição era uma serva das Escrituras e da vida cristã, algo a ser invocado quando é de ajuda e anulado quando levanta obstáculos.

A atitude de Wesley de uma "fidelidade crítica" para com a tradição pode ser vista na forma como utilizou as várias tradições a que foi exposto. Ele era, naturalmente, inclinado à sua própria tradição anglicana, embora fosse descaradamente crítico quando sentia que esta violava as Escrituras ou não estava fazendo seu trabalho de conectar as pessoas a Deus. Ele também apreciava a tradição do pietismo alemão e sua ênfase na vida espiritual, mesmo tendo pensado que alguns dos Morávios espiritualizavam excessivamente certas coisas. Finalmente, Wesley deu atenção especial aos pais da Igreja Primitiva, particularmente aqueles que compartilharam do mundo romano do Novo Testamento. Uma vez que eles estavam perto dos acontecimentos das Escrituras e compartilharam da pobreza e perseguição da igreja primitiva, Wesley julgou particularmente importante suas reflexões sobre a fé e as Escrituras. No entanto, uma vez que Constantino chegou ao poder no início dos anos 300 e começou a dar status e riqueza à igreja, a tradição contaminou-se e precisava ser abordada de uma forma mais crítica. No final de sua vida, Wesley temia que a mesma coisa também estivesse acontecendo com sua própria tradição metodista.

Mesmo com esta advertência, Wesley considerava muitos escritos e testemunhos de toda a história da igreja de grande ajuda e úteis para a compreensão das Escrituras e o viver cristão. As obras de sua *Christian Library* [Biblioteca Cristã] demonstram que ele estava interessado em introduzir o seu povo a uma ampla variedade de tradições, embora ainda tenha cuidadosamente removido dessas fontes tudo o que sentia que violava as Escrituras ou a Razão, ou que pudessem impedir uma Experiência Cristã. E assim encontramos Wesley sendo fiel à tradição onde ele poderia ser, mas crítico no que tinha que ser e nisto ele nos deixa um exemplo que ainda vale a pena estudar hoje.

Razão

A Razão tem um lugar especial ao lado das Escrituras no método teológico de Wesley. De fato, o seu modo normal de definir uma "boa teologia" era uma teologia ao mesmo tempo bíblica e racional. Assim como fez com as Escrituras, Wesley confiava completamente na razão - embora, também como nas Escrituras, ele não confia no uso da mesma por alguns. Para Wesley, a razão era, primeiramente, uma ferramenta de processamento e requeria-se algum treinamento para aprender a conectar corretamente as verdades conhecidas às outras e usar a razão para nos abrir a uma nova verdade. Vendo a razão como uma ferramenta também significava que Wesley não usou a razão como fonte para a teologia, considerando que qualquer material trabalhado pela razão tinha que vir de algum outro lugar. Entender como Wesley via a razão e sua conexão com a experiência é importante para compreender tanto o seu método teológico quanto sua própria teologia.

Wesley estudou em Oxford num momento em que a influência do antigo pensador grego Aristóteles era particularmente forte e ele adotou a sua abordagem filosófica. Quando Wesley dizia que algo era "racional", o que normalmente queria dizer era que seguia as regras de um pensamento adequado, regras que Aristóteles identificou como "lógica". Para Aristóteles e para Wesley a lógica deu ao pensamento um conjunto de objetivos indicadores, uma forma de determinar a verdade que não dependia de intuições subjetivas ou sentimentos. A razão, então, era a ferramenta de Wesley para mostrar o que era e não era verdade, mostrando como ela se encaixava ou não com outras coisas que eram afirmadas como verdadeiras.

A confiabilidade do objetivo da lógica - principalmente como um contrapeso às, muitas vezes, emoções enganosas – foi importante para Wesley e sua teologia. Em seus próprios escritos e sermões, Wesley foi sempre cuidadoso em fazer conexões lógicas entre suas ideias e não apenas oferecer ilustrações metafóricas ou truques retóricos inteligentes. Quando ele analisava escritos de outros, uma das coisas favoritas que fazia era colocar suas reivindicações de forma lógica e, então, mostrar como elas foram construídas em suposições ruins ou como elas procediam de um raciocínio defeituoso. Wesley estava tão comprometido com estas regras de pensamento adequado que ele mesmo traduziu seus próprios livros universitários de lógica, do latim para o inglês para que assim ele pudesse ensinar aos seus pregadores leigos.

Este ponto de vista da razão como uma ferramenta de processamento objetivo está conectado a uma outra característica importante da compreensão de Wesley acerca da razão, e esta é a ideia de que tudo que a razão processa vem de fora. "Não existe coisa alguma no entendimento que não seja primeiramente percebida por alguns dos sentidos", disse Wesley, repetindo uma frase bem conhecida do próprio ensino de Aristóteles.[5] E assim, a visão de Wesley acerca da razão está intimamente ligada à sua visão da experiência, e isso vale até mesmo para o nosso conhecimento de Deus. Para Wesley, os seres humanos nasciam ateus, sabendo apenas que existe algo em algum lugar que não conhecemos.[6] A sua visão acerca da razão, portanto, encaixa-se muito bem com a prioridade que ele dá às Escrituras. Uma vez que não começamos sabendo algo sobre Deus, nós temos que aprender. Isso significa que precisamos de uma fonte para aprender. Isso significa que precisamos da Bíblia. Nenhuma razão pode nos ensinar algo sobre Deus; apenas as Escrituras podem fazer isso.

Como tradição, a razão atua na teologia dando-nos um lugar para começar a olhar para as Escrituras e para o trabalho de Deus no mundo. Por um lado, reconhecemos uma nova verdade quando ela encaixa-se com outras verdades que já sabemos. Por outro lado, chegamos a duvidar de antigas crenças quando já não encaixam-se com todas as novas que, juntas, se encaixam tão bem. Mas a razão tem que ter material para trabalhar. Se você começar com um erro, mesmo uma boa razão pode simplesmente levá-lo a mais erros. A razão só funciona quando ela possui o material certo para trabalhar. Para a teologia, a razão recebe o seu "material espiritual" das Escrituras, mas recebe todo o resto de nossa experiência.

Experiência

Chegamos agora a contribuição mais distinta - e de maior polêmica - de Wesley para o método teológico. Os colegas e superiores anglicanos de Wesley teriam prontamente afirmado a importância das Escrituras, razão e tradição, mas apresentavam-se bastante apreensivos em permitir que a experiência respondesse perguntas acerca de Deus. Havia, é claro, as tradições que fizeram da experiência a categoria mais fundamental para fazer teologia, como os *Quakers* e aqueles que Wesley teria chamado de "místicos". Pessoas podem imaginar todos os tipos de doutrinas ou práticas e, em seguida, justificá-las dizendo: "Deus me disse", uma afirmação que é quase impossível testar ou investigar. Nos dias de Wesley, isso era chamado de "entusiasmo" e infundiu medo nos corações dos calmos e respeitáveis anglicanos. O Bispo Butler falou por muitos anglicanos quando disse a Wesley: "Senhor, o fingimento de revelações extraordinárias e dons do Espírito Santo é uma coisa horrível, uma coisa muito horrível."[7]

Wesley foi sensível aos problemas criados por reivindicações subjetivas à verdade divina e compartilhou o medo de seus colegas. Ele próprio escreveu contra o problema do "entusiasmo", deplorando-o tanto quanto o fez Bispo Butler.[8] A visão de Wesley acerca das Escrituras e a razão denotava que a experiência não possuía autorização para falar "por conta própria". Reivindicações subjetivas têm de ser testadas por autoridades objetivas. No entanto, Wesley acreditava que desistir da experiência pessoal era desistir do cristianismo. Wesley acreditava que Deus agia na vida de indivíduos de uma maneira que eles pudessem sentir e que isso, de alguma forma, era um dos principais objetivos do cristianismo. No prefácio de seus sermões ele disse que empenhou-se "em descrever a religião verdadeira, escriturística, experimental", algo que mais tarde chamou de "religião do coração".[9] Na visão de Wesley, um cristianismo que não pudesse ser experimentado não era o cristianismo da Bíblia.

Contudo, a visão de Wesley acerca da experiência estende-se muito além das coisas que normalmente rotulamos como uma experiência religiosa pessoal ou interna. Sua teologia era a respeito de um Deus que faz a diferença no mundo físico e cotidiano. Foi, por isso, sempre importante para ele testar suas interpretações das Escrituras no mundo de nossa experiência sensorial para ver se estas funcionavam. E se não funcionavam, Wesley afirmava que estaria disposto a abandoná-las. Ao falar sobre a inteira santificação, Wesley escreveu:

> Se eu estivesse convencido de que ninguém na Inglaterra tivesse alcançado o que tão clara e fortemente tem sido pregado, por bom número de pregadores em tantos lugares e por tanto tempo, seria motivo para crer que todos havíamos interpretado mal o sentido das Escrituras; e, em vista disto, daqui em diante, eu também teria que ensinar que 'o pecado permanece até a morte'[10]

A experiência no método teológico de Wesley era, em certo sentido, o objetivo da teologia. No entanto, seria também a prova crucial na qual se poderia ver se toda essa conversa sobre Deus faria alguma diferença real. Wesley acreditava que a experiência não poderia ensinar nada a ninguém acerca de Deus se estivesse desassociada da Bíblia, mas as pessoas não poderiam saber se entenderam a Bíblia corretamente até que se fizesse a diferença no mundo. Como observamos acima, a teologia de Wesley era prática e focada na obra salvífica de Deus no mundo. A maneira como ele lidou com a experiência em sua teologia ancora esta abordagem.

Estas são as peças básicas do método teológico de Wesley. As Escrituras servem como a fonte de tudo o que podemos saber sobre um Deus que está além deste mundo e contudo um Deus que revela-se neste mundo. A tradição nos ajuda introduzindo-nos a uma história do pensamento acerca de Deus e nos mostrando ambos os bons e maus exemplos deste processo. A razão nos ensina a pensar com cuidado e objetividade e ter certeza de que tudo o que dizemos está em sintonia com todo o pensamento restante. Finalmente, a experiência nos proporciona tanto um objetivo para toda essa teologização quanto uma maneira de testar o que dizemos pelo seu valor prático. Ao equilibrar estas quatro peças conjuntamente, Wesley encontrou uma maneira de fazer teologia que funcionou bem em seu mundo e poderia funcionar igualmente bem em nosso. Contudo, Wesley não se propôs a escrever um manual de teologia. Ele se propôs a pregar o evangelho. Agora que temos uma introdução de "como" ele fez teologia, estamos prontos para ouvir "qual" foi esta teologia. E assim nos direcionaremos agora para a substância de sua teologia.

Notas bibliográficas

1   Prefácio dos *Sermões de John Wesley*, CD-Rom, §3.

2   Carta a John Newton, (Telford 4:299). Ver também *Explicação Clara da Perfeição Cristã*, §§2-5.

3   Prefácio dos *Sermões de John Wesley*, CD-Rom, §5.

4   Assim, por exemplo, "the United Methodists" dizem que "a Bíblia é a autoridade máxima para a nossa fé e prática" (http://www.umc.org). A Igreja do Nazareno descreve a Bíblia como "revelando sem erros a vontade de Deus a nosso respeito em tudo o que é necessário à nossa salvação" (http://nazarene.org/ministries/gensec/ArticlesofFaith/Portuguese/display.html).

5   Sermão 110, "Sobre as Descobertas da Fé", (EO, n. 117) §1.

6   Sermão 44, "O Pecado Original", II, §§2-7.

7   *"Wesley's Interview with Bishop Butler"* (Ed. Bicentenário 19:471), trad. nossa.

8   Sermão 37, "A Natureza do Entusiasmo".

9   Prefácio dos *Sermões de John Wesley*, CD-Rom, §6.

10 Explicação Clara da Perfeição Cristã, §19, p.72.

CAPÍTULO NOVE

Pensamentos de Wesley acerca de Deus

As crenças de Wesley acerca de Deus estão intimamente ligadas às suas crenças acerca da salvação. Na verdade, ele raramente escreve sobre Deus. Mesmo quando discutindo ideias abstratas como onipresença ou eternidade, Wesley geralmente os conectava ao papel que desempenham na obra salvífica de Deus em nós. Mesmo assim, quando começamos a expor o pensamento de Wesley é útil coletar suas ideias básicas sobre Deus a partir de seus contextos orientados em direção à salvação e colocá-los sobre a mesa de forma independente. Ao vê-los desta forma nos ajuda a entender melhor as outras peças de seu pensamento, porque essas ideias vêm em primeiro lugar, logicamente. A salvação é do modo que é - pelo menos no que concernia a Wesley - porque Deus é do modo que é.

A transcendência de Deus

Talvez a premissa mais básica de Wesley sobre Deus é a alteridade de Deus, ou "transcendência", usando a palavra teológica mais comum. A maior parte do que ele diz a respeito de Deus está enraizada na percepção de que Deus não é como nós. Embora Deus esteja ativo no mundo, Deus não é uma parte do mundo. A primeira coisa que isto significa para Wesley - um ponto que tocamos no último capítulo - é que Deus só pode ser conhecido na medida em que Deus revela o próprio Deus. Wesley também aponta para a alteridade de Deus discutindo a natureza espiritual de Deus, a natureza eterna de Deus e o fato de que Deus é presente em todo lugar (onipresente), conhecedor de tudo (onisciente) e todo-poderoso (onipotente). A maior parte dessas ideias são compartilhadas pela grande maioria dos teólogos, mas os pensamentos de Wesley sobre o poder de Deus são diferentes da posição comum dos reformadores protestantes. Vamos examinar cada uma dessas características divinas adiante.

Deus, o Incognoscível

Começamos com a implicação de que a transcendência de Deus faz de Deus incognoscível, porque a maneira como lidamos com esta percepção molda tudo o mais que poderíamos afirmar que "sabemos" sobre Deus. Em sua curta lista de atributos divinos no sermão *A Unidade do Ser Divino"*, Wesley começa com a ideia de que Deus não pode ser conhecido exceto na medida em que Deus faz o próprio Deus conhecido. A crença de Wesley na transcendência de Deus deu-lhe uma visão negativa acerca da nossa capacidade de saber como seria Deus se deixados à nossa própria sorte. Uma vez que Wesley acredita que nascemos sem nenhum conhecimento de Deus, até mesmo a ideia de que existe um mundo espiritual só é, nas palavras de Wesley: "um pouco mais do que vaga conjectura"[1] se for baseada em nossas próprias capacidades. Nós, seres humanos, só podemos saber como é Deus porque Deus tem nos mostrado através das Escrituras.

Esta convicção teológica nos ajuda a ver por que a Bíblia era tão importante para Wesley e por que ele nunca quis afastar-se muito dela quando falava de Deus. Ele nem sequer insistia em usar a palavra "Trindade" para descrever Deus - embora acreditava nela - precisamente porque "Trindade" não é uma palavra bíblica.[2] Isso faz de Wesley muito mais um teólogo bíblico do que sistemático. Ele preocupava-se em unir as várias confissões que a Bíblia faz a respeito de Deus, de modo que elas façam sentido, mas preocupava-se ainda mais em ser fiel às Escrituras do que ser coerente. Quando as peças não encaixavam-se, Wesley tendia a afirmar sua fé nos mistérios que as Escrituras revelam mais do que na tentativa de especular sobre como elas se encaixam. Isto é especialmente verdadeiro quando tal especulação pode repousar mais na filosofia do que na revelação bíblica.

O que isso significa para os leitores de Wesley é que temos de aceitar uma certa ambiguidade em suas confissões a respeito de Deus. Onde os leitores modernos podem sentir uma tensão, por exemplo, entre a visão de Wesley da onisciência de Deus e a sua visão sobre a liberdade humana, Wesley simplesmente afirma os dois, porque sente que as Escrituras afirmam ambos. Ele oferece uma visão tradicional "arminiana" da onisciência (veja a seguir), mas não a explora profundamente. No entanto, enquanto essas coisas devam preocupar-nos quando aplicamos o pensamento de Wesley aos dias de hoje, elas não precisam preocupar-nos quando exploramos seu pensamento "naquela época". Por enquanto, vamos simplesmente descrever as visões de Wesley, embora o fazemos sabendo que isto deixa o trabalho de ser um bom "wesleyano" hoje apenas pela metade.

Deus como Espírito

Uma das maneiras mais importantes que Wesley entende a alteridade de Deus é com a confissão de que "Deus é Espírito" (João 4:24). Wesley faz referência a essa passagem das Escrituras em muitos dos seus sermões, sempre usando-a para fazer uma distinção entre Deus e a criação de Deus e, especialmente, entre a adoração que é digna de Deus e adoração que é material ou apenas "externa". Na verdade, "pura espiritualidade" é, para Wesley, uma característica exclusivamente divina. Ele parece pensar que mesmo os anjos têm algum tipo de corpo material (ou seja, natureza criada), por mais aprimorados que pareçam ser.[3]

A ideia de Wesley da natureza espiritual de Deus também conecta-se a afirmações clássicas da simplicidade de Deus. Isto significa que Deus não é composto de partes, como corpos materiais sempre são. Tudo quanto Deus é não pode ser dividido em algo mais básico do que "Divindade". Isso também significa que Deus não é, *por natureza*, sujeito às influências do mundo material. Os seres humanos estão sujeitos as "paixões", reações biológicas involuntárias para com o mundo material que nos rodeia. Não é assim com Deus. Wesley afirmaria a interpretação clássica do primeiro dos trinta e nove artigos da Igreja da Inglaterra, que afirma que Deus é "sem corpo, indivisível, não sujeito às paixões". Claro que, para Wesley, isso não significa que Deus não nos ama - muito pelo contrário! Significa apenas que o amor espiritual, simples e voluntário de Deus não é a mesma coisa que a sensação física, complexa e involuntária de paixão que os seres humanos experimentam.

Deus como Eterno

A natureza espiritual de Deus significa que Deus não ocupa espaço material do modo que as criaturas de Deus o fazem. Da mesma forma, a natureza eterna de Deus significa que Deus não ocupa o tempo da mesma forma que o fazemos. Em seu sermão *"Sobre a Eternidade"*, Wesley define como "duração ilimitada" uma sucessão de momentos que se estende infinitamente do momento presente para o passado e para o futuro. Deus é a única realidade que ocupa todos esses momentos. Enquanto Deus concederá a criação uma "duração ilimitada" em direção ao futuro, só Deus não tem começo. Esta é outra característica definidora da alteridade de Deus, na opinião de Wesley. Se qualquer outra coisa existisse para sempre, também teria que ser Deus. É por isso que Wesley rejeita a ideia de que a matéria sempre existiu.[4]

Wesley, no entanto, tem outra ideia acerca da eternidade que aparece em suas obras, a saber, a ideia de que a eternidade de Deus significa que Deus está completamente fora do tempo e vê todos os tempos - passado, presente e futuro - como um conjunto unificado. Essa ideia está mais intimamente ligada à filosofia grega e Wesley a usa especificamente para tratar a questão da predestinação.[5] Como veremos, Wesley quer afirmar que Deus conhece o futuro sem afirmar que Deus causa esse futuro. Colocando Deus fora do tempo permite-lhe fazer isso. Assim, o uso do termo "pré-conhecimento" é uma forma humana de falar, porque para Deus não há antes ou depois, só "agora".

Não é preciso pensar muito para ver que esses dois conceitos de eternidade não se encaixam e há debates acadêmicos sobre qual conceito é mais importante para Wesley. Na preocupação de Wesley em ser bíblico, pelo menos como ele o vê, ele não tenta conciliar essas interpretações concorrentes da relação de Deus com o tempo. No entanto, o que é consistente entre os dois é que, ao contrário de nós, Deus não está sujeito ao tempo, seja pelo fato de Deus ocupa-lo totalmente ou porque Deus está fora dele. O que é importante, novamente, é a alteridade de Deus. Enquanto somos limitados pelo tempo, Deus não é.

As Doutrinas "Oni"

O relacionamento "ilimitado" de Deus para com o tempo e espaço naturalmente leva a apreciação de Wesley do que é por vezes chamado de "as doutrinas oni": a onipresença, onisciência e onipotência de Deus. Pode-se tratar essas ideias separadamente, todavia em Wesley elas parecem encaixar-se conjuntamente. Essas afirmações interligadas expressam a alteridade de Deus, e também implicam algo sobre a maneira como Deus trabalha em e através do mundo - a imanência de Deus, em outras palavras. Vamos começar com o entendimento de Wesley da onipresença, uma vez que é a menos controversa, antes de passar para suas ideias da onisciência e onipotência de Deus. Essas duas últimas mostram a distância teológica de Wesley das opiniões majoritárias dos reformadores protestantes, embora elas estejam em conformidade com os impulsos arminianos dentro de sua própria tradição anglicana.

Onipresença. Esta é a única "doutrina oni" que Wesley trata com uma atenção focada, pregando um sermão inteiro sobre o assunto perto do fim de sua vida (1788).[6] Nesse sermão, que representa as percepções de Wesley mantidas ao longo de sua vida, ele define a ideia de onipresença como simplesmente "presença ilimitada", com analogia à eternidade de Deus e a sua onipotência (como "poder ilimitado"). Extraindo de Jeremias 23 e Salmo 139, Wesley simplesmente afirma que Deus está *neste* lugar (onde quer que seja) e em todos os lugares, mesmo aqueles "lugares" que possam estar além dos limites da criação. Wesley usa a ideia para enfatizar a relação desigual entre Deus e a criação de Deus, reforçando mais uma vez a independência e a alteridade de Deus. Enquanto Deus excede a criação e pode existir sem ela, a criação cairia na inexistência se Deus retirasse a presença sustentadora de Deus.

Neste sermão, Wesley também liga onipotência à onipresença, uma vez que ele afirma que Deus não pode agir onde não está presente. Em outros lugares Wesley ligará onisciência com onipresença, alegando que Deus sabe de todas as coisas porque Deus está presente em todo lugar.[7] Wesley, porém, não se contenta com essas especulações formais. O seu verdadeiro objetivo em falar sobre a onipresença é a sua consequência no modo como vivemos. Se Deus está em todo lugar, então isso deve induzir-nos a nos comportar de maneira agradável a Deus. E se nos comportamos de maneira agradável a Deus, Deus certamente nos apoiará aonde quer que estejamos.

Onisciência. Como a maioria dos cristãos de sua época, Wesley afirmou a ideia de que Deus é "onisciente". Wesley não podia conceber que Deus poderia ser ignorante acerca de algo. Quanto a este ponto, pelo menos, Wesley e todos os seus oponentes calvinistas poderiam concordar. No entanto, eles discordavam acerca da fonte do conhecimento de Deus e este desacordo é importante. A maioria dos calvinistas pensava que o conhecimento de Deus derivava do poder de Deus e da atividade de Deus. Para eles, o todo-poder de Deus significava que Deus era a causa final de tudo e Deus naturalmente sabe o que causa. Deus sabe das coisas, porque já decidiu e as implementou. Em certo sentido, elas *são* porque Deus as conhece. Esta cadeia de raciocínio faz com que Deus seja a fonte definitiva do conhecimento de Deus. Como vimos acima, Wesley enraíza o conhecimento de Deus na onipresença de Deus, não na onipotência e isto faz toda a diferença no mundo.

Para Wesley, Deus conhece cada parte da criação de Deus, porque Deus está presente, não porque Deus fez com que fosse desta forma. Deus, portanto, "vê e conhece".[8] A notável diferença aqui é que a criação-não é e Deus-é então a fonte do conhecimento de Deus. Wesley coloca da seguinte forma em seu sermão *"Sobre a Predestinação"*: "Nós não devemos pensar que eles *existem,* porque Ele os *conhece*. Não, Ele os conhece porque eles existem"[9]. Embora a diferença seja pequena, seu significado é radical, e começa a exprimir o tipo de conexão que este Deus-que-é-Outro tem para com o mundo que Deus criou. A razão para esta inversão é que Wesley acredita que Deus criou os seres humanos com liberdade, algo que exploraremos mais profundamente no próximo capítulo. Por que os seres humanos têm liberdade, eles também podem "causar" o acontecimento de certas coisas. Deus sabe dessas coisas porque Deus vê o que os seres humanos têm causado. É claro que a onisciência de Deus ainda é uma característica da alteridade de Deus, considerando que nenhuma das criaturas de Deus possui essa qualidade, nem podemos sequer entende-la completamente. No entanto, ao vincular o conhecimento de Deus à criação de Deus, Wesley dá a entender que a relação entre Deus e a criação é de duas vias (entre Deus e o mundo) e não apenas de uma via (da parte de Deus para com o mundo). Isso já nos prepara para o importante papel que os relacionamentos desempenharão pelo resto da teologia de Wesley.

Onipotência. A relação bilateral que está implícita no entendimento de Wesley da onisciência de Deus expressa-se plenamente na sua compreensão da onipotência de Deus. Wesley teve que lidar com o conceito de onipotência mais vezes do que com as outras duas "doutrinas oni" devido aos seus debates com os calvinistas e suas visões acerca do papel do poder de Deus na salvação. Voltaremos às ideias sobre a salvação posteriormente, mas por agora é importante ver que o entendimento de Wesley a respeito da onipotência de Deus foi moldado pelo seu entendimento do que Deus fez com esse poder. Em outras palavras, Deus só usa o poder de Deus para fins específicos. Uma vez que Deus decidiu o que Deus quer, Deus só vai usar o poder de forma consistente com essas finalidades. Contudo, mesmo que Wesley afirme que Deus é "todo-poderoso", ele também afirma que há coisas que Deus não pode fazer.

Wesley explora essa ideia em seu sermão *"Sobre a Providência Divina"*. Ali Wesley faz duas coisas que mostram que ele entende o poder de Deus de forma diferente de seus oponentes calvinistas. Em primeiro lugar, Wesley vincula o poder de Deus para com a sabedoria e a bondade de Deus. Deus é bom e por isso só fará coisas boas. Além disso, Deus é sábio e por isso sabe o que é melhor para a criação de Deus. Especulações teóricas sobre o que Deus *poderia* fazer não têm lugar no mundo de Wesley. As Escrituras nos dizem o que Deus tem feito e nos dá expectativas acerca do que Deus fará, e todas essas coisas apontam para um Deus cujo poder nunca está separado da sabedoria e bondade.

A segunda coisa que Wesley faz para "limitar" a onipotência de Deus é argumentar fortemente pela "autoconsistência" de Deus. O que Deus faz em uma ocasião será coerente com o que Deus fará em qualquer outra ocasião. Os meios que Deus usa estão consistentes com os fins que Deus quer. Wesley declara da seguinte forma: "Somente Aquele que pode fazer todas as coisas, não pode negar a si mesmo; Ele não pode contrariar a si mesmo, ou opor-se à sua própria obra."[10] É por isso que Deus não destrói o pecado e o mal. Embora tenha poder para fazê-lo, Deus "não pode", porque isso estaria em contradição com o trabalho anterior de Deus de criar os seres humanos com liberdade. O argumento de Wesley sobre o assunto merece uma citação completa porque é a expressão mais clara da diferença entre a sua concepção da onipotência e a de seus oponentes calvinistas.

> Porque Ele [Deus] criou o homem, em sua própria imagem: um espírito como Ele próprio; um espírito dotado de entendimento, com vontade ou afeições, e liberdade; sem o que, nem seu entendimento, nem suas afeições, teriam sido de algum uso, nem ele teria sido capaz quer de vícios ou de virtude... Fosse a liberdade do homem tirada, os homens seriam tão incapazes da virtude, quanto as pedras. Portanto (com reverência seja isto falado), o próprio Todo-poderoso não pode fazer isto. Ele não pode contradizer-se, ou desfazer o que fez. Ele não pode destruir, da alma do homem, aquela imagem de si mesmo, na qual Ele o fez.[11]

Retornaremos ao ponto da liberdade humana mais tarde, mas por agora, podemos ver que a visão de Wesley do poder de Deus não é a de um tirano arbitrário. É claro que os limites do poder de Deus são aqueles que Deus aceita, ou aqueles dentro dos quais Deus escolheu operar. Então, a independência, liberdade e alteridade de Deus ainda são importantes. Nenhuma das criaturas de Deus pode restringir a atividade de Deus, mas parece que Deus pode.

Santidade, Bondade e Amor

Talvez a palavra que capta melhor a preocupação de Wesley para com a alteridade ou a transcendência de Deus é a palavra "santo". A ideia de que "Deus é santo" significa que Deus não é como nós, Deus está acima e além de nós, separado. Para Wesley, não obstante, a santidade de Deus sempre tem também uma qualidade moral. Pode-se imaginar que um deus é separado de maneira que não tenha nada a ver com a moralidade e Wesley sente que alguns calvinistas faziam isso às vezes.[12] Para Wesley, no entanto, a alteridade de Deus, a santidade de Deus, não podem ser separadas da bondade de Deus. É por isso que Wesley, na maioria das vezes, usa a palavra "santo" para contrastar Deus com o estado caído e pecaminoso do mundo. É também por isso que ele resiste em falar que a "glória de Deus" está ligada apenas em grandes exercícios do poder de Deus. O entendimento de Wesley da glória de Deus está sempre ligado à manifestação da bondade de Deus, ou, para colocar mais nos termos de Wesley, ao amor de Deus.[13]

Com essa ideia, somos levados a um círculo completo. O ponto de partida para o pensamento de Wesley acerca de Deus é a alteridade de Deus, a transcendência de Deus, a distância entre Deus e nós. O ponto final, no entanto, é a proximidade de Deus, a imanência de Deus, o amor de Deus. Um Deus que é apenas um Outro ser espiritual, santo, onipotente, onisciente, onipresente e eterno seria completamente desconhecido para nós. A única razão de sabermos alguma coisa sobre esse Deus é que Deus também é um Deus de amor, um Deus que não fica no "grande além", mas que envolve-se no mundo - primeiro por criá-lo, em seguida, por sempre sustenta-lo, governa-lo e redimi-lo.

Em certo sentido, a mensagem do evangelho é a própria ideia de Wesley acerca de Deus. O Deus que está além de nós é um Deus de amor. "Desde a eternidade", diz Wesley, "o amor existe em Deus – o grande oceano de amor"[14]. De fato, na opinião de Wesley o amor de Deus é o "atributo predominante, o atributo que verte uma glória amável em todas as suas outras perfeições."[15] Deus é todo-poderoso, mas o poder de Deus expressa-se no amor. Deus é justo, mas a justiça de Deus está fundamentada no amor. Deus é santo, mas a nossa experiência da santidade de Deus é uma experiência de um santo amor.

Deus e o Mundo

É a partir desta síntese dinâmica da separação de Deus e a proximidade de Deus, da transcendência de Deus e a imanência de Deus, que Wesley reflete sobre a relação de Deus para com o mundo. É por isso que Wesley prefere a metáfora familiar de Deus como Pai sobre a metáfora política de Deus como Rei. Ele nunca quis separar a atividade poderosa de Deus no mundo do cuidado amoroso de Deus para com o mundo. Esse cuidado amoroso é expressado de três maneiras fundamentais. Primeiro, Deus cria o mundo e o mundo permanece sempre dependente do poder sustentador de Deus. Segundo, Deus governa o mundo, sempre interagindo com ele e supervisionando sua atividade. Isto é o que Wesley entende como Providência de Deus. E terceiro, Deus está sempre envolvido em resgatar a criação caída de Deus. Sabendo que a maior parte do pensamento de Wesley – e assim o resto deste livro – está envolvido nesta terceira ideia, vamos nos limitar aqui a explorar brevemente apenas os dois primeiros.

O Deus Pai como Criador / Sustentador

Poucos no século XVIII teriam duvidado de que Deus era o Criador de todas as coisas. A maioria tinha como certo que Deus criou o mundo e que o relato de Gênesis dava um registro histórico deste processo de seis dias. Acreditando firmemente na Bíblia, Wesley não questionava isso. Questões científicas sobre a origem do mundo não tinham sido levantadas ainda. Quando trata-se de ciência e criação, contudo, nós simplesmente não sabemos como Wesley teria equilibrado sua fé nas Escrituras com sua crença de que as Escrituras tinham que ser testadas em nossa experiência. No entanto, questões de ciência aparte, Wesley faz algumas afirmações sobre Deus através de suas reflexões acerca de Deus como Criador, afirmações que são importantes, não importa como o texto de Gênesis é lido.

Primeiramente, Wesley diz que a relação de Deus com o mundo como o Criador é uma relação estritamente de mão única, com tudo dependendo de Deus. "O eterno, o todo-poderoso, o todo-sábio, o todo-gracioso Deus é o Criador dos céus e da terra. Ele chamou do nada, através de sua palavra todo-poderosa, todo o universo, tudo que existe."[16] Wesley mantém a ideia clássica da criação a partir do nada (*creatio ex nihilo*), que preserva a prioridade suprema de Deus acima – e independente – do mundo. Deus tem total liberdade na criação e, no comentário de Wesley em Gênesis, esta é uma das coisas que chama sua atenção:

> Então em seis dias Deus fez o mundo. Conseguiríamos até pensar que Deus poderia ter feito o mundo em um instante, porém Ele o fez em seis dias para que possa mostrar-se um agente livre, fazendo seu próprio trabalho, tanto de seu próprio modo como em seu próprio tempo; para que a sua sabedoria, poder e bondade revelem-se a nós e sejam meditadas por nós mais distintamente.[17]

Na opinião de Wesley, Deus não é compelido a criar, nem o ato de criação de alguma forma flui espontaneamente da natureza de Deus. O ato de criação é uma expressão do amor de Deus, mas é um ato deliberado, realizado de uma forma que nos demonstra a total liberdade do Autor. Como veremos, a liberdade de Deus é importante para Wesley pois é a âncora fundamental para a nossa liberdade humana.

Em segundo lugar, Wesley vê a criação desde o seu início como uma arena de amor, um lugar onde Deus pode mostrar o amor de Deus e capacitar a criação - particularmente a humanidade - a amar a Deus de volta. Os propósitos de Deus na criação não podem, portanto, serem separados do amor de Deus e Wesley unirá as dádivas de existência à capacidade de amar de Deus. "O amor tem guarida em todos os filhos de Deus, desde o momento de sua criação; eles recebem do Criador, no mesmo instante, o existir e o amar"[18], disse Wesley. Usando uma analogia do sol, ele diz em outro lugar:

Como a luz e o calor não surgiram posteriormente à criação do sol, mas começaram a existir com ele, de modo que no momento em que existiu ele brilhou; da mesma forma a luz e calor espirituais, conhecimento e amor não existiram posteriormente à criação do homem, mas começaram a existir juntamente com ele. No momento em que ele existiu, ele conheceu e amou.[19]

Vamos falar mais sobre esta capacidade de resposta, esta "habilidade em responder", quando olharmos para a criação e humanidade no próximo capítulo, mas é importante ressaltar o que diz aqui acerca de Deus. Deus é Todo-Poderoso e *poderia* ter criado um mundo em que todos os eventos seriam ditados por Deus. Mas isso não é o que Deus fez, de acordo com Wesley. Em vez disso, Deus criou um mundo que é capaz de dar a sua própria resposta, um mundo no qual Deus escolhe *interagir* ao invés de simplesmente controlar.

Parte do que isto significava para Wesley é que a obra do Criador não havia terminado com o ato de criação. Alguns nos dias de Wesley teriam argumentado que o Deus que criou o mundo seria como um grande relojoeiro. Deus fez o mundo, deu corda e, em seguida, deixou-o sozinho para funcionar por conta própria. Tal ponto de vista da atividade criativa de Deus em fazer de uma vez e tudo está feito é geralmente rotulado como "deísmo" e dá a entender que o mundo tornou-se mais ou menos independente de Deus, uma vez que havia sido criado. Isso, para Wesley, era levar a independência do mundo longe demais. Deus deu ao mundo uma "habilidade em responder", uma capacidade de responder a Deus, que é diferente da capacidade de apenas fazer por conta própria. Wesley rejeitou uma visão deísta e insistiu que o mundo sempre mantém-se dependente do apoio contínuo de Deus para a sua própria existência.

> Ele [Deus] suporta, mantém e sustenta todas as coisas criadas pela palavra do seu poder [Hb 1:3]; pela mesma palavra poderosa que os tirou do nada. Como isto foi absolutamente necessário para o começo da existência deles, é igualmente também para sua continuidade. Fosse sua poderosa influência retirada, eles não teriam subsistido por muito tempo. Sustentar uma pedra no ar; no momento em que você retira sua mão, ela naturalmente cai ao solo. De igual maneira, fosse Ele retirar sua mão, por um momento, a criação cairia no nada.[20]

Tal como Deus é a única fonte da existência, Deus também é a única fonte de "movimento" ou ação, a única razão pela qual as coisas podem "acontecer". Qualquer outro movimento ou poder no mundo deriva de Deus. Quando discutindo a procriação humana, por exemplo, Wesley observa:

> 'Deus é o criador de todo homem que vem ao mundo.' Pois é somente Deus que dá ao homem poder para propagar sua espécie. Ou melhor, é o próprio Deus quem faz o trabalho, tendo o homem como instrumento... Deus é real-

mente o produtor de cada homem, cada animal, cada vegetal no mundo; sendo o verdadeiro *primum mobile* – a fonte de todo o movimento em todo o universo.[21]

É a ação contínua de Deus que faz todas as ações das criaturas possíveis, mas, mais uma vez, devemos nos lembrar de que o que Deus torna possível é a resposta. Wesley ainda usou a ideia da constante ação de Deus no mundo para combater a afirmação de que tudo no mundo – até mesmo a atividade humana – foi ditado pelas forças deterministas da natureza. Ele imagina que Deus pode intervir no corpo humano e cérebro para criar a nossa liberdade e não nos deixa sujeitos a essas forças.[22] Assim, para Wesley, pode até ser verdade em um sentido físico, bem como espiritual, de que sem a ação de Deus a nossa resposta livre seria impossível.

Agora, como Wesley iria imediatamente argumentar, isso não significa que Deus "causa" todas as coisas. Para usar uma distinção da preciosa lógica de Wesley, a ação de Deus é *necessária* para que qualquer coisa aconteça, mas não é *suficiente*. A ação de Deus faz outros agentes possíveis, mas eles devem efetivar as possibilidades que Deus os dá por si mesmos. Quando eles fazem isso, eles assumem a responsabilidade pelo que fazem com o poder que Deus lhes dá. A maneira como Deus lida com os outros agentes ativos no mundo nos afasta do papel unilateral de Deus como Criador e Sustentador e nos aproxima do seu papel relacional como Governador.

Providência e o Deus Pai como Governador

O poder criador e sustentador de Deus fornece à criação a possibilidade de responder a Deus. A providência de Deus, então, demonstra como Deus responde às respostas da criação. Wesley parece fragmentar naturalmente o trabalho providencial ou governante de Deus em dois tipos: como Deus lida com o mundo inanimado e como Deus lida com o mundo animado, especialmente seres humanos. Enquanto estamos mais preocupados com o último, o primeiro ainda nos ajuda a completar a imagem que Wesley tem de Deus.

Wesley vê a interação de Deus com o mundo inanimado de rochas, fogo, água e similares, como controle direto. Ele não especula muito a este respeito, mas em sua mente parece que o chamado "mundo natural" tem pouca independência em relação à vontade divina. Como vimos acima, Wesley acreditava que Deus estava constantemente agindo no mundo e por isso ele tende a não fazer uma distinção entre "eventos naturais" e aqueles causados por Deus. Para Wesley, havia uma pequena tensão entre causas naturais e divinas, uma vez que o que chamamos de "natureza" é simplesmente a nossa observação do padrão normal da atividade de Deus no mundo. "O que é a própria natureza", Wesley escreve, "senão a arte de Deus, ou o método da ação de Deus no mundo material?"[23] Enquanto esta estreita ligação levanta questões acerca do "mal natural", Wesley não parece preocupar-se com isso. Sua preocupação é enfatizar a liberdade de Deus sobre o mundo. Enquanto compartilha os pressupostos científicos de sua cultura sobre a regularidade do mundo, ele insiste que Deus está sempre livre para interromper o padrão normal da atividade de Deus. Wesley era, deste modo, comprometido com a ideia de que havia milagres, lugares onde a atividade de Deus tornava-se óbvia. Dado o seu foco na salvação, Wesley preferia falar sobre os "milagres da graça" - coisas como conversões e vidas transformadas[24] — mais do que sobre curas milagrosas ou eventos inexplicáveis. No entanto, ele afirmou tais coisas e as comentou em seu *Diário* quando as encontrava.

A visão de Wesley da interação de Deus com os seres humanos é muito mais significativa do que sua visão da obra de Deus através da natureza. Aqui Wesley enfatiza o respeito de Deus para com a liberdade humana enquanto Deus move o mundo na direção do projeto final de Deus. Para Wesley, a característica que melhor articula este ato de equilíbrio é a sabedoria divina. Se Deus apenas impusesse a vontade de Deus no mundo,

> aniquilaria, em absoluto, qualquer sabedoria; seria meramente uma façanha da Onipotência. Haja vista que toda múltipla sabedoria de Deus (assim como todo seu poder e bondade) se manifesta em governar o homem como homem, não como um bloco ou pedra, mas como um espírito inteligente e livre, capaz de escolher o bem ou o mal. Nisto aparece a profundidade da sabedoria de Deus em sua adorável providência.[25]

Deus está sempre trabalhando na criação para proporcionar a humanidade "toda ajuda possível" para que os seres humanos possam escolher o bem e afastarem-se do mal. O Deus de amor está constantemente agindo para garantir o melhor para aquelas criaturas que Deus criou à imagem de Deus. Mas Deus é, pelo menos aos olhos de Wesley, comprometido apenas em trabalhar *com* a liberdade que Deus criou e não ultrapassa-la. O fato de que Deus pode fazer isso e ainda atingir os objetivos finais que Deus deseja nos dá uma razão melhor para glorificar a Deus do que simplesmente ver Deus demonstrar o poder de Deus.

Visto que Deus responde aos seres humanos como eles respondem a Deus, Wesley promove a ideia de "círculos" ou níveis da providência divina (que ele obteve de Thomas Crane, um puritano do Século XVII).[26] No seu sermão *Sobre a Providência Divina*, Wesley articula três círculos. O primeiro é aquele que contém toda a humanidade. Deus age em amor para com todos porque, como Wesley observa, "Seu amor não está confinado."[27] Dito isto, Wesley ainda acredita que Deus tem um cuidado mais imediato sobre aqueles que são cristãos porque eles têm respondido a Deus mais plenamente. Finalmente, há o círculo do cuidado mais íntimo de Deus, o círculo daqueles que se deram a Deus e a obra de Deus de todo o coração, que adoram a Deus "em espírito e em verdade" e que andam como o próprio Cristo andou. Wesley não explica o que isso significa em detalhes, mas é consistente na imagem do Deus que ele pinta durante toda a sua obra. Se Deus responde às respostas das criaturas de Deus, faz sentido que a profundidade das respostas de Deus corresponde à profundidade das respostas deles. E, claro, Wesley vai usar esse ponto para incentivar seus ouvintes e leitores a responder mais profundamente a Deus porque Deus responderia ainda mais profundamente a eles.

Trindade

Antes de avançarmos nos pensamentos de Wesley acerca de Deus, temos que cobrir mais uma doutrina tradicional que conecta as questões da transcendência de Deus, a imanência de Deus e a interação de Deus com o mundo. Essa doutrina é a da Trindade. A sua compreensão e utilização da doutrina da Trindade é uma questão de alguns debates acadêmicos. Alguns afirmam que a sua doutrina de Deus é completamente trinitária, enquanto outros dizem que a doutrina como um conceito não era tão importante para ele. Nossa função aqui não é resolver este debate, mas sim mostrar as tensões no seu uso da Trindade que causaram o surgimento de tais debates.

Por um lado, Wesley reconhece claramente e confessa a doutrina. Ele, por vezes, referia-se explicitamente ao Deus cristão como o Deus Três-em-Um e prega em textos explicitamente trinitários. Embora só tenha publicado um sermão acerca do tema, neste sermão ele afirma claramente que a crença na Trindade é uma das crenças mais importantes da fé cristã.[28] Além disso, Wesley tem uma ideia bem desenvolvida acerca do Espírito Santo, o que seria impossível sem o fundamento que a doutrina da Trindade estabelece. Tais coisas sugerem que a Trindade era importante para Wesley.

Por outro lado, uma vez que nos movemos além desta forte afirmação de Wesley a respeito da doutrina, resta pouca coisa para falar. Wesley esquiva-se em explorar essa questão teologicamente, até mesmo ao ponto de condenar as tentativas de entendê-la. Ela não aparece como um tema em seus escritos e o único sermão que publicou foi impresso em 1775, bem tarde em sua carreira. Mesmo ali, em um sermão dedicado à Trindade, Wesley não faz nenhuma tentativa para explicar o que a Trindade significa ou como conecta-se à vida de fé. Em vez disso, ele ajuda os seus leitores a considerar que eles podem, de fato, acreditar em algo que não compreendem. Ele afirma que tudo o que Deus requer deles é admitir a Trindade como um fato, e não explicar como funciona a natureza de Deus.

Uma maneira de manter unida esta combinação ímpar de afirmação e negligência é ver a doutrina da Trindade como tendo um papel importante mas implícito no pensamento de Wesley, um que ele próprio poderia não ter apreciado totalmente. Como Albert Outler coloca: "Para Wesley, como para os pietistas em geral, doutrinas abstrusas [difíceis de entender] são melhores acreditadas piamente do que analisadas racionalmente."[29] Mesmo que Wesley não utilize explicitamente a doutrina do Deus Três-em-Um como um conceito teológico significativo, o pensamento de Wesley encaixa-se melhor se a sua fundação trinitária implícita é reconhecida. Isto é particularmente verdadeiro quando se considera a prioridade do amor na concepção de Wesley acerca de Deus, já que a Trindade – especialmente como é entendida pelos primeiros Pais orientais – mostra como Deus pode ser amor, como a palavra Deus refere-se, em certo sentido, a uma comunidade amorosa do Pai, Filho e Espírito Santo. Aqui, mais uma vez, devemos nos lembrar que Wesley foi um teólogo prático. Certo ou errado, ele viu pouca implicação prática na doutrina da Trindade e assim a deu pouca atenção. No entanto, dado tudo o mais que Wesley diz acerca de Deus, a doutrina da Trindade ainda pode servir ao propósito prático de vincular várias vertentes de seu pensamento.

Este, então, é um resumo dos principais pontos do pensamento de Wesley acerca de Deus. Como já enfatizamos, a preocupação teológica principal de Wesley era o grande drama da salvação e Deus é, sem dúvida, o ator principal neste drama. Contudo, antes de nos envolvermos diretamente neste drama, devemos primeiro explorar algumas ideias básicas de Wesley sobre a criação como o palco em que o drama se desenrola e sobre os seres humanos como os atores secundários – mas ainda importantes - do drama. Então será para esta exploração que nos direcionaremos agora.

Notas bibliográficas

1 Sermão 70, "O caso da razão imparcialmente considerado", II, §1.
2 Sermão 55, "Sobre a Trindade", §4.
3 Sermão 114, "A Unidade do Ser Divino", (EO, n. 120) §8.
4 Sermão 54, "Sobre a Eternidade", §7.
5 Sermão 58, "Sobre a Predestinação", §5.

[6] Sermão 111, "Sobre a Onipresença de Deus", (EO, n. 118).

[7] Sermão 114, "A Unidade do Ser Divino", (EO, n. 120) §6.

[8] Sermão 58, "Sobre a Predestinação", §15.

[9] *Ibid.*, §5.

[10] Sermão 67, "Sobre a Providência Divina", §15.

[11] Ibid.

[12] Sermão 128, "A Livre Graça", (EO, n. 110) §§23-26.

[13] *"Predestination Calmly Considered"*, §§47-50 (Ed. Bicentenário 13:287-89).

[14] Sermão 36, "A Lei Estabelecida pela Fé, II" II, §3.

[15] *As notas explicativas do Novo Testamento* de Wesley (adiante: *NNT*), 1ª João 4:8, trad. nossa.

[16] Sermão 67, "Sobre a Divina Providência", §8.

[17] As notas explicativas do Antigo Testamento, Gênesis 1:31, trad. nossa.

[18] Sermão 36, "A Lei Estabelecida pela Fé, II" II, §3.

[19] *"A Doutrina do Pecado Original, Parte III"*, §9.2 (Ed. Bicentenário 12:342), trad. nossa.

[20] Sermão 77, "Adoração Espiritual", I, §3.

[21] *"A Doutrina do Pecado Original, Parte III"*, §7.2 (Ed. Bicentenário 12:330), trad. nossa.

[22] *"Thoughts Upon Necessity"*, §§IV.4-5 (Ed. Bicentenário 13:545-46).

[23] "Serious Thoughts Occasioned by the Late Earthquake at Lisbon", (Jackson 11:6-7), trad. nossa.

[24] Carta a "John Smith", §10 (Ed. Bicentenário 26:290).

[25] Sermão 67, "Sobre a Providência Divina", §15.

[26] Wesley extraiu uma parte do livro de Crane chamado: "Isagoge ad Dei Providentiam, Or a Prospect of Divine Providence" (1672), para a sua própria "Christian Library".

[27] Sermão 67, "Sobre a Providência Divina" §16.

[28] Sermão 55, "Sobre a Trindade", §2.

[29] Albert Outler, comentário de introdução do Sermão 55, "Sobre a Trindade" (2:373), trad. nossa.

CAPÍTULO DEZ

Pensamentos de Wesley
acerca da Criação e Humanidade

A maneira como Wesley entende a criação e o estado original da humanidade dá base a sua compreensão do pecado e da salvação de um modo especial. Ele entendia a salvação como um tipo de restauração, uma "nova criação" que traz a ordem criada de Deus de volta ao seu curso depois de ter sido prejudicada pelo pecado. Então, precisamos saber como era este curso antes do pecado estragar tudo. Como a maioria dos cristãos de sua época, Wesley viu os seres humanos como os alvos principais da obra salvadora de Deus, mas ao contrário de muitos cristãos ele estava claro que a salvação abrangia todo o resto também. Vendo como Wesley entendia o estado original da criação ajuda-nos a apreciar o que Deus faz quando Deus a salva, redime e restaura.

Neste capítulo daremos uma rápida olhada em duas percepções básicas que Wesley tinha sobre a criação em geral, antes de concentrar mais a nossa atenção em seus pontos de vista sobre a "humanidade original". Wesley viu a criação como boa e isto de uma forma relacional e dinâmica. Ele também acreditava que a criação consiste em dois elementos que são separados em princípio, mas sempre integrados na prática - o espiritual e o físico. Depois de explorarmos essas percepções, veremos os pensamentos de Wesley sobre a humanidade original. Wesley entende a nossa natureza original como enraizada na ideia de que fomos criados à imagem de Deus, mas ele também vê nesta natureza uma combinação única das forças físicas e espirituais que ele reconhece governar toda a criação. Esta breve visão da criação e humanidade originais nos dará a pano de fundo que precisamos para apreciar a visão de Wesley acerca do que dá errado quando a força corruptora do pecado entra no mundo.

Criação

Wesley tinha um conceito elevado acerca da criação, mais elevado do que provavelmente a maioria dos cristãos de sua época. Muitas pessoas olhavam para este mundo caído e destruído como algo do qual os seres humanos precisavam ser salvos. Wesley, por outro lado, via o mundo inteiro - e não apenas os seres humanos - como o foco da atividade redentora de Deus. Para Wesley, Deus não está interessado em ajudar as pessoas a escapar deste mundo, mas sim quer que as pessoas participem de sua redenção. Há duas percepções que ele teve sobre a criação que nos ajudam a dar sentido a esta abordagem para com a salvação: a ideia de que a bondade da criação era algo dinâmico e relacional e a ideia de que a criação tem duas facetas distintas, mas interligadas. Vamos analisar um pouco mais profundamente cada uma dessas percepções.

Criação como algo dinamicamente bom

Talvez a percepção mais importante de Wesley acerca da criação é que ela é boa e esta bondade é entendida como uma realidade dinâmica e relacional. Nisto vemos a clara prioridade das Escrituras acima da experiência como fonte das percepções de Wesley. Algumas pessoas são tentadas a duvidar da bondade de Deus - se não da própria existência de Deus - porque eles veem um mundo muito-menos-que-perfeito ao redor deles. Enquanto Wesley não negaria que o mundo em que vivemos contém muito mal, ele sentia que era um erro avaliar a criação começando com a nossa experiência presente dela. Essa experiência está manchada pelo pecado. Se queremos compreender a criação, devemos ir às Escrituras e as Escrituras - pelo menos aos olhos de Wesley – ligam a bondade da criação com a bondade do seu Criador.

> Todas as coisas, então, sem exceção, eram muito boas. E como poderiam ser ao contrário? Não havia defeito, afinal, no poder de Deus, não mais do que em sua bondade ou sabedoria... *"Uma vez que para Deus, seu caminho é perfeito"* [2 Sm 22:31],— e tais, originalmente, eram todas as suas obras; e tais serão novamente, quando *"o Filho de Deus"* destruir todas *"as obras do diabo"* [1 Jo 3:8].[1]

A crença de Wesley na bondade original da criação é, portanto, baseada tanto no testemunho bíblico (de Gênesis 1) quanto na ligação teológica entre o caráter de Deus e o caráter da obra criadora de Deus. Note, também, como

Wesley usa a bondade original da criação para apontar em direção à eventual bondade que esta terá uma vez que Deus terminar a obra redentora.

Esta ligação é importante porque muitas pessoas sentiram que a Queda tinha apagado completamente toda a bondade original da criação. Deste ponto de vista, a salvação de Deus significa que Deus tem que começar de novo, uma vez que não há realmente nada de bom deixado na criação que vale a pena salvar. Os seres humanos - até mesmo o próprio mundo físico - tornaram-se tão maus que são dignos apenas de punição e destruição. A salvação pode ser estendida para algumas pessoas a quem Deus mostrará graça, mas o resto da criação está merecidamente condenada.

Wesley não pensava dessa forma. Ele acreditava que salvação era Nova Criação, mas via esta Nova Criação como construída sobre a criação original. A Queda danificou a criação e esta não funciona mais como Deus a criou para funcionar, mas isso é diferente de uma perda irrecuperável da bondade. Para Wesley, o trabalho de redenção de Deus é mais como uma cura que restaura a saúde; não é uma escolha arbitrária de isentar uma pequena parte da criação do seu justo castigo.

Wesley pode ter esse ponto de vista porque sua ideia de bondade não é uma ideia de alguma "coisa" que pode ser perdida. Pelo contrário, a bondade da criação é encontrada na inter-relação dinâmica entre todas as coisas que Deus fez e no relacionamento que toda a criação tem com Deus. Wesley oferece esse ponto de vista em seu sermão de Gênesis 1:31, chamado *O Beneplácito de Deus por suas Obras*. Ali, Wesley escreve:

> Tudo quanto foi criado era bom em sua espécie; adequado à finalidade para a qual foi designado; adaptado para promover o bem do todo, e a glória do grande Criador. Agradou a Deus fazer esta constatação com respeito a cada criatura em particular. Mas existe uma variação notável daquela expressão, com respeito a todas as partes do universo, tomadas em ligação umas com as outras, e constituindo um sistema: *Viu Deus tudo quanto fizera, e eis que era muito bom*[2]

Bondade é, portanto, uma ideia relacional para Wesley. Como os órgãos em um corpo ou as engrenagens de uma máquina, uma boa peça é uma peça que contribui para o bom funcionamento do todo. E o todo é bom quando cumpre o propósito para o qual foi projetado - o que para a criação é a glória de Deus. É por isso que a criação como um todo pode ser "muito boa", ainda melhor do que qualquer uma de suas peças. Isso faz pouco sentido se a bondade é uma qualidade estática encontrada nas coisas, mas faz todo o sentido se a bondade é uma qualidade dinâmica encontrada nos relacionamentos. Assim, enquanto a função completa e adequada da criação foi comprometida pelo pecado, Deus não está interessado em jogá-la fora e começar de novo. Em vez disso, Deus quer colocar as peças originais juntas novamente para que elas funcionem corretamente outra vez.

Esta ideia dinâmica de bondade cria uma tensão no pensamento de Wesley quando se trata da ideia de bondade final ou perfeição, que é uma concepção importante para a sua compreensão da salvação. Por um lado, Wesley às vezes descreve a criação original de Deus como perfeita de uma forma que parece ser estática. Isto acontece especialmente na forma como Wesley contrasta o mundo originalmente perfeito de Deus com o mundo imperfeito em que vivemos hoje.[3] No entanto, há outros momentos em que Wesley descreve o mundo originalmente perfeito de Deus como perfeitamente projetado para ficar ainda melhor. Por exemplo, Wesley afirmou que Deus fez os animais com uma capacidade de autoaperfeiçoamento, o que significa que o seu estado original bom poderia ficar ainda melhor.[4] Mais interessante, ele entende aquela árvore tentadora no Jardim do Éden como algo projetado por Deus para dar à humanidade uma chance de ganhar recompensas ainda maiores (mesmo que os seres humanos a tenham usado para piorar as coisas).

> 'Mas, se Adão era originalmente perfeito em santidade' (digamos *perfeitamente santo*, feito à imagem moral de Deus), 'que motivo haveria para qualquer provação adicional?' Para que houvesse espaço para santidade e felicidade adicionais. Inteira santificação não exclui crescimento. Nem o *bom estado* de todas as suas faculdades deram-lhe o direito à recompensa completa que se seguiria ao *uso correto* delas.[5]

Assim, a criação era perfeitamente boa, mas parece que isso significa que ela é perfeitamente capaz de ficar ainda melhor. A ideia de Wesley de perfeição, como sua ideia de bondade, é melhor entendida como dinâmica e o próprio Wesley admitiu que a perfeição tinha diferentes graus.[6] O fato de que algo é tão bom quanto ele pode ser agora não significa que Deus não o possa fazer ainda melhor no futuro. É esta capacidade de um crescimento cada vez maior e de um melhoramento que foi perdido na Queda e é isso que Deus procura restaurar na salvação. Uma vez restaurada, a criação continuará a melhorar para que a bondade da salvação final de Deus seja ainda melhor do que a bondade "perfeita" da criação original de Deus. Wesley reflete sobre este último estado de harmonia em seu sermão sobre *"A Nova Criação"*. Ali ele afirma que "toda a terra será, então, um paraíso muito mais bonito que Adão jamais viu"[7] e que os seres humanos desfrutarão de "um estado puro de santidade e felicidade, muito superior ao que Adão desfrutou no paraíso."[8]

Essa ideia de criação como algo projetado por Deus para crescimento e bondade relacional molda de uma maneira profunda como Wesley entende a salvação. Em primeiro lugar, isto nos lembra que toda a criação se encaixa e que o plano de redenção de Deus a inclui totalmente - e não apenas seres humanos. Em segundo lugar, apresenta uma visão positiva do mundo, em vez de uma negativa ou suspeita. No final das contas tudo que o pecado e o mal podem fazer é atrasar os planos de Deus, não frustrá-los. O mundo, sob o comando de Deus, se moverá na direção de Deus. Isso faz com que a teologia de Wesley seja uma teologia da esperança desde o início. Finalmente, tal visão da criação ancora a preocupação de Wesley para com a salvação como uma realidade aqui-e-agora, não algo que temos de esperar em um mundo futuro. Haverá mais neste futuro do que no que há agora, com certeza. Mas tudo o que Deus fará nele está intimamente ligado com o que Deus está fazendo agora.

Criação como Física e Espiritual

Há uma outra forte percepção que Wesley tem sobre a criação e esta, também, molda sua visão da salvação. É a ideia de que a criação é composta por dois elementos distintos - físico e espiritual. Cada faceta da criação tem suas próprias características, mas elas sempre trabalham juntas. Exploraremos a significância específica desta ideia nos pensamentos de Wesley sobre os seres humanos adiante, então por enquanto vamos apenas tocar em seu significado em geral.

Para Wesley, o mundo físico é o mundo dos nossos sentidos e o mundo determinado pelas leis estritas da ciência. É o mundo da matéria e é essencialmente passivo. O mundo espiritual é composto pela parte da criação que não é acessível aos nossos sentidos. É o mundo dos anjos, dos demônios e da alma humana. Este é um mundo de atividade e liberdade, embora também tenha limitações. Como vimos no último capítulo, apenas a natureza de Deus está livre de todos os limites externos, por isso até mesmo a criação espiritual tem limites.

Nós já encontramos uma implicação importante desta divisão quando olhamos para a importância da revelação para o nosso conhecimento do mundo espiritual. Dada a nítida distinção entre o físico e o espiritual, o nosso modo ordinário de conhecer as coisas (isto é, através de nossos sentidos) não pode ajudar-nos com realidades espirituais. Essas limitações são importantes para Wesley e ele escreveu dois sermões separados acerca delas.[9] Assim, mesmo que Wesley tenha uma alta estima para com o que podemos aprender através da lógica e através da nossa experiência, ele limita o seu trabalho ao mundo físico. Para acessar o mundo espiritual precisamos de "fé", que muitas vezes Wesley trata como um sentido que nos dá acesso ao mundo espiritual, na maioria das vezes através das Escrituras. Sem fé e sem a Bíblia, nem sequer saberíamos que tal mundo espiritual existe.

No entanto, enquanto a fé é necessária para que nós do mundo físico *conheçamos* o mundo espiritual, os dois mundos não são desconectados um do outro, muito pelo contrário. Fé simplesmente nos permite ver a verdade, que é que o mundo físico é dependente do espiritual e o espiritual é mediado no e através do físico. Nós já vimos isso no entendimento de Wesley acerca da providência e da natureza como a "arte de Deus", Deus em ação através de causas naturais. Na verdade, Wesley basicamente atribui *todo* o movimento no mundo físico a causas espirituais, seja este através de Deus, anjos, demônios ou as almas dos seres humanos. Nada acontece no mundo físico a menos que seja posto em prática pelo espiritual. Na verdade, ele diz que o princípio do automovimento, de ação originária, é "a diferença peculiar, entre o espírito e a matéria que é, totalmente e essencialmente, passiva e inativa, como aparece em milhares de experimentos".[10]

Deste modo Wesley não compartilha a suspeita de alguns de que os mundos espiritual e físico são supostamente antagônicos um ao outro, ou que o mundo físico é mau, enquanto só o mundo espiritual é bom. Na mente de Wesley, eles formam duas partes de um todo integrado e bom. Para ser claro, o mundo espiritual é a parte mais importante e mais duradoura, mas o mundo físico - pelo menos quando usado como Deus pretende - é projetado para promover os mesmos ideais que o mundo espiritual de relacionamento com Deus e entre as criaturas de Deus. O pecado prejudica essa interação, mas não a destrói. Quando visto com os olhos da fé, o mundo físico atesta a existência do espiritual. Na verdade, na mente de Wesley, esta parece ser uma das suas principais funções.

Uma das obras de maior peso de Wesley foi seu *Survey of the Wisdom of God in Creation, or A Compendium of Natural Philosophy* [Um Exame da Sabedoria de Deus na Criação: ou um Compêndio de Filosofia Natural]. A ordem do título e subtítulo aqui é significativa, pois mostra a abordagem geral de Wesley para com a criação. Coisas físicas podem ser interessantes por direito próprio e aprender sobre elas pode ser útil, mas seu melhor uso é apontar em direção ao Deus que as criou. Neste trabalho, que Wesley fortemente adaptou de uma fonte latina, ele examina as maravilhas da criação, do corpo humano aos animais, plantas, fósseis, a terra e os céus. Cada seção contém descrições detalhadas das partes da criação, mas estes estão relacionados de maneira designada a apontar para Deus. Ao ler o trabalho, tem-se a sensação de que Wesley sentia que o mundo era surpreendente e maravilhoso, mas o Criador deste mundo era ainda mais surpreendente. O mundo é bom, mas a bondade do mundo aponta para uma bondade maior de Deus, que está por trás e além dele. Como Wesley coloca:

> Em suma, o mundo que nos rodeia é o poderoso volume no qual Deus se declarou. Linguagens humanas e personagens são diferentes em diferentes nações. E aqueles de uma nação não são compreendidos pelas demais. Mas o livro da natureza está escrito em caráter universal, de modo que todo homem pode lê-lo na sua própria língua. Trata-se não de palavras, mas coisas que retratam as perfeições divinas... cada parte da natureza nos direciona para o Deus da natureza.[11]

Em outros lugares Wesley equilibra essa apreciação do que é frequentemente chamado de "revelação geral" com a preocupação que observamos acima - que só a "revelação especial", ou as Escrituras, pode dizer alguma coisa acerca de Deus. A combinação resultante significa que mesmo os chamados "pagãos" que não têm acesso às Escrituras ainda têm informações e graça o suficiente para saberem *que* existe um Deus. No entanto, sem as Escrituras, eles não têm como saber como esse Deus é realmente.

A interligação entre os mundos físico e espiritual tem implicações em muitas outras partes do pensamento de Wesley, como a salvação, que é tanto uma realidade física quanto espiritual e o trabalho da igreja, onde coisas como sacramentos são formas físicas que transmitem a graça espiritual. No entanto, isto fica mais claro naquela parte especial da criação, que Deus fez para ser a ponte principal entre os dois mundos e, por isso, é para a visão de Wesley acerca da humanidade que precisamos agora nos voltar.

Humanidade e a Imagem de Deus

Uma descrição abreviada favorita de Wesley para discutir a natureza essencial dos seres humanos – seja o que for que faz do ser humano verdadeiramente "humano" - era a frase bíblica "imagem de Deus". Ele tira a frase de Gênesis 1:27, mas para ele esta frase cobre muito mais do que aquilo que é dito neste versículo. Ele a usa para cobrir muitas coisas que as Escrituras revelam à humanidade sobre si mesmo. A mais importante delas, no entanto, é que os seres humanos foram criados para um relacionamento com Deus.

A "Imagem Relacional"

No seu sermão *"O Beneplácito de Deus por Suas Obras"*, Wesley reconta toda a história da criação, culminando com a criação dos seres humanos. Este é o ponto mais alto da criação de Deus, porque há algo de especial sobre a humanidade, algo que a diferencia – até mesmo a eleva – sobre o resto da boa criação de Deus. Os seres humanos são "criado[s] à imagem de Deus, e designado[s] a conhecer, amar e desfrutar de seu Criador por toda eternidade."[12] Para Wesley, estas não são duas afirmações distintas sobre a humanidade, mas duas maneiras de dizer a mesma coisa. Os seres humanos são portadores da imagem de Deus e isso significa que eles foram projetados para se relacionar com Deus e encontram a sua felicidade em Deus e somente em Deus.

De todas as criaturas de Deus - todos eles são bons - os seres humanos são, exclusivamente, bastante semelhantes a Deus por serem "capazes de Deus"[13], como Wesley coloca em outro sermão. Só eles são "pessoas" na forma que o Deus Três-em-Um é um Deus de três pessoas. A capacidade para essa relação é toda a razão pela qual Deus criou os seres humanos, em primeiro lugar.

> Tendo preparado todas as coisas para ele, Ele [Deus] "criou o homem à sua própria imagem, segundo sua própria semelhança". E qual foi o final de sua criação? Apenas um, e nenhum outro, -- que ele saiba e ame, e se regozije, e sirva ao seu grande Criador para toda eternidade.[14]

Por diversas vezes, Wesley liga a ideia de ser criado à imagem de Deus com a ideia de ser criado para um relacionamento com Deus. Em outro sermão, ele coloca de forma ainda mais simples: "Você é feito para ser feliz em Deus".[15]

Wesley é por vezes identificado como um *eudemonista*, uma palavra especial para alguém que acredita que o fim principal da existência humana é a felicidade. Para Wesley, entretanto, a felicidade para a qual foram criados os seres humanos só pode ser encontrada em um bom relacionamento com Deus. A felicidade é frequentemente procurada em partes da criação e não no Criador, mas esta busca é inútil. Isto é tão essencial para a nossa verdadeira humanidade que Wesley até mesmo diz que aqueles que não vivem a "imagem de Deus" - que se recusam a conhecer, amar e desfrutar de Deus e encontrar a sua felicidade somente em Deus - abandonaram a sua verdadeira humanidade e degradaram-se ao nível de meros animais.[16]

Este é um ponto simples, mas é impossível super-enfatizar a sua importância no pensamento de Wesley. Na sua essência, a visão de Wesley da natureza humana é relacional. Onde algumas tradições podem falar sobre os seres humanos como instrumentos – até mesmo ferramentas - que Deus usa para trazer glória para o próprio Deus, Wesley equivale "glorificar a Deus" com "ser feliz em Deus."[17] A imagem de Deus estampada na natureza humana faz com que a nossa felicidade em Deus seja possível e necessária. A nossa verdadeira humanidade é encontrada quando encontramos Deus e perdida quando perdemos o contato com Deus. Esta imagem-como-relacionamento foi danificada pela

Queda e por isso é a imagem-como-relacionamento que Deus renova na salvação.

Wesley, porém, não se contenta em simplesmente afirmar *que* os seres humanos são "capazes de Deus". Ele está interessado em *como* isso é possível. Quais são as características da natureza de Deus que Deus compartilha com a humanidade e que possibilita a humanidade a se relacionar de volta com Deus? Tomando emprestado um conjunto de ideias de Isaac Watts,[18] Wesley divide a ideia da "imagem de Deus" em três aspectos: a "imagem natural", a "imagem política" e a "imagem moral". Daremos uma breve olhada em cada uma delas.

A "Imagem Natural"

Para Wesley, a "imagem natural" de Deus na humanidade é constituída por aquelas capacidades espirituais que tornam os relacionamentos pessoais possíveis e existem três delas: a compreensão, a vontade e a liberdade. Estas não são, necessariamente, exclusivas aos seres humanos - animais a possuem em certo grau[19] e os anjos e demônios as possuem também.[20] Elas são, no entanto, meios indispensáveis pelos quais conduzimos nossos relacionamentos pessoais com Deus e com outros. Sem elas, tais relações não são possíveis.

No seu sermão *"O que é o homem?"* Wesley reflete um pouco sobre a natureza encarnada da humanidade - um ponto ao qual voltaremos abaixo - e, em seguida, começa a explorar o lado espiritual da humanidade com estas palavras:

> Mas, além desta estranha composição dos quatro elementos, - terra, água, ar e fogo, - eu encontro alguma coisa em mim de uma natureza completamente diferente; nada semelhante a algum desses. Eu encontrei alguma coisa em mim que *pensa*... Tendo percebido objetos, por alguns desses sentidos, ela forma ideias interiores deles. Ela *julga*, concernente a eles... Ela *raciocina* concernente a eles... Ela reflete sobre suas próprias operações; ela é protegida de imaginação e memória.[21]

Isto é o que Wesley entende por "entendimento", algo que praticamente equivale a visão de Aristóteles da razão como nos defrontamos anteriormente. Esta é uma qualidade espiritual, não física (matéria não *pensa*, de acordo com Wesley) e por isso é fundamentalmente ligada à natureza de Deus. Para Wesley, a capacidade de conhecimento é uma das coisas que faz os relacionamentos pessoais possíveis. É o que marca a diferença entre envolver-se com algo fora de nós mesmos ou simplesmente reagir a ele. Todos os tipos de criaturas reagem ao seu ambiente, mas Deus deu aos seres humanos a capacidade de entender. Isso permite que seus encontros com outros e com Deus se transformem em relacionamentos. Na verdade, Wesley parece pensar que o entendimento buscado para o seu próprio bem - fora do contexto de relacionar-se bem com Deus e outros - pode facilmente transformar-se em "idolatria espiritual" e acabar fazendo mais mal do que bem.[22]

Depois de algumas especulações sobre onde no corpo físico a característica espiritual do pensamento pode residir, Wesley continua sua reflexão da seguinte forma:

> Este princípio interior, onde quer que esteja situado, é capaz, não apenas de pensar, mas igualmente de amar, odiar, sentir alegria, tristeza, desejo, medo, esperança, e ai por diante, uma série de outras emoções interiores, que são comumente chamadas de 'paixões' ou 'afeições'. Elas são denominadas, por um entendimento geral, de 'vontade': e são misturas e diversificadas em milhares de maneiras; parecendo ser a única fonte de ação no princípio interior que eu chamo de 'alma'.[23]

A "vontade" para Wesley é o que nos faz querer coisas ou querer fazer coisas. Enquanto em seres humanos, essas emoções ou desejos são sempre incorporados fisicamente, Wesley vê o fato do desejo como uma herança espiritual, parte da imagem de Deus. É aqui que Wesley localiza a possibilidade do amor na vida humana e nós já vimos como é central esta ideia na concepção de Wesley acerca de Deus. Desde a Queda, é claro, outros desejos surgiram que levam a humanidade para longe de um relacionamento correto com Deus e com outras pessoas, mas isso deve ser visto como uma corrupção de nossa natureza humana, não uma expressão dela. Aos seres humanos foi dada a capacidade de desejo para que pudessem amar a Deus e amar o próximo. Configurar a vontade de forma correta, como veremos, é uma boa dose do que Wesley acredita ser o trabalho da santificação de Deus.

A terceira característica da nossa natureza humana que deriva da natureza de Deus é aquela que faz com que os seres humanos sejam pessoas responsáveis (e capazes de responder). Essa é a propriedade da independência ou liberdade. Em certo sentido, este é o eixo central da antropologia teológica de Wesley, o pivô sobre o qual toda a sua teologia gira. Se a humanidade não tivesse liberdade, Wesley diz: "todo o restante teria sido em vão, e ele não seria mais capaz de servir ao seu Criador do que um punhado de terra, ou um pedaço de mármore."[24] Continuando no sermão *O que é o homem?* Wesley descreve desta maneira:

> Eu estou consciente de mais uma propriedade, comumente chamada de liberdade. Ela é muito frequentemente confundida com a vontade; mas é de uma natureza muito diferente. Nem se trata de uma propriedade da vontade, mas uma propriedade distinta da alma... É um poder de autodeterminação... Eu estou completamente certo disto, de que eu sou livre, com respeito a isso, para

falar ou não falar; para agir ou não agir; fazer isto ou ao contrário, como eu sou de minha própria existência... E embora eu não tenha poder absoluto sobre minha própria mente, por causa da corrupção de minha natureza; ainda assim, através da graça de Deus me assistindo, eu tenho o poder de escolher e fazer o bem, tanto quanto o mal. Eu sou livre para escolher a quem servir; e se eu escolho a melhor parte, para continuar nela, até mesmo na morte.[25]

Como observamos acima, Wesley acreditava que a matéria era inerte e só o espírito era capaz de iniciar a ação. Liberdade, então, é a qualidade que faz com que isso aconteça. Onde o entendimento nos permite saber o que está lá fora e a vontade nos dá motivação na direção ou para longe do que sabemos; é a liberdade que exerce a opção de agir.

Wesley é sensível ao fato de que muitas pessoas confundem liberdade e vontade, porque as pessoas tendem a escolher o que desejam. Wesley, entretanto, impõe uma distinção entre elas, uma distinção que é importante para o seu ponto de vista acerca da renovação da imagem de Deus na salvação. A liberdade é influenciada pelo entendimento e pela vontade, mas não é dominada por eles. Como ele diz na citação, ele é livre para escolher o bem ou o mal. O conhecimento do bem nem sempre nos leva a fazer o bem e as pessoas podem conhecer o bem e ainda fazer o mal porque Deus as fez livres. Entretanto, assim como nós somos livres para seguir os nossos desejos, também somos livres para frustrá-los. Liberdade, portanto, não é fazer o que queremos fazer - esta é exatamente a confusão que Wesley quer evitar. Às vezes, especialmente em nosso estado caído, queremos as coisas erradas. Wesley vai comparar a liberdade de apenas fazermos o que queremos com a liberdade dos demônios no inferno[26] e não a liberdade das pessoas criadas à imagem de Deus.

Outro aspecto da compreensão de Wesley acerca da liberdade é que ela está sempre ligada à prestação de contas, o que se poderia esperar já que a liberdade foi projetada para funcionar em relacionamentos. É a liberdade que nos torna capazes de responder e, portanto, sermos responsáveis. Nós exercemos a nossa liberdade humana dentro de um quadro de consequências, em parte estabelecido por Deus e em parte criado por outros seres humanos. Assim, por exemplo, Wesley vai argumentar pela liberdade religiosa na sociedade porque cada pessoa é responsável perante Deus, e Deus somente, pela forma como ele ou ela adora.[27] No entanto, as pessoas devem obedecer às leis racionais que são estabelecidas pela sociedade humana, pois exercer as escolhas fora desses limites não é liberdade, mas sim "libertinagem".[28] Esta ideia também vai moldar a forma como Wesley entende a nossa plena humanidade - a nossa imagem de Deus — que nos será restaurada na obra da santificação de Deus.

Um último aspecto da conexão de liberdade à imagem natural de Deus na humanidade refere-se ao equilíbrio entre as escolhas humanas e divinas no processo da salvação. Wesley e seus seguidores sempre foram acusados por seus oponentes calvinistas do que é conhecido como "heresia pelagiana". Esta é a crença de que os seres humanos têm liberdade suficiente para escolher ou rejeitar Deus sem a ajuda de Deus. Especialmente no protestantismo, esta posição parece contradizer a mensagem do evangelho de que, como seres humanos, não podemos fazer nada para salvar a nós mesmos. Tudo na salvação acontece pela graça e somente pela graça. Muitos temiam que a atenção de Wesley para a liberdade humana poderia comprometer a obra de Deus e fazer da salvação uma questão de obras humanas.

Wesley lutou essa batalha toda a sua vida. Voltaremos a esta questão quando olharmos para o seu ponto de vista acerca da graça, mas por enquanto podemos apontar para a distinção de Wesley entre a imagem natural, como ela primeiro apareceu em Adão e a imagem natural que somos capazes de recuperar hoje. De acordo com Wesley, Adão era basicamente um pelagiano. Foi-lhe dada a graça suficiente em sua própria criação para seguir o seu perfeito entendimento e sua perfeita vontade para um uso perfeitamente obediente de sua liberdade diante de Deus. Entretanto, ele não o fez e como consequência já não temos a sua liberdade original. Se alguma liberdade nos é restaurada, ela o é apenas através da graça. É por isso que Wesley mencionou a citação acerca da liberdade anteriormente: "através da graça de Deus me assistindo". A diferença entre Calvino e Wesley não é uma diferença entre a graça como o trabalho de Deus e a liberdade como o nosso. A diferença é se a graça de Deus realiza a salvação por conta própria ou restaura-nos a uma liberdade suficiente para cooperarmos. Como observamos acima, a liberdade que Deus originalmente deu a Adão e a liberdade que Cristo restaura em nós é projetada para funcionar em direção a um fim particular e isso é o relacionamento adequado com Deus que resulta em relacionamentos adequados com outros seres humanos e com o resto da ordem criada por Deus.

A Imagem Política

Wesley dá menos atenção para a ideia de que os seres humanos são criados à imagem política de Deus do que ele faz com a imagem natural e a imagem moral, e muitos intérpretes de Wesley têm notado os problemas que podem surgir a partir desta negligência.[29] No entanto, ele menciona o assunto e tem algumas implicações importantes para a forma como a humanidade se relaciona com Deus e com o restante da criação de Deus.

Wesley usa o termo "imagem política" para designar o papel da humanidade como "o governador deste mundo inferior, tendo 'domínio sobre os peixes do mar e sobre toda a terra'."[30] Em outros lugares Wesley resume a sua discussão acerca da imagem de Deus na humanidade salientando que Deus escolheu governar a ordem criada através da humanidade, "De modo que o homem era o representante de Deus sobre a terra; o príncipe e o governador do mundo; e todas as bênçãos de Deus fluíam, através dele, para suas criaturas inferiores. O homem era o canal de comunicação entre seu Criador e toda a criação bruta."[31] A imagem política, então, refere-se à forma como os seres humanos exercem o poder e como eles mediam as bênçãos da regra espiritual de Deus para o resto da criação física de Deus.

Uma implicação disto é que Deus quer que os seres humanos usem o seu poder do modo que Deus faz. Há uma diferença entre "domínio" e "dominação". Assim como Deus sempre age para o bem de tudo o que está sob o poder de Deus, assim também os seres humanos foram criados para usar o seu poder para o bem deste "mundo inferior" do qual eles foram feitos governadores. Na criação original e boa de Deus, o poder foi feito para ser usado de maneira amorosa - ao invés de egoísta. Wesley faz esse ponto por meio de contraste, uma vez que o mundo em que vivemos sofre pelo mau uso do poder que foi confiado a humanidade. Por que toda a criação está inter-relacionada, toda a criação é prejudicada pela falha da humanidade em viver a sua imagem política de Deus. Em particular, o pecado da humanidade significa que eles não podem mais mediar a bênção de Deus para o resto da criação e assim toda a criação sofre. Por enquanto a criação está sujeita aos desejos egoístas - a "dominação" - dos seres humanos, ao invés de se beneficiarem de sua atenção amorosa - o seu "domínio". É por isso que "toda a criação geme" (Rm 8:22). Entretanto, Deus corrigirá tudo isso na redenção final de todas as coisas e assim a criação também espera.[32]

Deste modo, a ideia de Wesley acerca da imagem política de Deus está ligada ao seu conceito de mordomia. Wesley descreve o tipo de "poder" que foi "emprestado" por Deus aos seres humanos como o poder de um "mordomo". Tudo neste mundo material só foi confiado à humanidade por um tempo para que os seres humanos possam orientar tudo em direção aos propósitos de Deus - não ao seu próprio. Wesley explora este tema em detalhes em seu sermão *O Mordomo Fiel*[33], mas está também trabalhando na forma como ele aborda ministério e paternidade.[34] Deus compartilha poder com a humanidade não para que os seres humanos possam fazer o que quiserem, mas para que possam ter a oportunidade de imitar a Deus e trabalhar para o benefício daqueles que estão sob seu poder. Uma vez que, fundamentalmente, Deus é quem possui todo o poder, Deus julgará todo o uso deste poder, recompensando aqueles que o utilizaram bem e punindo aqueles que o utilizaram mal.

Embora Wesley não ligue explicitamente as suas preocupações acerca da imagem política de Deus nos seres humanos à ordem política humana, ambos ainda encaixam-se bem conjuntamente. Wesley tem uma visão negativa das formas democráticas e republicanas de governo e ele endossa explicitamente a ideia de uma monarquia limitada. Parte da razão para isto tem a ver com a mordomia do poder, que é mais fácil de articular no segundo caso do que no primeiro. Parece uma abordagem à política bem wesleyana dizer que deve-se governar os seres humanos como Deus o faz, usando o poder apenas para o benefício daqueles confiados a nossa atenção.

A Imagem Moral

Para Wesley o terceiro aspecto da imagem de Deus é a imagem moral. Em certo sentido, este é o mais importante para Wesley. Onde a imagem natural de Deus lida com a capacidade da humanidade como um reflexo de Deus e a imagem política de Deus lida com a função da humanidade, a imagem moral lida com o caráter da humanidade, que também foi projetada para ser como o de Deus. De fato, a imagem moral dá a orientação correta para os outros dois.[35] A articulação de Wesley acerca dessa imagem merece ser citada em detalhes:

> 'E Deus', o Deus Trino, 'disse: façamos o homem à nossa imagem e segundo nossa semelhança. Assim Deus criou o homem à sua própria imagem, à imagem de Deus o criou" (Gn. 1:26-27); não meramente à sua *imagem natural*...; não meramente à sua *imagem política*... mas principalmente à sua *imagem moral* que, no dizer do apóstolo, é 'justiça e verdadeira santidade' (Ef. 4:24). Segundo essa imagem o homem foi feito. 'Deus é amor': consequentemente, o homem, ao ser criado, estava cheio de amor, que era o único móvel de todas as suas disposições, pensamentos, palavras e atos. Deus é cheio de justiça, misericórdia e verdade: assim era o homem ao sair das mãos de seu Criador. Deus é imaculada pureza: e assim era o homem no começo, puro de toda mancha pecaminosa; de outro modo Deus não o teria achado, assim como a todas as demais obras de suas mãos, 'muito bom' (Gn. 1:31).[36]

Esta citação vem do início de um dos sermões mais famosos de Wesley acerca da salvação e revela o ponto de partida de Wesley para a abordagem deste tópico. Como observamos acima, Wesley não começa com a ideia de como a humanidade é pecadora agora; ele começa com as criaturas gloriosas que Deus as criou para serem. Claro, o assunto do sermão é sobre como voltarmos aquilo, agora que perdemos essa identidade por causa da Queda e por causa do pecado, mas essa diferença do ponto de partida é muito importante.

Repetidas vezes, ao longo de seus sermões, Wesley articula sua visão acerca da salvação e redenção como a restauração ou a renovação da imagem de Deus nos seres humanos. O que Deus faz na salvação está intimamente ligado ao que Deus fez na criação. Como veremos no próximo capítulo, a tragédia do pecado para Wesley implica mais do que a ameaça de punição futura, porque violamos a lei de Deus. A tragédia é que perdemos nossa verdadeira identidade, desperdiçando a nossa herança, como ela era.[37] A boa notícia, porém, é que Deus quer nos ajudar a conseguir isso de volta.

Exploraremos os pensamentos de Wesley acerca da salvação em mais detalhes nos próximos capítulos, mas é útil aqui mostrar como eles estão enraizados em sua percepção sobre a humanidade. Muitas pessoas sentem que coisas como "a retidão e santidade" são alheias à natureza humana, disposições exteriores que teriam de ser importadas (ou imputadas) de alguma fonte externa, ou seja, Deus. A natureza humana, nessa visão, é a natureza humana caída. O que quer que Adão poderia ter sido é irrelevante para nós. Wesley, no entanto, tem uma visão diferente. Para ele, a essência da humanidade encontra-se em ser criada à imagem de Deus. Isso significa que é "natural" para os seres humanos refletir a retidão e santidade de Deus, bondade moral, misericórdia, justiça e outros. Essas qualidades não são estranhas à natureza humana; elas são exatamente o que a natureza humana era para ser. O pecado é a coisa antinatural. Nós não pecamos porque somos humanos. Pelo contrário, pecamos - como nossos primeiros pais fizeram - porque escolhemos ser algo menos do que humanos. A insistência de Wesley acerca da imagem moral de Deus estampada na natureza humana define uma visão da salvação muito maior do que simplesmente declarar ser inocente aquele que era culpado - por mais importante que seja, como um ponto de partida. A salvação é nada menos que uma recuperação da nossa plena humanidade, para que possamos viver como Deus planejou, "a conhecer, amar, e desfrutar" de nosso Criador.[38]

Esta, então, é a maneira como Wesley vê a humanidade como criada à imagem de Deus. Fomos criados para viver em um relacionamento correto com Deus, com os outros e com o resto da criação de Deus. Para que isso aconteça, Deus nos deu entendimento, vontade e liberdade (a imagem natural); Deus compartilhou o poder de Deus conosco e nos convidou a sermos mordomos sobre tudo o que Deus fez (a imagem política); e Deus estampou o próprio caráter de Deus de amor, retidão e santidade (a imagem moral) sobre nós. A tragédia do pecado é que os seres humanos degradaram esta imagem, fazendo as coisas à sua própria maneira. A glória da salvação é que Deus quer restaurar esta imagem para que possa florescer novamente.

Humanidade como "Espíritos Encarnados"

Enquanto Wesley articula a maior parte de suas ideias-chave sobre o que significa ser humano através de seu conceito de imagem de Deus, há uma que Wesley trata separadamente. É a ideia de que os seres humanos são uma combinação única desses dois elementos da criação que examinamos acima - o espiritual e o físico. Nós somos "espíritos encarnados", diz Wesley. Então, antes de deixarmos a visão de Wesley acerca dos seres humanos, precisamos explorar o que isso significa para a nossa natureza humana.

A ideia de que temos uma alma, ou que *somos* uma alma, parecia óbvia a Wesley. Afinal de contas, somos capazes de autodeterminação e automovimento, e as coisas puramente materiais não podem fazer isso. Essa alma é a sede da identidade humana - o que nos torna únicos como indivíduos[39] – a qual tem sido dada imortalidade por Deus e por isso existirá pela eternidade.[40] Estas eram crenças comuns nos dias de Wesley e por isso ele pouco argumenta acerca delas. A parte interessante do entendimento de Wesley é a forma como ele vê as almas como sempre "encarnadas" e as implicações que isso tem para a salvação e a "vida espiritual".

Wesley viu nossa encarnação humana simplesmente como uma característica da maneira como Deus nos criou. Uma vez que Wesley sabia que tudo no mundo material era bom, ele sabia que os nossos corpos físicos eram bons também.[41] Ele não foi tentado a pensar que os nossos corpos são de alguma forma maus, ou que são físicos porque estamos caídos. Ele livremente reconhece que nosso estado caído muitas vezes faz com que a nossa natureza física seja onerosa, mas para Wesley isso é um problema do pecado, não um problema da encarnação. Wesley acreditava que seríamos espíritos encarnados mesmo na nova criação que durará para sempre. "Na verdade," Wesley escreve, "neste momento, este corpo está tão intimamente ligado com a alma, que eu pareço consistir de ambos. Em meu presente estado de existência, eu indubitavelmente consisto de alma e corpo. E assim, eu devo novamente, depois da ressurreição, para toda a eternidade."[42]

Esta interconectividade significa que vivenciamos os aspectos físicos e espirituais da nossa existência conjunta. Causas físicas podem ter efeitos espirituais e causas espirituais podem ter efeitos físicos, e isso molda a forma como abordamos tanto a nossa vida física quanto a espiritual. Por um lado, a nossa natureza caída impacta a maneira como a imagem de Deus pode expressar-se em nós.

Por mais que possamos desejar o contrário, é simplesmente uma característica da nossa existência composta:

> E, por triste experiência, nós verificamos que este *'corpo corruptível pressiona a alma para baixo'*. Ele frequentemente oculta a alma em suas operações e, na melhor das hipóteses, a serve muito imperfeitamente. Ainda assim, a alma não pode dispensar seus serviços, imperfeitos como eles são. Pois um espírito sem corpo não pode formar um pensamento, a não ser com a mediação de seus órgãos corpóreos. Pois pensar não é, como muitos supõem, o ato de um espírito puro, mas o ato de um espírito conectado a um corpo, e atuando sobre um conjunto de chaves materiais.[43]

Por outro lado, Deus também usa a nossa natureza física de forma que esta venha a fortalecer a nossa natureza espiritual. Wesley prega um sermão inteiro sobre *"O Dever da Comunhão Constante"*, em que ele encoraja seus ouvintes a participarem da Santa Ceia do Senhor - uma expressão muito física de adoração – o máximo que puderem porque, em suas palavras "Assim como nossos corpos são fortalecidos, através do pão e vinho, também são nossas almas, através desses símbolos do corpo e sangue de Cristo."[44] Para Wesley, o ato físico de tomar a comunhão está inseparável dos benefícios espirituais que ela confere.

Naturalmente, esta interconectividade pode funcionar para o outro lado também, do espiritual para o físico. Wesley afirma que muitas aflições físicas têm causas espirituais. De acordo com Wesley, as paixões desordenadas que fluem de nossa vontade corrompida podem causar doenças[45] e ele também acredita que muitas doenças - a doença mental, especialmente - são diretamente causadas por forças demoníacas.[46] É por isso que Wesley acredita que "Nenhum homem pode ser um médico completo sem ser um cristão experiente."[47]

Todavia, um fluxo positivo do espírito para o corpo também é possível. Wesley pensa que possuir uma vida espiritual saudável também promove, tanto quanto qualquer outra coisa, uma saúde física. Como ele observa, no encerramento de sua introdução ao *Primitive Physick*:

> O amor de Deus, sendo o remédio soberano de todas as misérias, assim, particularmente, impede efetivamente todos os distúrbios corporais introduzidos pelas paixões, mantendo as próprias paixões dentro dos devidos limites. E através do gozo inefável, perfeita calma, serenidade e tranquilidade que dá a mente, torna-se o mais poderoso de todos os meios de saúde e vida longa.[48]

Se os seres humanos *são* espíritos encarnados, e Deus irá salvá-los como tal, então a salvação terá ambos efeitos físicos e espirituais. Algumas tradições cristãs concentram-se apenas nos efeitos espirituais da obra de Deus. Isto muitas vezes implica uma visão da salvação como "ir para o céu quando morrer" e isso pode fazer pouca diferença na vida do dia-a-dia. Outras tradições cristãs concentram -se tanto nas questões físicas aqui e agora - talvez enfatizando coisas como a justiça social ou como viver uma vida feliz - que as questões espirituais são de pouca importância. A visão de Wesley acerca dos seres humanos, ao contrário, oferece uma visão equilibrada que evita estes extremos. Assim, por exemplo, uma dieta adequada e exercícios andam de mãos dadas com a adoração e devoções espirituais como parte da vida como espíritos encarnados. Quando alguém está doente, tanto se ora por sua cura como o leva a um médico. Dentro da experiência humana, o espiritual e o físico, o sagrado e o "secular" são realidades distintas mas são encontradas sempre juntas. Nós sempre vivemos com um pé em cada um desses mundos.

Então estes são os contornos básicos das percepções biblicamente fundamentadas de Wesley sobre o que significa ser humano - ou pelo menos o que então significava ser quando Deus criou a humanidade. Algo, no entanto, deu errado e não nos encontramos vivendo hoje nesta situação bem-aventurada que esta imagem da natureza humana nos pinta. Esse "algo" é o pecado. O que é e como que tem comprometido a nossa natureza humana dada por Deus é o assunto do próximo capítulo.

Notas bibliográficas

[1] Sermão 56, "O Beneplácito de Deus por suas Obras", §II.2.

[2] *Ibid.*, §1.

[3] *Ibid.*, §II.3. Veja também o Sermão 61, "O Mistério da Iniquidade" §2 e o Sermão 141, "A Imagem de Deus", §I.2 (Ed. Bicentenário 4:294). Nota do tradutor: Os editores renumeraram os sermões na edição do Bicentenário das Obras de Wesley. Esta edição ainda não foi publicada e incluirá materiais nunca antes publicados, sendo um deles o Sermão 141 "A Imagem de Deus".

[4] Sermão 56, "O Beneplácito de Deus por suas Obras", §13.

[5] *"A Doutrina do Pecado Original, Parte II*, §VI.2 (Ed. Bicentenário 12:300), trad. nossa.

[6] Sermão 40, "A Perfeição Cristã", §I.9.

[7] Sermão 64, "A Nova Criação", §16.

[8] *Ibid.*, §18.

[9] Sermão 69, "A Imperfeição do Conhecimento Humano" (Ed. Bicentenário 2:567-86) e Sermão 70, "O Caso da Razão imparcialmente considerado", (2:587-600).

[10] Sermão 60, "O Livramento Geral", §I.1.

[11] *"A Survey of the Wisdom of God in Creation: A Compendium of Natural Philosophy"*, §II.6.9. http://wesley.nnu.edu/john-wesley/a-compendium-of-natural-philosophy/ [Acessado no dia 31 de janeiro de 2014], trad. nossa.

[12] Sermão 56, "O Beneplácito de Deus por suas Obras", §I.14.

[13] Sermão 60, "O Livramento Geral", §I.5.

[14] Sermão 109, "O Que É o Homem?" Parte 2 §13.

[15] Sermão 114, "A Unidade do Ser Divino", (EO, n.120), §10.

[16] Sermão 60, "O Livramento Geral", §III.11.

[17] Sermão 114, "A Unidade do Ser Divino", (EO, n. 120), §10.

[18] Isaac Watts, The Ruin and Recovery of Mankind (1740).

[19] Sermão 71, "Dos Anjos Bons", §I.1 e o Sermão 72, "Dos Anjos Maus", §I.1.

[20] Sermão 71, "Dos Anjos Bons", §I.1 e o Sermão 72, "Dos Anjos Maus", §I.1.

[21] Sermão 109, "O que é o Homem?" Parte 2, §5.

[22] Sermão 78, "Idolatria Espiritual", §§13-14.

[23] Sermão 109, "O que é o Homem?" Parte 2, §7.

[24] Sermão 60, "O Livramento Geral", §I.1.

[25] Sermão 109, "O que é o Homem?" Parte 2, §11.

[26] "Some Observations on Liberty", §34 (Jackson 11:105).

[27] "Thoughts Upon Liberty", §16 (Jackson 11:37-38).

[28] Ibid., §22 (11:42)

[29] Veja especialmente o trabalho de Theodore R. Weber, "Politics In the Order of Salvation: Transforming Wesleyan Political Ethics", Nashville: Kingswood Books, 2001 e Theodore Runyon, "New Creation: John Wesley's Theology for Today", Nashville: Abingdon, 1998.

[30] Sermão 45, "O Novo Nascimento", I, §1.

[31] Sermão 60, "O Livramento Geral", §I.3.

[32] NNT, Romanos 8:19.

[33] Sermão 51, "O Mordomo Fiel".

[34] Sermão 97, "Sobre a Obediência aos Pastores" e Sermão 95, "Sobre a Educação das Crianças".

[35] Sermão 62, "A Finalidade da Vinda de Cristo", §I.7.

[36] Sermão 45, "O Novo Nascimento", I, §1. Os colchetes contêm as notas de Wesley.

[37] NNT, Lucas 15:11-32 [A Parábola do Filho Pródigo]

[38] Sermão 56, "O Beneplácito de Deus por suas Obras", §I.14.

[39] Sermão 109, "O que é o Homem?" Parte 2, §10.

[40] Sermão 54, "Sobre a Eternidade" §7.

[41] Veja, por exemplo, a exuberante descrição de Wesley de como os quatro elementos: terra, água, ar e fogo trabalham perfeitamente juntos no corpo humano criado por Deus no Sermão 57, "Sobre a Queda do Homem", §II.1.

[42] Sermão 109, "O Que É o Homem?" Parte 2, §10.

[43] Sermão 57, "Sobre a Queda do Homem", §II.2.

[44] Sermão 101, "O Dever da Comunhão Constante", §I.3. Este sermão parece ter sido muito adaptado a partir de uma outra fonte, mas Wesley endossa completamente as ideias expressadas.

[45] Prefácio de Primitive Physick, (Jackson 14:307-16).

[46] Sermão 72, "Dos Anjos Maus", §II.13.

[47] Journal, (Ed. Bicentenário 21:191), trad. nossa.

[48] Prefácio de Primitive Physick, §VI.5. (Jackson 14:316), trad. nossa.

CAPÍTULO ONZE

Pensamentos de Wesley acerca do Pecado

A última parte que precisamos apresentar antes que possamos nos envolver com os pensamentos de Wesley sobre a salvação – o elemento central de sua teologia - é a ideia de pecado. Dada a elevada visão de Wesley acerca da bondade da criação original de Deus, podemos ver que o pecado não era parte do plano original de Deus. Se o pecado não tivesse acontecido, não haveria a necessidade de salvação. Porém, o pecado aconteceu e o mundo em que vivemos hoje não é o mundo que foi originalmente criado para ser. Em muitos dos sermões evangelísticos de Wesley, ele começava por delinear o problema no qual ele estava abordando antes de passar a oferecer a solução de Deus para aquele problema, e assim, começando a história do drama da salvação com o pecado é simplesmente seguir a própria abordagem de Wesley.

Começaremos o nosso exame dos pensamentos de Wesley acerca do pecado observando a sua compreensão acerca da Queda, que é onde o pecado começou; e do "pecado original", a forma como os efeitos dessa Queda nos são passados hoje. Olharemos então para o próprio pecado, destacando a sua natureza como a corrupção da imagem de Deus em nós. Esta corrupção é exibida em nossos atos de rebelião, mas brota de uma fonte mais profunda. Com o entendimento de Wesley a respeito da nossa condição caída, então, iremos finalmente estar preparados para ouvir as Boas Novas como Wesley desejava proclamar.

A Queda

Até este ponto temos permitido que Wesley pinte um quadro muito positivo da bondade relacional do Deus eterno, da criação e dos seres humanos criados à imagem de Deus. Esta pintura, no entanto, está em desacordo com a nossa experiência. O nosso mundo parece estar cheio de maldade. A menos que Wesley esteja descrevendo um mundo de fantasia muito distante do nosso, algo deve ter acontecido para fazer com que o mundo que Deus fez - um mundo bom, projetado para ficar ainda melhor – caminhe tão longe de seu curso. Para Wesley, isto foi a Queda.

Na leitura de Wesley da Bíblia, a Queda é, sem dúvida, um evento histórico e é o evento que explica porque o mundo hoje não é como deveria ser. Isso explica porque a nossa experiência está contaminada e não pode ser totalmente confiável fora da correção que as Escrituras lhe dá. Isto explica porque existe a morte, a dor e a distância de Deus e não apenas entre os seres humanos, mas em toda a ordem criada. E apresenta-nos os obstáculos fundamentais que a obra salvadora de Deus deve superar a fim de restaurar aos seres humanos e ao resto da criação de Deus a sua bondade original e até mesmo levá-la mais longe.

A dinâmica da Queda parece ser bastante simples, na visão de Wesley, embora não menos trágica. Adão e Eva foram criados completamente bons, com uma reflexão "perfeita" da imagem de Deus em todas os seus aspectos - natural, política e moral. No início, eles demonstraram perfeitamente esta imagem e por isso tiveram um conjunto perfeito de relacionamentos - com Deus, um com o outro e com o resto da ordem criada por Deus. Entretanto, parte dessa perfeição era o dom da liberdade ou autodeterminação. Este dom foi projetado para ser exercido pelo homem e pela mulher em amor, a orientação original pela qual Deus os criou e na qual eles deveriam viver e ser felizes. Sendo criado para amar significava que eles deveriam orientar-se para o exterior: em direção a Deus, um ao outro e à criação na qual eles foram criados para administrar. Se tivessem mantido esta orientação e exercido a sua liberdade corretamente, tudo teria funcionado da maneira que Deus havia inicialmente pretendido. Mas para a liberdade ser real, tinha que ser testada.

> A liberdade do homem requeria necessariamente que ele devesse ter alguma provação; do contrário não teria a escolha de resistir ou não, isso de modo algum é liberdade. Para esta provação necessária, Deus disse-lhe: 'De toda árvore do jardim comerás livremente, mas da árvore do conhecimento do bem e do mal, dela não comerás'.[1]

Assim, o funcionamento pleno da liberdade exigia que uma escolha fosse colocada perante Adão e esta escolha seria articulada por uma lei, um limite inscrevendo o relacionamento que ele tinha com Deus. Assim, o amor de Deus para com Adão expressava-se em dar a Adão a liberdade de amar a Deus em retorno. À luz deste limite, Adão poderia optar por manter o relacionamento intacto ou rompe-lo. É importante notar que, para Wesley, foi o relacionamento, muito mais do que o fruto, que estava realmente em questão naquela ordem.

É claro que todo mundo sabe o que aconteceu em seguida. Inexplicavelmente, Adão e Eva usaram seu dom da liberdade para afastarem-se de Deus e concentrarem-se em si mesmos. Este afastamento quebrou o relacionamento deles com Deus e isto, por sua vez, os levou a violar a lei de Deus. A violação relacional veio primeiro, para Wesley e segundamente a violação da lei.[2] Este ato foi o evento que moveu a criação para longe do estado bom em que ela foi criada em direção ao estado propenso ao mal que experimentamos. Para Wesley, toda dor, mal, pecado e a morte está enraizada neste mau uso da liberdade. Deus deu aos seres humanos a liberdade para que estes pudessem ser capazes de amar e eles eram plenamente capazes de exercer a sua liberdade de forma perfeitamente amorosa.[3] Mas o dom da liberdade também implicava o risco do mal. Mas esse era um risco que Deus estava aparentemente disposto a assumir.

Quando Adão e Eva escolheram ser egoístas ao invés de amorosos, eles romperam seu relacionamento com Deus, um para com o outro e com o mundo de uma forma que não poderiam reparar. Todas as outras consequências de seu pecado, tanto para eles quanto para seus descendentes, fluíram a partir deste rompimento. Assim, eles perderam tanto o seu bom relacionamento com Deus (o "favor de Deus", como Wesley chama) quanto a imagem de Deus, que fez essa relação possível.[4] Contudo, antes de olharmos no modo pelo qual nossa condição atual deriva desses eventos, temos que dizer algo sobre como Wesley entendeu a Queda no grande plano da redenção.

Wesley é sensível à acusação de que Deus tem, de alguma forma, culpa pelo mal que resultou da Queda porque Deus sabia que iria acontecer e Deus poderia ter evitado isso. Wesley reconhece que estas declarações são verdadeiras, mas ele afirma que Deus escolheu permitir a Queda, porque Deus planejou trazer um bem maior e eterno destes males menores e temporários. Porque Deus permitiu a Queda, temos a demonstração do amor de Deus por nós em Cristo, o que não teríamos de outro modo. Temos também a promessa de Deus de que as coisas eventualmente se tornarão melhores do que a "perfeição" originalmente criada por Deus (como observamos no capítulo anterior). Wesley, então, parece ser um defensor da ideia da Queda muitas vezes rotulada como *"felix culpa"* (latim para "culpa feliz"). Esta tradição entende que a própria Queda não é uma coisa boa, mas é algo, por assim dizer, que Deus retroativamente torna bom, por causa do bem que Deus eventualmente traz com isso.

Pecado Original

Por causa da Queda, Wesley acredita que nós, seres humanos, hoje herdamos as condições do relacionamento rompido que Adão e Eva criaram. Seguindo sua tradição anglicana, ele chamou essa condição caída herdada de "pecado original". Embora ele tenha descrito a natureza e o efeito do pecado original de forma diferente em momentos distintos de sua vida, o *fato* em questão sempre foi importante para ele - tão importante que não se podia ter o cristianismo sem ele.

O cristianismo tradicional estava sob crescente ataque pela opinião intelectual da Inglaterra no século XVIII, mesmo havendo um grande número de pessoas comuns respondendo a mensagem de Wesley. Uma grande parte deste ataque intelectual era a respeito da afirmação da bondade humana e da capacidade humana. Alguns intelectuais estavam começando a afirmar que, se a sociedade pudesse educar as pessoas bem o suficiente, uma boa sociedade surgiria naturalmente. Assim que as pessoas soubessem o bem que elas deveriam fazer, elas naturalmente o fariam. Nesse caso, os seres humanos eram donos do seu próprio destino e não fazia muito sentido falar sobre a "necessidade de serem salvos". Havia até mesmo alguns que viam a ideia de um Deus que pune as pessoas por fazerem o mal e as recompensa por fazerem o bem, como uma forma "primitiva" da moralidade que precisava desaparecer para que o verdadeiro florescimento humano surgisse.

A leitura de Wesley da Bíblia, no entanto, deu-lhe poucas razões para consentir com esta análise. Na verdade, encorajou-lhe a uma crença oposta. Sua interpretação mais sucinta daquela realidade foi o seu sermão *"O Pecado Original"*[5], concebido como uma explicação de Gênesis 6:5 "O Senhor viu que a perversidade do homem tinha aumentado na terra e que toda a inclinação dos pensamentos do seu coração era sempre e somente para o mal". (NVI). Wesley interpretou este versículo significando duas coisas. Em primeiro lugar, a condição caída que herdamos de nossos primeiros pais afeta a todos, sem exceções. Não há "boas pessoas", de modo que não há ninguém que não precise da salvação que Deus oferece em Cristo.[6] Em segundo lugar, não só o pecado original afeta a todos, ele também afeta tudo a respeito de todos. Nenhuma parte da vida humana é livre desta doença, uma vez que vai até a raiz de nossas ações e atitudes. Nas palavras de Wesley:

> Agora 'Deus viu que tudo' isso, e tudo o que resulta, 'era mau'; contrário à retidão moral; contrário à natureza de Deus, que necessariamente inclui todo o bem; contrário à divina vontade, o eterno padrão do bem e do mal; contrário à pura, santa imagem de Deus, segundo a qual o homem fora originariamente criado... contrário à justiça, à misericórdia e à verdade, e às relações essenciais que cada homem tem para com seu Criador e para com seus semelhantes.[7]

Visto que Deus é a única fonte de bondade e que a raça humana separou-se de Deus, os seres humanos não podem apresentar qualquer bondade por conta própria. Acreditar no contrário era, na mente de Wesley, negar toda a religião cristã. Sua lógica era simples. Se as pessoas são capazes de salvar a si mesmas, então a obra de Cristo na cruz não era necessária. No entanto, se a obra de Cristo na cruz foi, de fato, necessária, então não há nenhuma maneira pela qual as pessoas jamais poderiam salvar a si mesmas. A afirmação da obra de Cristo estava ligada à necessidade desta obra por parte da humanidade. A ideia de "pecado original" era, de certa forma, o ponto de partida lógico para todas as ideias acerca da salvação cristã que Wesley sentia ser importante. Como ele diz mais tarde na conclusão do sermão:

> [P]odemos aprender uma grande e fundamental diferença entre o cristianismo, considerado como um sistema de doutrinas, e o mais refinado paganismo... Está o homem cheio, por natureza, de toda sorte de mal? Está vazio de todo o bem? Está totalmente decaído? Toda sua alma está corrompida?... Confessa-o, e chegas ao ponto de vista cristão. Nega-o, e não és ainda mais um que um pagão.[8]

Assim, enquanto Wesley acreditava que os seres humanos foram criados originalmente para serem bons por meio de Deus, a sua bondade não funcionava mais corretamente. Mesmo que parte da imagem de Deus tenha permanecido (em termos de entendimento ou vontade ou liberdade), os seres humanos não a usam mais para se relacionarem em amor com Deus, com os outros, e com o resto da ordem criada de Deus (as "relações essenciais", como ele as chamou anteriormente). Os seres humanos estão agora deixados em – o que Wesley rotula de forma a dar uma impressão errada – um estado "natural", no qual ele quer dizer que os seres humanos estão por conta própria, separados de Deus e mortos espiritualmente.[9] Esta ideia é uma abstração para Wesley, já que ele acreditava que Deus não deixou ninguém por conta própria, mas é todavia uma abstração importante. Nosso estado espiritual morto é onde a nossa experiência "naturalmente" começa e por isso é onde Deus começa a aplicação da salvação às nossas vidas individuais.

Durante seus anos de Oxford, Wesley articulou o estado morto herdado em termos fortemente biológicos, até mesmo tentando descrever como o ato físico de comer a maçã introduziu condições físicas que podiam ser passadas de Adão e Eva para seus filhos.[10] Durante os primeiros anos do reavivamento, Wesley mudou sua ênfase em direção a uma ideia mais legal, tratando Adão como um representante da humanidade cujas ações tiveram consequências que seus filhos herdaram. Neste ponto de vista tipicamente protestante, os seres humanos hoje nascem "mortos para Deus", como parte do castigo pelo pecado de Adão. Eventualmente, entretanto, Wesley decidiu que essa visão comprometia a justiça de Deus, uma vez que significava nos fazer responsáveis por algo que não fizemos. Isso o levou a voltar a uma ideia mais biologicamente baseada da transmissão do pecado original, já no final de sua vida. De qualquer forma, porém, o pecado original quer dizer que agora estamos dispostos a agir da mesma forma que Adão agiu, estando sujeitos a mesma culpa e punição. E assim é para a natureza do pecado presente que precisamos agora nos voltar.

O Pecado e a Corrupção da Imagem de Deus

O fato de que Wesley mudou seu entendimento de como funcionava o pecado original mostra que as ideias acerca do pecado estavam vivas e ativas na mente de Wesley. Wesley não se contentava em simplesmente afirmar o fato de nossa morte espiritual inerente; ele a analisou. Aqui, as ideias de Wesley acerca do pecado alinham-se muito bem com suas percepções sobre a natureza humana como articuladas em seu conceito da "imagem de Deus", por isso usaremos esse conceito como nosso guia. O próprio Wesley faz esta conexão usando as mesmas palavras para descrever o pecado que havia usado para descrever a imagem. Suas várias preocupações acerca do pecado fazem mais sentido quando vistas à luz de sua percepção de que o pecado é essencialmente uma corrupção da imagem de Deus, na qual os seres humanos foram criados.

O Pecado e a Imagem Relacional

Como observamos no capítulo anterior, a ideia básica da imagem de Deus para Wesley era que esta fez os seres humanos "capazes de Deus". Eles poderiam relacionar-se com Deus de maneira pessoal e amorosa melhor do que qualquer outra coisa na criação material. Quando Adão e Eva fizeram mau uso de sua liberdade e afastaram-se de Deus, eles perderam essa capacidade relacional. Os seres humanos tornaram-se "incapazes de Deus". Eles romperam o relacionamento por sua desobediência, e - uma vez que sua capacidade de se relacionar com Deus era em si um produto da relação de Deus com eles - eles perderam a capacidade de relacionamento juntamente com o próprio relacionamento. Era como se eles tivessem trancado Deus para fora de suas vidas e jogado a chave fora. O relacionamento foi perdido, juntamente com qualquer possibilidade de conserto da parte deles.

Neste sentido, a imagem completa de Deus na humanidade se perdeu. Pedaços da imagem permaneceram, como exploraremos a seguir, mas já não podem mais funcionar como fizeram anteriormente para manter o ser humano em um relacionamento com Deus. Na verdade, os fragmentos da imagem de Deus em nós tendem a funcionar agora apenas de maneira a levar as pessoas para cada vez mais longe de Deus e umas das outras. E os seres humanos em seu estado "natural" - por conta própria, sem a ajuda de Deus - são absolutamente incapazes de corrigir esse problema.

Originalmente, Deus havia articulado aquele limite que deu à humanidade a liberdade de amar ou rejeitar Deus em termos de uma lei. No entanto, a separação relacional que Adão e Eva criaram através da violação daquele limite pode ser pensada em termos de culpa legal. Essa ideia de pecado constitui a espinha dorsal da maior parte da teologia acerca do pecado no Ocidente e Wesley compartilha dessa herança - embora prefira utilizar conceitos legais para apontar para algo mais profundo, como a "lei do amor". Em um contexto legal, a ideia de culpa não refere-se aos sentimentos associados com erro, mas sim ao fato objetivo do erro cometido. Quando violamos um limite relacional ou infringimos uma lei, *somos* culpados, independentemente da forma como nos sentimos a respeito. Até que esta culpa objetiva seja tratada, já não podemos nos relacionar com a pessoa que ofendemos ou nos relacionar bem na sociedade cujas leis quebramos.

A maneira normal, é claro, que a culpa é tratada é a punição. Quando um infrator paga a multa ou serve tempo na prisão, a "dívida com a sociedade" é paga, a "culpa" é expiada e os relacionamentos podem ser reatados. Mas, se a punição para o crime é a morte - como foi claramente articulado a Adão e Eva - , então eles não poderiam simplesmente receber o castigo e seguir em frente. Tanto a culpa quanto a sua punição tiraram a possibilidade de um relacionamento com Deus e os seres humanos então estão impossibilitados. Essa ideia é importante para Wesley, uma vez que baseia toda a história da salvação na graça. Deus faz algo por nós que nunca poderíamos fazer por nós mesmos.

A culpa, é claro, não aparece magicamente em uma pessoa. É produzida por ações, ações que normalmente chamamos de "pecados". Para entender essas ações, contudo, é preciso ir além da perda geral da imagem de Deus na humanidade para as formas específicas em que a imagem natural de Deus na humanidade (a capacidade para o entendimento, vontade e liberdade) e a imagem moral (a orientação para o bem) foram corrompidas de um modo antirrelacional.

O Pecado e a Imagem Natural e Moral

Um dos mais conhecidos conceitos de Wesley é a sua definição de pecado como "uma transgressão voluntária [ou intencional] de uma lei conhecida".[11] Embora não seja única a Wesley, a frase liga a sua compreensão de pecado ao seu conceito da imagem de Deus. Wesley articulou a imagem natural de Deus em termos de entendimento, vontade e liberdade. O pecado, então, é um exercício de liberdade - uma escolha - que envolve tanto a vontade (com todos os seus desejos, disposições e afeições) como o entendimento. Tais atos resultam de uma profunda corrupção de nossa natureza. Então, assim como a culpa é o resultado de atos de pecado, os atos de pecado são o resultado de algo mais profundo.

O **pecado atual.** Wesley insiste que as únicas ações que qualificam-se como pecados são aquelas ações relacionalmente disruptivas que envolvem liberdade, vontade e entendimento. "Pecado é nada mais que, estritamente falando," ele escreve, "uma transgressão voluntária de uma lei conhecida de Deus. Por isso, toda violação voluntária da lei do amor é pecado; e nada mais, se falarmos devidamente".[12] Esta é uma verdadeira definição para Wesley, não apenas uma descrição. Todas as transgressões voluntárias são pecado e apenas as transgressões voluntárias são pecado. Isso faz com que o seu conceito de pecado amplie-se o suficiente para incluir qualquer coisa que viole conscientemente relacionamentos (a "lei do amor", como Wesley coloca), mesmo que a Bíblia não diga nada em relação a isto. Mas também limita a definição para somente as ações que surgem de nossa natureza corrompida. Somente aquelas ações que são rebeldes qualificam-se como pecados. A razão para essa insistência tem duas vertentes.

Primeiramente, Wesley entende que as leis de Deus podem ser transgredidas de certas maneiras que não envolvem o entendimento ou a vontade. As pessoas cometem erros em sua ignorância e causam interrupções não intencionais ou acidentais em seus relacionamentos. Tais erros continuam a exigir o perdão e, quando eles são cometidos contra Deus, precisam ser cobertos pelo sacrifício expiatório de Cristo. No entanto, Wesley insiste que estas ações involuntárias ou desconhecidas não podem ser adequadamente rotuladas como pecados. Elas surgem de nossa natureza física limitada, por isso temos de lidar com elas, mas elas não nos fazem "culpados".

Se tratarmos essas violações como se fossem pecados, de acordo com Wesley, fazemos o problema do pecado insolúvel. Wesley acusa os calvinistas deste erro[13] e isto enfraquece qualquer motivação que podemos ter para lidar seriamente com o pecado. Afinal, se estragamos os nossos relacionamentos porque somos finitos e mortais e não podemos fazer nada sobre isso, por que se preocupar tentando? É verdade que precisamos do perdão constante de Deus e dos outros pelas formas acidentais com que comprometemos nossos relacionamentos. No entanto, atos que são deliberadamente e conscientemente disruptivos indicam um problema mais profundo do que simples finitude. Afinal de contas há uma diferença na forma como nós seriamente perturbamos nosso relacionamento com alguém por acidentalmente pisar em seu dedo do pé e por, de propósito, forçar meu calcanhar no seu pé a fim de prejudicá-lo. Isso nos leva à segunda razão pela qual Wesley quer reservar o rótulo de "pecado" para os atos voluntários e conhecidos.

Wesley não é simplesmente interessado no fato de nossa transgressão das leis de Deus; ele quer saber a origem dessas ações. Que tipo de pessoa deliberadamente e conscientemente joga o calcanhar no pé de outra pessoa? Que tipo de pessoa consciente e intencionalmente rejeita os limites de Deus e tenta estabelecer-se como deuses em lugar do próprio Deus? Isso parece ser uma coisa louca a fazer, mas os seres humanos o fazem assim mesmo. Por quê? O que há de errado com eles? A definição de pecado de Wesley, portanto, aponta para problemas mais profundos na nossa natureza do que simplesmente o fato de um desempenho inadequado. Ao definir o pecado em termos de rebelião, Wesley destaca a corrupção em nosso entendimento e em nossa vontade que nos leva ao nosso comportamento relacionalmente disruptivo, em primeiro lugar. Ele também indica que todo o nosso sentido de bem (a imagem moral) deve estar confuso também. A definição de Wesley acerca do ato do pecado mostra-nos que o pecado é mais do que apenas um ato. Algo o está conduzindo. O pecado não é apenas uma questão de atos externos; é uma disposição interna também.

O pecado inato. Wesley tem uma série de nomes para a fonte de nossas ações pecaminosas, mas todos referem-se a algo que é interno - ao contrário das manifestações exteriores do pecado que são as nossas transgressões. Ele às vezes chama de "pecado inato,"[14] às vezes de "pecado congênito"[15] e algumas vezes como um "princípio."[16] Qualquer que seja a denominação de Wesley, no entanto, a intenção é a mesma. Em algum lugar, alojado no núcleo interno de nossa individualidade, há uma orientação pela qual todas as nossas ações exteriores fluem. Esse princípio ou fonte foi originalmente criado para ser e agir como Deus, mas foi completamente corrompido. Agora é – usando versículos favoritòs de Wesley acerca do assunto – uma "árvore ruim" que só pode produzir "frutos ruins" (Mateus 7:18, Lucas 6:43).

Esta corrupção é uma corrupção tanto da imagem natural quanto moral de Deus na humanidade. Em primeiro lugar é uma corrupção do nosso entendimento. Em certo sentido é uma falta de entendimento. Wesley frequentemente usa a metáfora da cegueira para destacar esta parte da nossa condição humana debilitada. Estamos cegos para a verdade, cegos para a nossa própria natureza, cegos para tudo de bom que possa nos mover em direção a Deus. Como não temos o entendimento de Deus, a nossa vontade não pode desejar ou querer Deus e por isso não podemos amar a Deus ou se relacionar com Deus.[17] O problema, no entanto, é mais profundo do que a ignorância. Nós não apenas temos falta de conhecimento; nós pensamos que sabemos coisas que realmente não sabemos. Nosso entendimento nos leva a pensar em coisas boas que são realmente más.[18] Nosso entendimento, portanto, nos leva a agir de forma completamente oposta do que foi criado para fazer.

Assim como o nosso entendimento transformou-se em insensatez, nossa vontade transformou-se em egoísmo. Como vimos no último capítulo, a vontade humana foi criada para querer o bem, amar e desejar o que Deus quer. A vontade caída, no entanto, agora só quer os seus próprios desejos e recusa-se a reorientar-se em direção a Deus. Os nossos afetos agora "naturalmente" (ou seja, impiamente) tendem para as coisas deste mundo material, em vez das coisas de Deus. Até mesmo nossos hábitos deliberados de desejo - as nossas "disposições", como Wesley denomina – têm sido treinadas em direção ao que aumenta nossa infelicidade ao invés de nossa felicidade, à nossa destruição ao invés de nossa salvação. Aos olhos de Wesley, os seres humanos separados de Deus estão tão distantes que nem sequer querem ser salvos. Finalmente, em face de um entendimento corrupto e uma vontade egoísta, qualquer que seja a liberdade restante no ser humano é impotente para escolher a Deus e torna-se escravizada à ignorância, insensatez e pecado.

A corrupção do nosso entendimento e vontade e a perda da liberdade caminham de mãos dadas com a perda da nossa imagem moral de Deus. Os seres humanos já não têm uma orientação para o bem ou para com Deus. Mesmo que Deus os tenha criado para santidade e justiça, eles agora só seguem o pecado. Mesmo que Deus os tenha criado para amar a Deus e aos outros, eles seguem apenas seus próprios desejos egoístas. O que entendem e desejam como "bom" é realmente mau, e eles não sabem disso e não se importam. A humanidade, então, está real e totalmente perdida.

Se os seres humanos foram corrompidos nesta profundidade, então precisamos de mais do que apenas o perdão por todas as coisas ruins que temos feito. Somos culpados, com certeza, mas há uma enfermidade mais profunda que está alimentando essa culpa. Algo deve estar radicalmente errado conosco, se queremos fazer o que nos torna culpados. Mas por mais profundo que Wesley entenda ser o problema do pecado - e é difícil entender como poderia ser ainda mais profundo - Wesley vê a solução de Deus para o problema do pecado como ainda mais profunda. Naqueles lugares onde Wesley enfatiza a profundidade da Queda, ele faz questão de enfatizar a profundidade ainda maior da graça.[19] É para esta graça que podemos agora nos voltar.

Notas bibliográficas

[1] Sermão 141, "A Imagem de Deus", §II.[0], (Ed. Bicentenário 4:295-96), trad. nossa. Veja também o Sermão 45, "O Novo Nascimento", I, §2.

[2] Sermão 57, "Sobre a Queda do Homem", §I.1.

[3] Sermão 45, "O Novo Nascimento", I, §2.

[4] Sermão 61, "O Mistério da Iniquidade", §2.

[5] Este sermão é uma simplificação e reformulação de algumas seções de sua maior e mais sustentada defesa da ideia do pecado original intitulada: *"The Doctrine of Original Sin: According to Scripture, Reason and Experience"*.

[6] *NNT*, 1ª João 1:8.

[7] Sermão 44, "O Pecado Original", I, §3.

[8] *Ibid.*, III, §§1-2.

[9] Sermão 9, "O Espírito de Escravidão e de Adoção", I, §§1-8, também o Sermão 10, "O Testemunho do Espírito, I" II, §11 e Sermão 3 "Desperta, tu que dormes", I, §11.

[10] Sermão 141, "A Imagem de Deus", §II.1, (Ed. Bicentenário 4:296-98).

[11] Sermão 76, "Sobre a Perfeição", §II.9. Veja também o Sermão 96, "Sobre a Obediência aos Pais e Mães", §II.8.

[12] Carta ao Sr. Bennis, (Telford 5:322), trad. nossa.

[13] Ibid.

[14] Sermão 14, "O Arrependimento nos Crentes", II, §4 e *Explicação Clara da Perfeição Cristã*, §23, pergunta 17, p.77.

[15] Sermão 8 "Os Primeiros Frutos do Espírito", III, §4, Sermão 9 "O Espírito de Escravidão e de Adoção", II, §9 e Sermão 47, "Afligidos através de várias tentações", III, §9.

[16] Sermão 13, "Sobre o Pecado nos Crentes", III, §§1-3, Sermão 43 "O Meio Bíblico de Salvação", I. §6 e Sermão 44 "O Pecado Original", I, §§2, II, §8.

[17] Sermão 44 "O Pecado Original", II. §5.

[18] Sermão 118, "Se os Teus Olhos forem Bons", §III.5-6 (EO, n.125) e Sermão 119, "Sobre a Insensatez do Mundo" (EO, n.126).

[19] Sermão 57, "Sobre a Queda do Homem", §§II.9-10 e Sermão 59 "O Amor de Deus pelo Homem Caído", §3.

CAPÍTULO DOZE

Pensamentos de Wesley acerca da Salvação, Parte I

Finalmente chegamos aos pensamentos de Wesley acerca da salvação que, como já dissemos, é a peça central de sua teologia. Conforme Wesley mesmo disse no prefácio de seu primeiro volume de sermões, "Uma coisa desejo conhecer: o caminho do céu."[1] Para Wesley, "o caminho do céu" encontrava-se na renovação da imagem de Deus, que ele diversas vezes rotulava como a busca da santidade, santificação ou perfeição cristã. O Deus que é amor criou um mundo que poderia servir como um ambiente de relacionamentos amorosos e um povo à imagem de Deus que era capaz disto. Apesar de ter perdido essa capacidade por causa do pecado, Deus ainda quer este relacionamento. E por isso a obra da salvação de Deus é uma obra de nova criação, restaurando o que foi perdido para que o amor possa florescer como foi originalmente projetado a fazer.

Visto por este prisma, a compreensão de Wesley acerca da salvação é distinta, uma combinação cuidadosa de várias tradições cristãs carimbada com sua própria ênfase e entendimento. Apesar disso, no entanto, pouco do que discutiremos neste capítulo deverá vir como surpresa. Se entendemos as percepções fundamentais de Wesley e suas confissões a respeito de Deus, da criação e dos seres humanos e a respeito do problema do pecado, então encontraremos a sua compreensão acerca da salvação sendo relativamente fácil de prever. Quando virmos os pontos, eles quase que conectarão a si mesmos. Neste capítulo olharemos os pontos básicos que Wesley une para formar a sua doutrina da salvação.

No próximo capítulo olharemos em detalhes o modo como esses pontos revelam-se no drama da salvação.

Abordaremos os pensamentos de Wesley acerca da salvação de um modo semelhante à maneira como nos aproximamos de seus pensamentos acerca do pecado - com os acontecimentos históricos que definem o palco para tudo o que se segue. Para Wesley, estes são a vida, morte e ressurreição de Jesus Cristo e a vinda do Espírito Santo no dia de Pentecostes. A partir de então, olharemos para a compreensão básica de Wesley acerca da graça e da fé, os dois conjuntos de "respostas", pode-se dizer - uma do lado de Deus e uma do nosso - que dá forma a tudo que acontece no processo de salvação. A seção final deste capítulo terá uma visão geral acerca da "ordem da salvação" (ou *ordo salutis*, em latim), que formará a estrutura para o nosso olhar mais detalhado no processo de salvação no capítulo seguinte.

Salvação: As Âncoras Históricas

Como vimos no último capítulo, Wesley viu a Queda como um ato histórico com consequências históricas. Da mesma forma, Wesley entendeu que os atos salvíficos de Deus também foram atos históricos e eles também têm consequências contínuas e reais no mundo. A obra de Deus por meio de Cristo e do Espírito Santo, na verdade, começou no momento em que Adão e Eva pecaram e continuou ao longo da história.[2] A estes foram dados, no entanto, um novo destaque e um novo nível de eficácia quando Cristo nasceu para o mundo e quando o Espírito Santo foi dado aos seguidores de Cristo no dia de Pentecostes.

Cristo

Wesley não tem uma reflexão altamente desenvolvida ou diferenciada acerca da pessoa e obra de Cristo. Na verdade, suas reflexões acerca de Cristo podem ser a parte mais fraca do seu sistema teológico. A maioria dos intérpretes de Wesley tem reconhecido que ele simplesmente assume um entendimento protestante básico acerca de Cristo e de lá segue em frente para falar sobre o papel de Cristo na salvação. Ele prega apenas um sermão com um aspecto explícito a respeito da identidade de Cristo e neste sermão ele enfatiza a divindade de Cristo com tanta força que a humanidade de Cristo parece ser ofuscada.[3] Não obstante, enquanto isso é um problema, ainda serve para ressaltar o caráter histórico e iniciado por Deus, dos eventos que asseguram a nossa salvação.

A forte ênfase de Wesley na divindade de Cristo destaca o fato de que é Deus e somente Deus quem inicia e realiza a salvação humana. É Deus quem concebe o plano de salvar a humanidade através da morte de Cristo na cruz e é Cristo como Deus que concorda com o plano e cuja obediência permite que tenha sucesso. Dessa forma, a salvação como "nova criação" é como a primeira criação. Ambos são atos que só Deus pode realizar e Deus os realiza sem precondições e simplesmente pela própria decisão amorosa de Deus. A divindade de Cristo também ressalta a importância de seu ensino - uma vez que seria visto como um ensino que vem direto da boca de Deus - e Wesley prega uma série de treze sermões no Sermão da Montanha, publicado em sua primeira edição dos sermões.[4]

Embora Wesley concentre-se principalmente na divindade de Cristo, a sua humanidade também desempenha um papel na salvação. Cristo é a única expressão perfeita da imagem de Deus em uma vida humana e por isso ele exemplifica a nossa verdadeira natureza humana de uma forma que ninguém mais tem ou poderia ser. Sua natureza humana perfeita foi expressa em perfeita obediência a Deus e sua submissão à vontade de Deus dá a Deus um motivo para estender novamente o favor de Deus para a humanidade.[5] Lembre-se que os seres humanos perderam tanto o favor (o bom relacionamento) quanto a imagem de Deus na Queda. Cristo, portanto, fortalece o processo de desfazer aquela Queda de duas maneiras. Primeiro, ele torna-se o veículo através do qual Deus novamente estende um relacionamento com a humanidade. Segundo, ele é o exemplo de como se parece a imagem de Deus vivida no relacionamento com Deus.

A obra da "nova criação" de Deus em Cristo, como a obra da primeira criação, é algo que Deus faz a fim de obter uma resposta daquelas criaturas que Deus criou. E assim, mesmo que Cristo realize o fato da salvação, este fato ainda precisa ser aplicado à vida das pessoas e comunidades. Esta aplicação é causada pela obra da terceira Pessoa da Santíssima Trindade, o Espírito Santo.

Espírito Santo

Visto que os eventos da crucificação e ressurreição haviam acontecido há muito tempo atrás, Wesley reconhecia a necessidade da obra salvadora de Cristo ser conectada de alguma maneira à vida daqueles que não estavam por perto quando esses eventos aconteceram. Era necessário de alguma forma aplicar a obra histórica de Cristo a outras épocas da história. Isto é realizado, para Wesley, através da obra do Espírito Santo, cuja vinda também está ancorada na história pelos acontecimentos em Pentecostes.

Wesley não enfatiza o evento de Pentecostes tão frequentemente quanto enfatiza os eventos da paixão de Cristo, mas sua importância como um evento histórico em seu pensamento é óbvia. Os eventos da morte e ressurreição de Cristo seriam remotos e ineficazes se não tivessem sido aplicados às vidas dos crentes pela vinda do Espírito Santo. Wesley equivale "ser cristão" com "ficar cheio do Espírito Santo"[6], e é explícito quanto ao fato de que toda a gama da graça salvadora de Deus apenas tornou-se disponível depois que Cristo subiu aos céus e enviou o Espírito Santo para aplicar a sua obra.[7] E assim, é acerca do dia de Pentecostes e o nascimento da Igreja - e não acerca do dia da ressurreição de Cristo - que Wesley entusiasmadamente escreve:

> "Aí estava o alvorecer do próprio dia do evangelho. Aí estava a própria igreja cristã. Nascia, então, *'o sol da justiça'*, sobre a terra *'trazendo salvação nas suas asas'*. Ora ele *'salvou seu povo dos seus pecados'*; ele *'curou todas as suas enfermidades'*. Ele não apenas ensinou aquela religião que é a verdadeira *'cura da alma'*, mas efetivamente a plantou na terra, preenchendo as almas de todos os que nele creram, com *justiça*, gratidão para com Deus e boa-vontade para com os homens; assistindo-os com a paz que ultrapassa todo o entendimento, e com a alegria indizível e cheia de glória."[8]

Sem dúvida, para Wesley, o Espírito Santo é o Espírito de Cristo[9] e esta afirmação, também, decorre de sua ênfase acerca da divindade de Cristo e do Espírito Santo, já que sua natureza divina é o que os une. Ainda assim, a obra de Cristo em sua morte e ressurreição e a obra do Espírito Santo em Pentecostes não são as mesmas e a diferença é importante. Uma maneira de ver a diferença é essa: Cristo veio para estabelecer o potencial para a salvação; o Espírito Santo faz com que este potencial seja real. É o Espírito Santo que capacita os crentes a viver a sua vida de salvação, os santifica, renova a imagem de Deus neles e assegura-lhes de seu favor recém-restaurado com Deus.[10] A aplicação da salvação, no entanto, não é feita meramente por imposição ou imputação. Isto acontece quando Deus age e os seres humanos respondem. Os termos desta ação e a resposta são encontrados no entendimento de Wesley acerca da graça e da fé.

Graça e Fé

Os termos "graça" e "fé" são termos teológicos comuns, mas isso não significa que seus significados sejam sempre evidentes. Wesley usa esses termos para referir-se à ação de Deus e nossa resposta na aplicação da obra salvadora de Cristo em nossas vidas hoje. Juntas, elas ilustram a dinâmica fundamental que conduz o processo de salvação para Wesley.

Graça

Como vimos quando examinamos seus pensamentos acerca de Deus, Wesley tem algumas percepções "clássicas" sobre a alteridade completa de Deus e independência em relação ao mundo. Quando se trata da obra salvadora de Deus, isso significa que todas as ações de Deus não são compelidas, mas livres. Deus não é *obrigado* a fazer nada quando se trata de salvação; se Deus fez algo, esta ação surgiu da livre escolha de Deus. Esta percepção também significa que qualquer interação entre Deus e o mundo acontece, por fim, através da iniciativa de Deus. Assim, Deus sempre dá o primeiro passo e estes passos são o resultado das escolhas amorosas de Deus e nada mais. O rótulo que Wesley dá a estes "primeiros passos" amorosos de Deus é "graça".

Repetidamente, Wesley enfatiza que a graça de Deus é gratuita. A humanidade está completamente caída e distante de Deus e assim não há nada que qualquer ser humano possa fazer para ganhar o favor de Deus ou obrigar a atividade de Deus. A obra de Deus não precisa de pré-requisitos e não é uma resposta a algo que os seres humanos já fizeram. Como Wesley tem sido frequentemente acusado de ser um pregador de atos de justiça, sua ênfase acerca deste ponto vale a pena ser citada em detalhes.

> A graça ou amor de Deus, de onde vem nossa salvação, é LIVRE EM TODOS, e LIVRE PARA TODOS. Primeiro. É gratuita em todos para quem é dada. Ela não depende de qualquer poder ou mérito no homem; não, em nenhum grau, nem no todo, nem em parte. Ela não depende - de qualquer modo -, nem das boas obras ou retidão de quem a recebe; nem do que tenha feito, ou do que ele seja. Ela não depende de suas atividades. Não depende de suas boas disposições, ou bons desejos, ou bons propósitos e intenções; porque todos esses fluem da graça livre de Deus; eles são o curso da água apenas, não a fonte. Eles todos são frutos da graça, e não a causa. Eles todos não são a causa, mas o efeito dela. Qualquer bem que esteja no homem, ou, seja feito pelo homem, Deus é o autor e o dono. Assim, é a livre graça em todos; quer dizer, de nenhuma maneira depende do poder ou mérito do homem, mas de Deus somente, que livremente nos deu seu Filho, e *'com ele, livremente, nos deu todas as coisas'*.[11]

Wesley é claro - Deus é o único iniciador no processo de salvação e esta salvação é somente pela graça. Entretanto, este texto também indica que o efeito da graça, talvez até mesmo a própria finalidade da mesma, é capacitar a resposta humana. Em outras palavras, Wesley entende a obra da graça não apenas como algo que Deus faz para os seres humanos - embora certamente é isso. Ele diz especificamente que é algo que Deus faz *nos* seres humanos, algo que Deus faz para que os seres humanos possam fazer algo em retorno.

A outra afirmação que Wesley acha tão importante fazer acerca da graça é que ela é "gratuita a todos", o que significa que Deus estende a atividade amorosa de Deus a todos os membros da raça humana. Ao contrário daqueles que pregavam a salvação como algo apenas para um número seleto que Deus havia escolhido, Wesley afirmou que a graça salvadora de Deus não excluía ninguém. Isto enfatiza ainda mais o caráter capacitador da graça, uma vez que nem todos a quem a graça é estendida acabam sendo salvos. Os calvinistas viam graça como uma obra de Deus irresistível ou inevitável, o que significa que sempre cumpria seu objetivo. Para eles, a lógica era clara. Se há graça, então há salvação. Isso também significa que, se não há salvação, então não há graça. Esta falta de graça entre aqueles que não são salvos é explicada pelo fato de que eles não foram escolhidos por Deus para salvação e, assim, foram deixados à sua própria sorte. E o resultado inevitável disto é o inferno.

Wesley achava tal conclusão abominável e assim enfatizava uma ideia de graça como uma obra de capacitação ou de habilitação. Graça é o que restaura a possibilidade de se voltar para Deus e se relacionar com Deus, o que a humanidade tinha perdido através do pecado e da Queda. Mas isso significava que poderia haver alguns - inteiramente contra a vontade e o desejo expresso de Deus (2 Pedro 3:9) - que rejeitassem a oferta da graça de Deus. "O poder do Senhor é presente para curá-los", Wesley escreve, "mas eles não serão curados. 'Eles rejeitaram o conselho', o misericordioso conselho 'de Deus contra eles mesmos', como fizeram seus inflexíveis antepassados. E, então, são eles sem desculpas; porque Deus poderia tê-los salvo, mas eles não serão."[12]

A salvação de Deus trata-se em restaurar a imagem de Deus nos seres humanos e parte desta imagem é a ideia de liberdade ou independência. A graça em parte restaura essa liberdade para que as pessoas estejam livres novamente para escolher a Deus. Mas essa liberdade também pode ser usada - como o próprio Adão originalmente o fez - para escolher o mal. Tal escolha é essencialmente uma rejeição da graça criadora e recriadora de Deus.

Fé

Assim, a graça é o amor ativo de Deus estendido aos seres humanos de uma forma projetada para capacitá-los a amar a Deus de volta. Enquanto esta graça capacita diferentes tipos de respostas, como Wesley observou na longa citação anterior, a resposta fundamental, aquela que fundamenta todas as outras é o que Wesley chama de "fé".

No início de sua vida, Wesley tinha uma visão bastante tradicional acerca da fé como um mero assentimento à verdade de alguma proposição. A fé era a afirmação de que você acreditava *que* algo era verdade. Sua mãe Susanna, no entanto, o ajudou a ver além dessa ideia meramente intelectual de fé para algo mais relacional, algo que incluía confiança. Como ele observa em seu sermão *"A Salvação pela Fé"*, "[fé] não é uma coisa meramente especulativa, racional, um assentimento frio e morto, uma série de ideias que se amontoam na cabeça, mas uma disposição do coração"[13]. Isso não quer dizer que para Wesley a fé não tenha um lado intelectual, apenas que uma fé cristã completa também precisa ser algo mais. Uma fé meramente racional sem o componente relacional é algo que Wesley chama provocativamente de "a fé do demônio."

O componente intelectual da fé para Wesley estava ancorado em seu entendimento de Hebreus 11:1. Nesse versículo, ele destacava a ideia da fé como uma "convicção" ou "segurança", até mesmo usando a palavra original grega para isto em seus sermões.[14] A fé foi o que nos permitiu *conhecer* o mundo espiritual de uma forma que era análoga à forma como os nossos sentidos físicos nos permitem conhecer o mundo físico. Essa ideia da fé como um "sentido espiritual", um meio pelo qual adquirimos conhecimento, foi uma ideia importante - se não um tanto controversa - de Wesley.[15] Estudiosos debatem sobre quão rigorosa era esta ideia filosófica, mas a orientação dela é clara. Se existe um mundo espiritual, os nossos sentidos físicos caídos não têm acesso a ele, como já foi explorado. Deus, porém, nos dá esse acesso, porque sem o conhecimento de Deus e do mundo espiritual seria impossível para nós termos um relacionamento com Deus.

Isso nos leva à segunda e mais importante parte da fé. Fé-como-conhecimento é destinada a servir a fé-como-confiança. O modo favorito de Wesley para falar sobre essa parte da fé era usar a definição fornecida pela sua tradição anglicana, uma definição que usou ao longo de seus sermões e cartas, sempre que queria enfatizar o lado relacional da fé.

> 'A reta e verdadeira fé consiste' — para usar as palavras de nossa própria Igreja — 'não somente em crer que as Sagradas Escrituras e os Artigos de nossa Fé são a verdade, mas em ter também uma segura esperança e confiança certa de ser salvo da eterna condenação, mediante Cristo. É uma confiança certa e segura que o homem deposita em Deus, no Deus que, pelos méritos de Cristo, perdoa seus pecados e o restaura no favor do Altíssimo, daí decorrendo um coração amante, disposto a obedecer a seus mandamentos'.[16]

Para Wesley, quem quer que tenha este tipo de fé "não é *quase*, mas é *integralmente* Cristão."[17]

Fé, então, inclui tanto uma qualidade intelectual de compreensão quanto também uma qualidade afetiva da vontade e por isso representa a renovação de duas facetas da imagem de Deus em nós. Quando reconhecemos que a verdadeira fé é sempre fé "que atua pelo amor" (Gálatas 5:6), o terceiro componente surgirá também. A fé nos dá a compreensão do mundo a partir da perspectiva de Deus; alinha a nossa vontade à vontade de Deus através da confiança e obediência; e dirige a nossa liberdade em direção às escolhas amorosas. Ademais, Wesley foi explícito acerca do fato de que esta fé só poderia vir como resultado da graça. Era o "dom de Deus", não é algo que qualquer um poderia imbuir-se por conta própria.[18]

Esta, então, é a dinâmica dupla que orienta a soteriologia de Wesley. Do lado de Deus, existe a graça, a obra capacitadora de Deus que permite que os seres humanos que estão mortos em seus pecados voltem-se para Deus e vivam novamente. A aceitação desta graça é um ato de fé, uma compreensão, "uma confiança certa e segura". Agora vamos para uma breve visão geral das formas específicas em que a graça de Deus trabalha para capacitar a resposta da fé, de modo que os seres humanos possam viver em um relacionamento amoroso com Deus, uns com os outros e com o resto da ordem criada por Deus.

Ordo Salutis

Como parte de sua herança da tradição protestante, Wesley tendia a ver a salvação de Deus seguindo um padrão básico. Esse padrão geralmente é rotulado em latim como *Ordo Salutis*, a Ordem da Salvação. Wesley estabelece esse padrão básico em vários pontos (um dos quais exploraremos adiante), toda vez pintando um quadro consistente. Enquanto Deus está agindo e pessoas respondendo, certas coisas tendem a acontecer em uma determinada ordem. Às vezes, Deus faz várias coisas ao mesmo tempo, mas colocá-los à parte ainda nos ajuda a ter uma melhor noção da realidade mais ampla da salvação. Para Wesley, isto significa a restauração e renovação da imagem de Deus nos seres humanos.

Não obstante, enquanto Wesley tem uma compreensão do padrão típico da obra de Deus, ele também reconhece que falar sobre esses padrões nos traz benefícios. Isto não limita Deus de forma alguma. Deus permanece independente e tem total liberdade para agir como Deus escolhe. "Os procedimentos de Deus com o homem são infinitamente variados", Wesley escreve para um de seus correspondentes, "e não podem ser confinados a uma regra geral; tanto na justificação como na santificação Ele muitas vezes age de uma forma que não podemos explicar."[19]

Portanto, *ordo salutis* em Wesley não é uma camisa de força em Deus ou um roteiro infalível. Pelo contrário, é um conjunto de expectativas que podemos utilizar enquanto cooperamos com Deus agora e esperamos no que Deus ainda quer fazer futuramente. Devemos, no entanto, manter essas expectativas de forma irrestrita, confiando que os caminhos de Deus são os melhores. Como Wesley observa a outro correspondente: "Às vezes agrada ao nosso Senhor operar um grande livramento, mesmo deste tipo, em um instante. Às vezes, Ele dá a vitória por etapas, e acredito que isto seja mais comum. Espere por isso e por toda boa dádiva que vem Dele. Todos os Seus caminhos são de sabedoria e graça!"[20]

Wesley nos dá uma visão geral de como vê o processo da salvação, *ordo salutis*, em seu sermão *"Desenvolvendo nossa Própria Salvação"*. Vamos deixar o tópico estabelecer nossa estrutura geral antes de explorá-lo em maior profundidade no próximo capítulo. Wesley escreve:

> Salvação que começa com o que é usualmente denominada (e muito apropriadamente) graça preveniente, inclusive o primeiro desejo de agradar a Deus, o primeiro alvorecer da luz concernente à sua vontade, e a primeira leve e passageira convicção de se ter pecado contra Deus. Tudo isso implica em alguma tendência com respeito à vida, algum grau de salvação; o começo da libertação de um coração cego e insensível, totalmente insensível a Deus e às coisas de Deus. Esta salvação é continuada pela *graça convincente*, usualmente, denominada, nas Escrituras, de *arrependimento*, a qual produz um autoconhecimento maior, para alcançar a mais completa libertação do coração de pedra. Depois disso, experimentamos a salvação cristã propriamente dita, por meio da qual, 'mediante a graça', 'somos salvos pela fé', consistindo em duas ramificações, justificação e santificação. Pela justificação somos salvos da culpa do pecado, e restaurados no favor de Deus; pela santificação somos salvos do poder e da raiz do pecado, e restaurados à imagem de Deus. A experiência, tanto quanto as Escrituras, mostram essa salvação ser tanto instantânea, quanto gradual. Inicia no momento em que somos justificados, no santo, humilde, gentil e paciente amor de Deus e do homem. Ela, gradualmente, cresce a partir daquele momento, como 'um grão de mostarda que, a princípio, é a menor das sementes, mas, depois, desenvolve grandes ramos, e se torna uma enorme árvore, até que, em outro momento, o coração seja limpo de todo o pecado, e cheio com o puro amor a Deus e ao homem. Mas, mesmo aquele amor aumenta mais e mais, até que 'cresçamos em todas as coisas naquele que é nosso cabeça' até que alcancemos 'a medida da estatura da plenitude de Cristo'.[21]

A obra salvadora de Deus é a resposta de Deus à rejeição da humanidade para com a oferta original de um relacionamento na Criação. Por causa da Queda e do pecado original, ficou fácil - até mesmo inevitável - para todo ser humano depois de Adão seguir os passos de Adão. Toda a humanidade afastou-se de Deus e perdeu tanto o fato do relacionamento com Deus como até mesmo a própria capacidade de relacionar-se com Deus. Deus precisa então começar com uma criatura destruída que não tem um entendimento verdadeiro, possui uma vontade autocentrada e que não tem mais possibilidade real de escolher o bem. Além disso, esta criatura perdeu sua orientação em direção a verdadeira bondade - a bondade de Deus - e por isso tem uma bússola moral confusa. Assim, a imagem natural de Deus (entendimento, vontade e liberdade) e a imagem moral de Deus (orientação para o bem) foram perdidas e sem as mesmas a humanidade não pode relacionar-se com Deus. E assim, é aqui onde Deus começa a restaurar essa relação.

Visto que os seres humanos caídos não têm percepção do mundo espiritual, Deus primeiro age independentemente deles e sem o seu conhecimento. Esta é a graça que precisa "vir antes" de qualquer possibilidade de resposta (porque essas respostas só são possíveis através desta graça) e assim nós a chamamos de "graça preveniente". Como a imagem de Deus, a obra da graça preveniente é tripla. Seu primeiro trabalho é despertar o entendimento para que os seres humanos tornem-se conscientes de Deus e daquilo que Deus quer para eles. Isso também vem com uma consciência de sua condição caída e destruída e do quão longe eles estão do que Deus quer que eles sejam. Este trabalho de despertamento geralmente atende pelo rótulo de "convicção", para Wesley, e seu principal instrumento é a lei. A lei é uma articulação clara do limite em torno do relacionamento da humanidade com Deus e mostra exatamente como eles transgrediram nesse relacionamento. Se os seres humanos aceitam este novo entendimento acerca de Deus, de si mesmos e do que é necessário para um relacionamento com Deus, então isto capacitará a vontade. Libertado de seu autofoco, a vontade agora pode desejar algo fora de si mesma, ou seja, Deus e aquilo que Deus quer. Esse entendimento e desejo renovados configuram um ato de liberdade que permite que um bom relacionamento com Deus possa começar.

A escolha de se afastar de sua antiga vida em direção a uma nova vida com Deus é um ato de fé conhecido como arrependimento. No início - dado o papel da lei na convicção - essa nova vida com Deus geralmente é orientada pelo desejo de conhecer e fazer a vontade de Deus em obediência. Wesley chama este nível de fé de "fé de um servo". Este é um passo apropriado em direção a Deus e Deus o aceita, mas uma orientação tão "externa" não é o objetivo final. Wesley está mais preocupado com relacionamentos e por isso entende que a etapa mais madura da fé é aquela em que entramos em um relacionamento verdadeiramente pessoal com Deus, o que Wesley chama de "fé de um filho". Este, propriamente falando, para Wesley é o momento da conversão total, o momento de salvação. Através do poder do Espírito Santo, com base na expiação de Cristo, somos devolvidos ao favor de Deus na justificação e começamos uma nova vida com Deus na regeneração, novo nascimento e santificação inicial.

Em muitas tradições protestantes, até mesmo evangélicas, este é o clímax da história da salvação, o momento em que o pecador volta-se para Deus e recebe a promessa de uma nova vida e do céu. Para Wesley, no entanto, esta é apenas a introdução. As melhores partes ainda estão por vir. Pecadores convertidos estão apenas começando a relacionarem-se bem com Deus e com o próximo, apenas começando a viver a lei do amor e a imagem de Deus na qual foram criados a expressar. O entendimento não está completamente "curado" e existem ações e atitudes que dificultam as relações em suas próprias vidas das quais eles ainda não sabem. Sua vontade foi libertada da escravidão do próprio eu, mas eles ainda encontram desejos egoístas suscitando e induzindo-os a agir de forma muito desamorosa. E, embora a culpa do pecado foi removida, ainda há muitas áreas onde eles sabem que sua humanidade está aquém do padrão dado por Cristo, áreas onde precisam de mais amor, mais alegria, mais paz, mais paciência, mais de todos os dons que são a evidência da obra do Espírito Santo na vida humana. O processo de morrer para si mesmo e tornar-se mais semelhante a Deus é aquele que Wesley chama de "santificação". É onde a renovação completa e a renovação da imagem de Deus se realiza. Wesley tem a audácia de acreditar que Deus pode realmente realizar tal obra em uma vida humana, que a graça santificadora de Deus pode levar um ser humano a uma vida repleta de mais nada senão de amor, uma vida de inteira santificação. Isto é o objetivo final da graça de Deus operando em um ser humano.

Este é apenas um breve resumo do entendimento de Wesley sobre como a salvação tende a acontecer na maioria das vezes, entretanto todas as peças essenciais estão aqui. Cabe-nos agora explorar *ordo salutis* mais completamente, uma tarefa que faremos no próximo capítulo.

Notas bibliográficas

[1]   Prefácio dos *Sermões de John Wesley*, CD-Rom, §5.

[2]   Sermão 61, "O Mistério da Iniquidade", §3.

[3]   Sermão 117 "Conhecendo a Cristo segundo a Carne" (EO, n.123). Esta perspectiva também aparece com frequência em suas notas explicativas do Novo Testamento (*NNT*), por exemplo, em seus comentários sobre o controle completo de Jesus sobre suas emoções em João 11:33-35.

[4]   Sermões 21-33, "Sobre o Sermão do Monte" Parte 1 a 13.

[5]   Sermão 20, "O Senhor nossa Justiça", I, §§2-4, II, §5.

[6]   Sermão 4, "O Cristianismo Bíblico", IV, §§1-11.

[7]   Sermão 40, "A Perfeição Cristã", §11.

8 Sermão 61, "O Mistério da Iniquidade", §11.

9 *NNT*, Prefácio de Atos. Veja também o Sermão 17, "A Circuncisão do Coração" II, §4.

10 Sermões 10-11, "O Testemunho do Espírito, I-II".

11 Sermão 128, "A Livre Graça" §§2-3 (EO, n.110).

12 *Ibid.*, §22.

13 Sermão 1, "A Salvação pela Fé", I, §4.

14 Sermão 3, "Desperta, tu que dormes" I, §11 e o Sermão 4 "O Cristianismo Bíblico" I, §2, entre outros.

15 Sermão 110, "Sobre as Descobertas da Fé" (EO, n.117) e Sermão 113, "Caminhar pela Vista e Caminhar pela Fé" (EO, n.119).

16 Sermão 2, "Os Quase Cristãos", III, §5.

17 Ibid, §6.

18 Sermão 1, "A Salvação pela Fé".

19 Carta a Sra. March, (Telford 5:255), trad. nossa.

20 Carta a Peggy Dale, (Telford 4:307), trad. nossa.

21 Sermão 85, "Desenvolvendo nossa Própria Salvação", §II.1.

CAPÍTULO TREZE

Pensamentos de Wesley acerca da Salvação, Parte II

Agora que já vimos um panorama do pensamento de Wesley acerca da salvação em geral, podemos dar uma olhada mais profunda nos vários elementos deste processo. Ver a disposição deste processo como Wesley viu é útil, desde que evitemos fazer desta disposição uma espécie de lei, como se cada elemento fosse sempre necessário ou que este é o modo como "deveria acontecer" com todos. O próprio Wesley sempre quis reconhecer a liberdade de Deus para agir como Deus julga ser o melhor. Então, estudamos esta disposição a fim de melhor cooperar com Deus, não para dizer a Deus o que Deus "deveria fazer".

Começaremos com os elementos "pré-conversão" da *ordo salutis* de Wesley. São as coisas que Deus faz para chamar a nossa atenção e nos ajudar a nos afastarmos de nós mesmos e caminharmos novamente em direção a Deus. Vamos agrupar esta operação sob o título de "graça preveniente".

Na segunda seção, olharemos para o relacionamento com Deus na qual denominamos "salvação". Isso inclui, primeiramente, a ideia de "conversão completa" – o amadurecimento da fé a partir de uma orientação externa ou objetiva, para uma realidade interna e relacional. Wesley chama isso de possuir a "fé de um filho", em oposição a apenas possuir a "fé de um servo". Em segundo lugar, o ato pelo qual Deus restaura-nos ao favor de Deus, perdoando-nos dessas violações dos limites relacionais de Deus, o que chamamos de "pecados". "Justificação" é o termo legal que Wesley utiliza aqui. Em terceiro lugar, Deus nos reequipa para que possamos prosseguir de um modo mais profundo com a nossa relação com Deus, restaurando a plena imagem moral de Deus na qual fomos criados. O "novo nascimento", "regeneração" e "santificação inicial" são todas as expressões que Wesley usa para referir-se a este processo.

Na última seção, olharemos para o objetivo desta obra de salvação nos indivíduos, o que Wesley normalmente chama de "perfeição cristã", mas que também pode ser rotulado de "inteira santificação". Este é o estado de amor perfeito que Deus deseja que todos os seres humanos venham a viver. Ao explorá-lo veremos o dom de Wesley em equilibrar as preocupações que estão tantas vezes sob tensão na vida cristã. Toda a salvação - a santificação não é exceção - é uma obra de Deus. Não é algo que os seres humanos fazem por si mesmos e por isso tudo depende da graça. A função desta graça, no entanto, é a de capacitar a atividade humana e não substituí-la. Na atividade desta graça Wesley mostra um otimismo profundo acerca do que Deus pode fazer, juntamente com uma visão realista dos obstáculos que os seres humanos enfrentam em cooperar com a obra de Deus. Finalmente, Wesley entende que a atividade de Deus contém ambos os elementos de processo - aqueles que levam tempo - e os elementos que são instantâneos – aqueles que acontecem momentaneamente. Tudo isso nos dá uma visão equilibrada da salvação e nos permite cooperar melhor com Deus e encorajar outros na sua cooperação com Deus.

Graça Preveniente: O Convite para Renovação

Por causa da Queda, o estado "natural" dos seres humanos – os seres humanos considerados à parte de qualquer obra de Deus - é um estado de incapacidade. Somos culpados, ou seja, não possuímos mais o favor de Deus e estamos mortos espiritualmente, insensíveis ao domínio de Deus. Por conta própria, nós só conhecemos e nos preocupamos com este mundo físico e tendemos a agir de forma a reforçar a nossa morte espiritual - e acelerar a nossa morte física. Porque a imagem natural e moral de Deus em nós está perdida ou é ineficaz, nós seres humanos não temos uma bússola moral. Nós não temos um entendimento acerca de Deus, nenhuma vontade ou desejo por Deus, portanto, nenhuma liberdade para escolher as coisas boas de Deus.

Graça Preveniente como Favor Inicial

O diagnóstico de Wesley acerca de nossa condição caída corresponde ao dado por João Calvino e os demais reformadores protestantes. Em resposta à pergunta: "A verdade do Evangelho não se coloca muito próxima, tanto do Calvinismo quanto do Antinomianismo?" Wesley famosamente respondeu: "De fato ela se coloca, por assim dizer, dentro da largura de um fio de cabelo"[1]. O que distingue a visão de Wesley acerca da salvação é o que Deus faz com este estado caído. O conceito da graça preveniente de Wesley forma o primeiro passo crucial para um caminho muito diferente daquele tomado por Calvino.

Para os reformadores, Deus começa o processo de salvação com dois movimentos. Em primeiro lugar, Deus decide que para alguns dos mortos espiritualmente será dada vida espiritual; estes são os eleitos que Deus predestina para salvação. Em segundo lugar, Deus então aplica uma graça irresistível, como que um poder, em suas vidas para que sua culpa - mas apenas a deles - seja expiada em Cristo e seus corações sejam convencidos de seus pecados, o que inevitavelmente os fazem voltar-se para Deus. Assim, Deus demonstra misericórdia para com os eleitos, mas para com todos os outros Deus demonstra justiça. Deus dará ao resto da humanidade uma "graça comum" que mantém sob controle a maior parte da tendência natural da depravação da humanidade, mas isso não é uma graça salvadora e não faz diferença para o destino eterno de ninguém.[2]

Em nítido contraste, Wesley mantém a ideia de graça "preventiva" ou "preveniente".[3] Como a tradição reformada de "graça comum", esta graça é um favor imerecido de Deus, que Deus estende a toda raça humana. Entretanto, ao contrário da "graça comum", a "graça preveniente" de Wesley é projetada para conduzir à "graça salvadora". É a graça concedida para iniciar o processo de restauração do relacionamento da humanidade com Deus, restaurando suficientemente a imagem de Deus para tornar isso possível. Como observamos no capítulo anterior, Wesley acredita que Deus quer salvar a todos. Uma vez que ninguém é capaz de qualquer movimento em direção a Deus sem a ajuda do próprio Deus, Deus teria de estender a graça para todo mundo se realmente quisesse que todos fossem salvos. Wesley acredita que Deus fez exatamente isso.

Já que os seres humanos em seu estado natural "devem" ser vistos como culpados diante de Deus, a primeira parte da graça preveniente é o reconhecimento de que Deus quer restaurar toda a humanidade ao favor de Deus. Assim, a graça preveniente cancela qualquer culpa associada com o "pecado original". Mesmo que Adão tenha sido o representante legal da humanidade e apesar de que sua culpa deva ser passada aos seus filhos, Deus decide não "prestar queixa", por assim dizer. Ninguém hoje é condenado pelo pecado de Adão naquela época. Em resposta à pergunta: "Em que sentido a justiça de Cristo foi imputada a toda a humanidade, ou aos crentes?" Wesley responde citando Romanos 5:19 e afirmando: "Pelos méritos de Cristo todos os homens são limpos da culpa do pecado atual de Adão."[4] Se estamos condenados, isso só acontece porque nós, também, temos pecado como Adão o fez - o que, é claro, Wesley acredita que fizemos.

Para Wesley, a vinda de Cristo foi um sinal do favor de Deus para toda a humanidade, mas isso não é o suficiente para salvá-la. Wesley entende que a salvação diz respeito a relacionamentos e relacionamentos possuem dois lados. Portanto, um ato independente de Deus não pode criar uma relação mútua entre Deus e a humanidade. Contudo, os seres humanos caídos e separados de Deus não são mais capazes de relacionarem-se com Deus do que pedras ou árvores. Assim, a segunda parte da graça preveniente de Deus restaura uma certa capacidade para relacionarem-se com Deus, com a imagem de Deus, em termos usados por Wesley. Essa imagem é tripla (entendimento, vontade e liberdade) e assim a graça preveniente de Deus é tripla também.

Graça Preveniente como Renovação Inicial

Entendimento. Como um primeiro sinal do favor de Deus e o primeiro passo em direção a capacitar-nos para nos relacionarmos com Deus novamente, a graça preveniente começa a renovar o nosso entendimento. Os seres humanos caídos não podem conhecer a Deus e estão cegos para sua própria condição caída. Wesley fornece uma descrição extensa e eloquente deste estado na primeira parte de seu sermão *"Desperta, tu que Dormes"*, onde ele descreve o pecador nos seguintes termos:

> Carregado de todas as enfermidades, julga-se, todavia, em perfeita saúde. Encarcerado em prisões de aço e de miséria, protesta estar em liberdade... Arde o fogo em torno de si, e ele não o pressente; queima-o, e apesar de tudo ele nada percebe... o pecador satisfeito com seus pecados; contente com o permanecer em seu estado de queda, com o viver e morrer sem nunca refletir a imagem de Deus; o que ignora sua enfermidade e o remédio único que o pode curar.[5]

Assim, a graça preveniente nos vem despertar e conscientizar acerca de Deus e de nossa horrível condição. Sem essa consciência, nunca poderíamos nos voltar para Deus. Wesley chama esta obra de despertamento da graça preveniente de "convicção" ou "arrependimento", um confronto com a verdade sobre nós mesmos - juntamente com suas terríveis consequências - que só a obra do Espírito Santo pode trazer.

Vontade. O conhecimento da verdade, no entanto, não é suficiente porque a nossa vontade foi corrompida também. Nós não desejamos a verdade ou queremos agir de acordo. A graça preveniente de Deus tem que despertar em nós um desejo de Deus, um desejo que não existe naturalmente em nossas mentes caídas. Se Deus não faz isso, poderíamos ver a verdade e ainda afastar-nos dela. Wesley conecta esta agitação da nossa vontade com a nossa consciência. O fato de que todos nós temos uma consciência é, para Wesley, uma demonstração da natureza e o alcance da graça preveniente.

> Porque, ainda que admitindo que as almas de todos os homens estejam, por *natureza*, mortas no pecado, isso não desculpa ninguém, pois não existe homem algum que esteja num estado meramente natural, nenhum sequer, a menos, que tenha já extinguido o Espírito, completamente destituído da graça de Deus. Nenhum homem vivo está inteiramente destituído do que é comumente chamado de *consciência natural*. Mas isso não é natural. É mais corretamente designada de *graça preveniente*... De modo que o homem peca não porque não tenha a graça, mas porque não faz uso da graça que tem.[6]

Liberdade. O que Wesley que dizer por "usar a graça" é o ato de responder a ela. Com o entendimento despertado e a vontade renovada, temos então um novo momento de liberdade. Temos agora a oportunidade de escolher a Deus. O relacionamento com Deus deve ser escolhido livremente – se é para decerto ser uma relação, mas isso também significa que Deus pode trabalhar para criar uma consciência e desejo apenas para ter esse trabalho rejeitado. Porque a liberdade restaurada em nós neste momento é uma verdadeira liberdade, as pessoas podem fechar os olhos para o seu novo conhecimento e afastarem-se dos novos desejos que Deus lhes tem dado.

Este momento de escolha é o objetivo final da graça preveniente e destaca a natureza da capacitação ou habilitação da graça que discutimos no último capítulo. Deus poderia simplesmente exercer o poder de Deus para cumprir os propósitos de Deus. Mas Wesley entende que a graça é um exercício do amor de Deus, antes de ser um exercício do poder de Deus. Deus age para obter uma resposta pessoal e não para realizar uma tarefa impessoal. Deus restaura a imagem natural de Deus em nós para que possamos "reagir" à obra de Deus. Esta "reação" é o ponto principal e Deus toma a nossa rejeição deste convite muito a sério. Nas palavras de Wesley:

> Deus não continua a atuar sobre a alma a não ser que a alma reaja sobre Deus. Na verdade que Ele nos habilita a isto, com as bênçãos de sua bondade. Primeiro nos ama e manifesta-se a nós. Enquanto estamos longe Ele nos chama para junto de si e resplandece sobre os nossos corações. Mas se não amarmos àquele que primeiro nos amou... seu Espírito não contenderá para sempre: gradualmente se ocultará, deixando-nos entregues à treva de nossos corações.[7]

A graça de Deus é uma graça de amor, não uma graça de poder. Wesley não define a obra de Deus e nossa resposta em desacordo uma com a outra, como se a salvação fosse uma tarefa que, ou Deus realiza ou nós a realizamos por nós mesmos. Deus age para que possamos agir, não para que nossa ação torne-se desnecessária. "Suas influências", Wesley escreve, "não são para substituir, mas para incentivar nossos próprios esforços"[8]. A obra de Deus sempre acontece primeiro e as pessoas não podem salvar a si mesmas. Mas o propósito dessa obra é permitir a nossa ação. Trata-se, na conhecida expressão de Randy Maddox, de uma "graça responsável"[9].

Se rejeitarmos a oferta de Deus para um relacionamento, Deus poderá nos dar graciosamente muitas outras chances, mas a liberdade restaurada em nós naquele momento de graça não é algo permanente. É apenas uma liberdade temporária. Como a "liberdade" para participar de uma corrida de longa distância ou tocar uma obra de piano complexa, é uma liberdade que deve ser devidamente utilizada para ser mantida. Se escolhermos a nós mesmos quando poderíamos escolher a Deus, podemos nos encontrar de novo à mercê de nossas próprias capacidades debilitadas. Se, no entanto, nós cooperarmos com Deus e aceitarmos o convite de Deus para um relacionamento, passamos para as próximas etapas do nosso relacionamento com Deus. O ato de afastar-nos de nós mesmos e irmos em direção a Deus é conhecido como "conversão", o que nos leva da obra da graça preveniente à obra da graça salvadora.

Graça Salvadora: Conversão, Justificação, e Novo Nascimento

Muitos dos descendentes evangélicos de Wesley estão acostumados a pensar a respeito da "salvação" ou "conversão" em termos dramáticos e emocionais. Wesley reconhecia o papel de tais conversões, mas também reconheceu um lugar para uma conversão *parcial*. Wesley conhecia pessoas que haviam-se voltado parcialmente para Deus mas que não tinham um relacionamento verdadeiro com Deus. Wesley chamou este estado de "quase um cristão", alguém que possuía uma "fé de um servo", porém faltava a "fé de um filho". Iniciaremos o nosso exame a respeito dos pensamentos de Wesley acerca da graça salvadora com esta ideia antes de voltarmos à realidade entrelaçada da justificação e do "novo nascimento" e da forma como estes nos apontam para obras ainda mais profundas de Deus.

Conversão: Quase um Cristão ou Totalmente Cristão?

Wesley vivia em um país "cristão", ou pelo menos um país completamente "religioso". Muitas pessoas eram religiosas mesmo não tendo um relacionamento pessoal com Deus. Elas queriam servir a Deus e Wesley não possuía o desejo de desencorajar essas pessoas. No entanto, ele entendia que para estes lhe faltavam alguma coisa. Eles eram "quase cristãos", aqueles - para citar um dos versículos favoritos de Wesley sobre o assunto - "tendo aparência de piedade, mas negando o seu poder." (2 Timóteo 3:5a, NVI). Wesley descreve este estado como tendo a "fé de um servo", uma conversão parcial envolve vislumbres de entendimento e os primeiros sinais da vontade mas ainda falta algo essencial:

> A fé de um servo implica em uma evidência do mundo invisível e eterno; sim, uma evidência do mundo espiritual, tanto quanto ele pode existir, pela experiência da vida. Quem quer que tenha alcançado isto, a fé de um servo, *'teme a Deus e foge do diabo'*; ou, como foi expresso por São Pedro, *'teme a Deus e pratica a justiça'*. Em consequência disto, ele está, em algum grau, conforme o Apóstolo observa, *'aceito com Ele'*. Em outra parte, está descrito nestas palavras: *'Ele que teme a Deus, e guarda os seus mandamentos'*. Mesmo aquele que chegou tão longe na religião; que obedece a Deus, por medo, não é, de maneira alguma, para ser desprezado; vendo que *'temer ao Senhor é o começo da sabedoria'*. Não obstante, ele deve ser exortado a não parar por aí; não descansar, até que obtenha a adoção de filho; até que obedeça a Deus por amor, que é o privilégio de todos os *filhos* de Deus.[10]

Não é nenhuma surpresa ver que o amor é o que faz a diferença entre a conversão parcial e total. Enquanto a obediência é importante para Wesley, ela encontra seu significado dentro de um contexto de amor. A conversão total é definida pela mudança de uma abordagem externa, uma tarefa orientada para o acesso a Deus, a uma abordagem interna, um acesso pessoal e relacional. O objetivo da convicção e arrependimento não é fazer com que o pecador diga: "Me perdoe por ter feito tudo errado, Deus; Eu vou fazer melhor da próxima vez", mas que diga: "Me perdoe, Pai, por ter fugido de Ti; estou voltando pra casa agora".

Na conclusão de seu sermão *"Os Quase Cristãos"*, Wesley analisa a diferença entre o ser "quase cristão" e o "totalmente cristão" em termos de três aspectos, os quais reforçam o caráter relacional da salvação que é tão característico de sua teologia.[11] O primeiro sinal de conversão total é um amor por Deus. O amor é o que faz a diferença entre aquele que obedece a Deus por medo com a fé de um servo e aquele que obedece a Deus com alegria, como filho de Deus. Em segundo lugar, este amor a Deus deve estar associado a um amor para com todos (o "próximo" da parábola de Jesus do bom samaritano). Os "quase cristãos" podem exercer suas funções religiosas para seu próprio benefício, mas os "totalmente cristãos" estão focados em amar aos outros como Deus os ama. Para Wesley, esse amor não é tanto um sentimento mas uma disposição ativa que está disposta a sacrificar o seu próprio bem para o bem do outro. Em terceiro lugar e por último, o ser "totalmente cristão" tem uma fé ativa, que é uma "certeza e confiança". O "quase cristão" pode contentar-se em afirmar apenas a verdade, mas o "totalmente cristão" sempre confia em Deus o suficiente para agir em verdade.

Dadas estas descrições elevadas de conversão total, pode-se perguntar se alguém já foi totalmente convertido. Wesley reconhece que o nível estabelecido é alto, mas oferece essa marca mais como uma trajetória de conversão do que um único momento. Para ele, a conversão é tanto um momento como uma jornada, uma crise e um processo. Ser cristão é, em certo sentido, vir a ser tornar um cristão mais completo. Como tantos outros relacionamentos humanos, a nossa relação com Deus é marcada por momentos únicos (como aniversários), mas é principalmente vivida entre eles. Nosso relacionamento com Deus é marcado por momentos em que decisivamente respondemos à graça de Deus nos momentos de crise, mas é vivido como um processo de conversão mais profundo, um processo de afastar-nos de nós mesmos em direção a Deus e aos outros.

Quando agimos em resposta à graça preveniente de Deus, quando permitimos que Deus venha a nos converter, convidamos Deus a agir novamente. De acordo com Wesley, há duas coisas que acontecem nesse ponto e elas podem ser separadas como conceitos, mas nunca como eventos. Uma delas é algo externo, algo que Deus faz *por* nós no momento de nossa conversão e Wesley, seguindo a maior parte da tradição cristã, chama isso de "justificação". A outra é algo interno, algo que Deus faz *em* nós. A frase favorita de Wesley para identifica-la é "novo nascimento", mas, para efeitos de comparação, vamos rotulá-la de "santificação inicial". Enquanto ambos são importantes e necessários, Wesley vê a obra externa como um ponto de partida para a mais importante e interna.

Graça Salvadora: Justificação e "Santificação Inicial"

A Reforma Protestante foi, de certa forma, um debate a respeito da relação entre justificação e santificação. Nesse debate, os protestantes sustentaram a justificação - especialmente a justificação pela fé - como a realidade primária, enquanto os católicos focaram-se na santificação como a chave para a salvação. Wesley via os metodistas como distintos, porque eles valorizavam ambos.

> Tem sido frequentemente observado que muito poucos eram claros em seus julgamentos, tanto com respeito à justificação, quanto à santificação... Quem escreveu com mais competência do que Martinho Lutero, sobre a justificação pela fé? E quem era mais ignorante da doutrina da santificação, ou mais confuso em suas concepções sobre ela?... Por outro lado, quantos escritores da Igreja Romana (como Francis Sales e Juan de Castaniza, em particular) escreveram fortemente e biblicamente sobre a santificação, e, não obstante, estavam inteiramente familiarizados com a natureza da santificação!... Mas agradou a

Deus, dar aos Metodistas, um conhecimento claro e completo de cada uma delas, e uma ampla diferença entre ambas.[12]

Esta é uma perspectiva tendenciosa e mais simplificada, mas o ponto que Wesley faz aqui atinge o coração de suas preocupações acerca da graça salvadora, o segundo passo - na verdade, o passo fundamental - em sua *ordo salutis*. Wesley entende que Deus está fazendo duas coisas muito diferentes quando Deus "salva" uma pessoa. Ambas acontecem juntas e elas são tão ligadas quanto os dois lados de uma moeda. No entanto, elas não são a mesma obra e existe claramente uma prioridade lógica entre elas.

Wesley articula a diferença entre justificação e santificação inicial, ou novo nascimento, como a diferença entre as realidades externas e as internas. Em um sermão ele explica desta forma:

> A justificação somente implica em mudança relativa; o novo nascimento representa mudança real. Justificando-nos, Deus *nos* concede alguma coisa; gerando-nos de novo, Ele opera alguma coisa *em nós*. A primeira muda nossa relação exterior para com Deus, de modo que, de inimigos que éramos, nos tornamos filhos de Deus; o último tem como consequência a mudança íntima de nossas almas, de modo que, de pecadores que éramos, nos fazemos santos. Um dom restaura-nos a favor de Deus; o outro nos reintegra na sua imagem. Um representa o cancelamento da culpa do pecado; o outro vem a ser a supressão do domínio do pecado.[13]

Logicamente falando, a primeira destas obras é a externa e a prioridade que Wesley dá a justificação o caracteriza como um protestante. Nosso primeiro problema é que somos culpados diante de Deus. Embora nós não somos julgados pelo pecado de Adão, todos nós ter agido de acordo com a nossa condição caída e temos incorrido no desagrado e desaprovação de Deus por nossas próprias violações das leis de Deus. Até o momento em que Deus ajuda-nos a compreender a nossa condição, nos encontramos fora do favor de Deus e sujeitos à ira de Deus. Então, antes que qualquer relacionamento possa começar, precisamos ser perdoados, que é tudo que a justificação realmente é. Como Wesley nota: "A clara noção bíblica de justificação é o perdão de pecados".[14]

A graça preveniente ajuda-nos a compreender esta oferta de perdão, mas ela só torna-se eficaz quando confiamos em Deus o suficiente para aceitar esta oferta e entregar nossas vidas a Deus. Assim, a nossa justificação torna-se real *se* tivermos fé e *somente se* tivermos fé. Deus oferece um relacionamento e o relacionamento começa, não com a realização de tarefas, mas apenas com ofertas de confiança mútua. Deus deu o primeiro passo e tudo que temos de fazer é responder. Nesse sentido, a fé é suficiente para a salvação. Se confiarmos em Deus, isso é tudo que precisamos. Entretanto, a fé é tudo o que *podemos* ter quando nos aproximamos de Deus. Nós não trazemos boas ações e não podemos rei-vindicar o merecimento da remissão ou o perdão de Deus. Não há nenhum outro ponto de partida para o nosso relacionamento com Deus, assim a fé tam-bém é necessária para a salvação. Se não confiarmos em Deus, então nada mais pode nos ajudar.[15] Wesley aprendeu isso pela experiência própria, que antece-deu Aldersgate.

O perdão que Deus oferece na justificação, no entanto, é apenas o começo. Não é o fim - nem o ponto de chegada ou o objetivo - da obra de Deus. Deus quer fazer mais do que declarar os pecadores não culpados e garantir que eles não acabem no inferno. E assim, no exato momento em que Deus justifica aqueles que aceitam a aceitação de Deus para com eles, Deus também começa o processo de santifica-los. Deus lhes dá um novo nascimento e continua o pro-cesso de restauração da imagem de Deus neles, que começou com os primeiros vislumbres da graça preveniente.

É por isso que Wesley gostava da metáfora de um novo nascimento. En-quanto a fé é suficiente para a justificação, não é suficiente para a santificação - alguma atividade deve estar envolvida. Novo nascimento implica no início de um processo de crescimento e desenvolvimento, não apenas no fim desse pro-cesso. É preciso nascer para viver, mas o objetivo de nascer não é permanecer uma criança para sempre. Wesley coloca a questão de outra forma, com uma metáfora diferente em uma de suas longas cartas, como um tratado, para Tho-mas Church. Ali ele escreveu: "Nossas principais doutrinas, que incluem todo o resto, são três: a do Arrependimento, da Fé e da Santidade. A primeira delas representa, por assim dizer, a varanda da religião; a seguinte, a porta; e a tercei-ra, a própria religião."[16]

O arrependimento é a obra da graça preveniente e é onde devemos ir em primeiro lugar se quisermos chegar a qualquer outro lugar. Mas estar de pé na varanda não é entrar na casa. A fé é nossa resposta de confiança para com a oferta de Deus para um relacionamento e é isso que nos permite entrarmos na casa, saindo do frio, fugindo da ira de Deus e entrando na presença de Deus. Isto inclui a justificação como a restauração do favor de Deus ("Sim, você pode entrar", diz Deus) e também o novo nascimento. Mas ambos os eventos só são significativos porque eles nos introduzem a um novo lugar. O objetivo, a pró-pria casa, a essência da religião, é a santidade, a santificação, a renovação com-pleta da imagem de Deus que nos permite relacionarmos de uma forma cada vez mais profunda com Deus.

Wesley nos dá uma noção do processo dinâmico de viver uma vida espiritual em seu sermão *"O Novo Nascimento"*. Quando alguém nasce de novo, Wesley diz:

> [E] todos os seus sentidos espirituais são então exercitados em discernir o bem e o mal de ordem espiritual. Pelo uso deles, o homem diariamente cresce no conhecimento de Deus, de Jesus Cristo, a quem Ele enviou, e de todas as coisas pertinentes a seu reino interior. E agora pode propriamente dizer que vive: despertado por Deus mediante o Espírito, ele vive para Deus mediante Jesus Cristo. Vive a vida que o mundo não conhece, uma 'vida que está: escondida com Cristo em Deus'. Deus está constantemente bafejando, por assim dizer, a alma; e esta se acha respirando para Deus. A graça desce a seu coração e a oração e o louvor sobem ao céu: por este intercâmbio entre Deus e o homem, por esta comunhão com o Pai e o Filho, como por uma espécie de respiração espiritual, a vida de Deus se mantém na alma; e o filho de Deus cresce até chegar à 'perfeita medida da estatura de Cristo'.[17]

Assim, embora o novo nascimento seja o momento em que a vida começa, não é a própria vida. Na mente de Wesley, viver e relacionar-se com Deus é indistinguível de crescer e tornar-se como Deus. Assim como a justificação é a precondição necessária para o novo nascimento, o novo nascimento é a precondição para a santificação, essa renovação contínua da imagem de Deus em nós. Assim, é para a terceira fase da *ordo salutis* de Wesley que precisamos nos voltar agora.

Graça Santificadora: Aperfeiçoamento em Amor

A obra do Espírito Santo que é a graça santificadora é o cerne da salvação para Wesley. Ele descreve esta obra em vários termos, mais comumente "santificação", "santidade" e "perfeição cristã", mas todos referem-se basicamente a mesma coisa - a renovação mais profunda ou mais completa da imagem de Deus. Wesley esforça-se para não depreciar a obra da graça salvadora, mas não acha que Deus para ali. Suas ideias sobre santificação revelam seu otimismo radical acerca da graça e demonstram quão alto é o nível que Deus estabeleceu para o próprio Deus nesta obra de restauração da verdadeira natureza da humanidade.

Santificação como uma Obra da Graça

Em nossas reflexões a respeito do conceito de Wesley acerca da graça *santificadora* é importante ter em mente que ela é uma obra da *graça* em primeiro e mais importante lugar. Trata-se do que Deus faz por nós e não do que fazemos por nós mesmos. Já nos deparamos com a visão negativa de Wesley a respeito da capacidade "natural" humana. O otimismo de Wesley acerca da graça está ancorado na obra de Deus e não em sua opinião da capacidade humana. Como dito acima, Deus age em graça santificadora para que o ser humano possa "reagir", mas deve ser dada prioridade à obra de Deus e não à resposta da humanidade. Caso contrário, a doutrina da perfeição cristã desliza facilmente em algo como o perfeccionismo, em que as pessoas concentram-se em quão santas elas são, ao invés de concentrarem-se em quão gracioso é Deus. Wesley considera que esta atitude é tão prejudicial para a santidade cristã como qualquer outra das "maquinações de satanás".[18]

Devemos também lembrar que a graça santificadora descreve a restauração de Deus na nossa natureza original criada - a imagem de Deus. Não se trata de acrescentar coisas a uma vida humana que são de algum modo estranhas ou alheias a ela. Posteriormente, Deus tornará o nosso destino melhor do que o Éden, mas nesta vida a obra de Deus será, principalmente, restaurar o que foi perdido na Queda. Então, não devemos pensar em santificação como Deus tentando criar "super-santos", fazendo algo fora da vida humana comum. Por causa da Queda, nós não reconhecemos isso. O que, naturalmente, descrevemos como uma "vida humana plena" é realmente muito menos do que isso. A graça santificadora de Deus trata realmente de Deus nos ajudando a sermos humanos novamente.

Santificação e a Linguagem da Perfeição

Antes de nos aprofundarmos mais no entendimento de Wesley acerca da perfeição cristã, precisamos ser claros a respeito do que ele entende por "perfeito". A linguagem da perfeição é facilmente mal interpretada e Wesley várias vezes encontrou-se defendendo e definindo este conceito. No entanto, já que a Bíblia usou a linguagem da perfeição, Wesley não estava disposto a desistir. Ele apenas tentou explicar melhor o conceito bíblico.

Wesley normalmente confrontou os mal-entendidos a respeito da perfeição falando sobre o que ela não é. Nessas discussões vemos Wesley tentando ser o mais realista possível acerca da capacidade humana quanto ele é otimista acerca da graça de Deus. Nossa condição humana é sempre uma condição de limitação e assim qualquer perfeição que podemos atingir nunca envolverá um desempenho perfeito. Em seu sermão *Sobre a Perfeição*, Wesley coloca desta forma:

> A mais alta perfeição que o homem pode obter, enquanto a alma habita neste corpo, não exclui a ignorância, o erro, e milhares de outras enfermidades. Agora, dos julgamentos errados sempre surgem palavras e ações erradas...

Nem eu posso estar livre de qualificar exageradamente alguém, por tal engano, enquanto eu permaneço em um corpo corruptível. Milhares de enfermidades, em consequência disto assistirão meu espírito, até que ele retorne para Deus que o deu. E, em incontáveis exemplos, falham em fazer a vontade de Deus, como Adão fez no paraíso. Consequentemente, o melhor dos homens pode dizer de todo coração: *"A todo momento, Senhor, eu preciso do mérito de tua morte".*[19]

O fato de que nunca iremos executar perfeitamente também nos ajuda a perceber que a perfeição cristã nunca é uma perfeição "independente". Santidade nunca dispensa alguém de uma dependência de Cristo e de uma fé em sua expiação. Nós não recebemos de Deus e vamos embora, como se Deus dissesse: "Eu terminei com você agora. Você está perfeito, pode ir". Como Wesley observa em *Explicação Clara da Perfeição Cristã*:

> O mais santo dos homens ainda precisa de Cristo como seu Profeta, "a luz do mundo". Porque Ele não lhe dá luz senão de momento a momento; no instante em que Ele se retire, tudo se torna trevas. Eles necessitam ainda de Cristo como seu Rei, pois Deus lhes dá reservas de santidade. Mas, se não recebem uma provisão de santidade em cada instante, ficará apenas impureza. Mais ainda, necessitam de Cristo como Sacerdote para fazer expiação pelas suas coisas. Mesmo a santidade perfeita só é aceitável a Deus por intermédio de Jesus Cristo.[20]

Esta é a razão pela qual Wesley queria evitar a frase "perfeição sem pecado". Não era completamente errada dada a sua definição cuidadosa de pecado, mas levava a mal-entendidos. Como ele observa em uma de suas cartas: *"Perfeição sem pecado?* Nem eu afirmo isso, visto que o termo não é bíblico. Uma perfeição que cumpre perfeitamente toda a lei e por isso não necessita dos méritos de Cristo? Não reconheço tal, assim sendo eu, como sempre o fiz, protesto contra ela."[21]

Assim, a perfeição cristã não significa conhecimento perfeito, desempenho perfeito ou uma posição onde Deus já terminou o seu trabalho em nós. Nós nunca chegamos ao ponto em que já não precisamos mais orar: "Perdoa-nos as nossas ofensas", nem superamos nossa dependência do sangue expiatório de Cristo. Mas, se a perfeição não é este ideal estático, então o que é? Para Wesley, era um conceito dinâmico, relacionado com a maneira como ele entendia a perfeição da criação original de Deus e foi um conceito que acabou por ser baseado não no desempenho, mas no amor.

Santificação e Dinâmica, Amor Perfeito

Como vimos no pensamento de Wesley acerca da Criação, o conceito de perfeição e bondade de Wesley era dinâmico. Perfeição não era tanto o "o melhor possível para sempre", mas "o melhor possível agora e ainda melhorando". Não importa quão boa uma coisa criada possa ser, ainda é possível para Deus torná-la ainda melhor. Wesley sabia que a linguagem bíblica da perfeição estava ligada à ideia de maturidade e maturidade é sempre um alvo em movimento. O comportamento maduro em uma criança de cinco anos de idade pode ser um comportamento imaturo para uma criança de dez anos. Mesmo como adultos, a maioria de nós tem consciência de que ainda tem o que crescer. Esta é a forma como Wesley quer nos fazer entender a linguagem da perfeição, particularmente como ela está ligada a obra da graça santificadora. Resumindo a forma como a perfeição é muitas vezes incompreendida, Wesley diz o seguinte:

> Podemos ainda observar o finalmente, que, mesmo neste sentido, nenhuma perfeição existe na terra. Não há *perfeição* em *grau* como se diz; nenhuma há que não admita crescimento. Quanto mais alto tenha subido o homem, por mais elevado que seja o grau de sua perfeição, ele ainda tem necessidade de 'crescer em graça' e avançar diariamente no conhecimento e no amor de Deus, seu Salvador.[22]

Esta visão dinâmica da perfeição está ligada ao entendimento de Wesley do que, a princípio, faz algo ser bom. Algo é bom quando encaixa-se bem no lugar que foi projetado para caber, fazendo o que foi projetado para fazer. Então, quando usamos a linguagem da perfeição em seres humanos, temos que nos lembrar para que os seres humanos foram criados. Deus criou a humanidade à imagem de Deus para que pudéssemos nos relacionar com Deus e uns com os outros. O relacionamento é o objetivo da vida humana e por isso a "bondade" dos seres humanos é encontrada em sua capacidade de se relacionar. Perfeição, então, é encontrada naqueles que se relacionam tão bem quanto possível naquele momento. Como sabemos que a qualidade fundamental dos relacionamentos pessoais é amor, podemos ser tentados a simplesmente definir a perfeição cristã em termos de amor perfeito. E, naturalmente, é exatamente isso que Wesley faz.

Repetidas vezes, ao longo de sua escrita, Wesley define os conceitos entrelaçados de santificação, santidade e perfeição cristã em termos de amor, mais especificamente um amor por Deus que sempre resulta em um amor para com o próximo também. Em seu sermão *"Sobre a Perfeição"* ele resume o conceito da seguinte forma:

> Qual é então, a perfeição da qual o homem é capaz, enquanto ele habita em um corpo corruptível? É a de obedecer àquele gentil mandamento: '*Meu filho,*

dá-me teu coração'. É o 'amar o Senhor seu Deus com todo seu coração, e com toda sua alma, e com toda sua mente". Esta é a soma da perfeição cristã. Ela está toda inserida naquela única palavra: Amor. O primeiro ramo dele é o amor a Deus. E como aquele que ama a Deus, ama seu irmão também, ele está inseparavelmente ligado ao segundo: *'Amarás ao teu próximo, como a ti mesmo'.* Amarás a cada homem, como tua própria alma, como Cristo nos amou. *'Desses dois mandamentos dependem toda a lei e os profetas':* Esses contêm o todo da perfeição cristã.[23]

Foi para ter relacionamentos amorosos que os seres humanos foram criados; foi a total razão que Deus implantou a imagem de Deus em nós. Isto é o que foi perdido na Queda e com isto toda a verdadeira felicidade humana. Mas o amor é exatamente o que toda a graça, eventualmente, visa restaurar. A prioridade do amor, em seu pensamento, explica porque Wesley pensa que a salvação completa exige mais do que justificação. Os atos pecaminosos que tornam todos miseráveis fluem totalmente de nossa natureza não amorosa. Simplesmente perdoá-los não resolve o problema fundamental. Aos olhos de Wesley, Deus não contenta-se em combater apenas os sintomas de nossa vontade egoísta, constantemente perdoando todos os pecados que surgem a partir dela. Deus quer curar totalmente a nossa vontade doente de modo que ela é impulsionada por nada além de amor, nada mais que um desejo por Deus e para o bem de todos aqueles ao nosso redor. A reorientação completa desta vontade, então, seria digna de ser chamada de "inteira santificação".

A Questão da "Inteira Santificação"

Provavelmente, não há nenhuma outra parte do pensamento de Wesley que tenha sido tão amplamente discutida e explorada por seus descendentes teológicos como a "inteira santificação". Embora o próprio Wesley não tenha usado a expressão "inteira santificação" muito frequentemente (ele preferia a expressão "salvação completa"), ele afirma que a obra da santificação é algo que Deus pode fazer "inteiramente" nesta vida. Os mecanismos desta obra, no entanto, não são tão claros. Mesmo em seu próprio tempo, Wesley era ciente do debate a respeito de como Deus realizava esta obra santificadora. Havia alguns que alegavam que a obra de Deus era um processo gradual que poderia - embora nem sempre - culminar em uma obra acabada. Havia outros que afirmavam que a obra de Deus era melhor descrita como um momento instantâneo, como uma crise, em que tudo o que Deus faria era realizado de uma só vez. A resposta de Wesley, como muitas de suas posições teológicas, era que ambos eram verdadeiros em seus aspectos.

Primeiramente, o próprio Wesley sentia que o debate acerca dos processos e crises sempre existiriam porque as próprias Escrituras não eram claras a respeito da questão. Isso fez com que Wesley se focasse no fato da santificação mais do que argumentar acerca de seu método. No sermão *"Sobre a Paciência"*, ele disse:

> De que maneira Deus opera essa mudança inteira e radical na alma do crente?... Ele opera, gradualmente, em lentos degraus, ou, instantaneamente, de um momento para o outro? Quantas não são as disputas sobre esse assunto, mesmo entre os filhos de Deus! E disputa haverá, depois de tudo o que sempre foi, ou possa ser dito a respeito dela... E eles irão ser ainda mais resolutos nisso, porque as Escrituras são silenciosas a respeito do assunto... Cada homem, entretanto, pode julgar como bem entender, contanto que permita a mesma liberdade a seu próximo... Permita-me acrescentar, igualmente, uma coisa mais: Seja a mudança instantânea ou gradual, veja que tu nunca descanses, até que ela seja produzida, em tua própria alma, se tu desejas morar com Deus na glória.[24]

Como pastor, Wesley está mais preocupado que as pessoas experimentem a obra de Deus do que a descrevam bem e assim ele concentra-se em buscar essa obra completa de Deus, não importa como ela venha. Mas tendo dito isso, a opinião pessoal de Wesley - que dá permissão aos seus leitores de a aprovarem ou rejeitarem, como eles quiserem - é que a obra da inteira santificação é melhor descrita como uma instantânea do que como uma gradual.

A razão principal de Wesley para fazer esta afirmação dava-se ao fato de que todos os testemunhos que ouviu - e curiosamente, Wesley não adiciona-se a este número - afirmavam que Deus operou esta plenitude do amor em seus corações em um instante. Uma visão instantânea de santificação também reforça a ideia de que é obra de Deus, não algo que trabalhamos para alcançar. Na justificação, Deus nos perdoa em um momento. Na inteira santificação, Deus enche os nossos corações com o amor de Deus. Uma vez que a obra de Deus não exige pré-requisitos, Deus pode operar imediatamente. Wesley destaca esta simples lógica desta maneira:

> (1) Que a Perfeição Cristã é o amor a Deus e ao próximo, que implica libertação de *todo* o pecado. (2) Que é recebida simplesmente *pela* fé. (3) Que é dada *instantaneamente*. (4) Que a cada momento devemos esperá-la; que não devemos esperar até a hora da morte para obtê-la, mas que *agora* é o tempo aceitável, *hoje* é o dia da salvação.[25]

Certamente isso não significa que Deus espera que as pessoas aguardem ociosamente após a justificação para que Deus as santifique. Assim como a graça preveniente envolve as pessoas em um processo que resulta em um momento de conversão, assim também, a graça santificadora cria um processo que leva as pessoas para o momento da inteira santificação. Aqui, Wesley encontra a analogia entre o "morrer para si mesmo" e a própria morte física como sendo algo útil. Em resposta à pergunta "É gradual ou será instantânea a morte ao pecado e a renovação em amor?", Wesley responde:

> Um homem pode estar *moribundo* durante algum tempo, porém, não está *morto*, propriamente falando, até o instante em que a alma se separa do corpo e nesse instante passa para a eternidade. Da mesma maneira, alguém pode estar *morrendo para o pecado* durante algum tempo, porém, não está 'morto para o pecado' até o momento em que este se separa da alma, e nesse instante passa a usufruir uma vida plena de amor... Não obstante essa transformação incomparável, ele continua a crescer em graça e conhecimento de Cristo, no amor e imagem de Deus; continua crescendo não só até a morte, mas por toda a eternidade.[26]

Esse processo de morrer para si mesmo não é uma espera passiva, mas um engajamento ativo. A próxima pergunta em *Explicação Clara da Perfeição Cristã* é esta: "Como deveremos esperar que se opere tal mudança?" A resposta de Wesley mostra sua consciência de como Deus conecta a atividade divina com a nossa própria:

> Não em indiferença, ou atividade negligente, mas em obediência vigorosa e total, em cumprimento zeloso de todos os mandamentos, em vigilância e disciplina, negando-nos a nós mesmos, e diariamente levando a cruz; também em oração sincera e jejuns e em cumprimento atento de todas as ordenanças de Deus.
>
> Se alguém procura obtê-la de outra maneira (ou conservá-la, uma vez obtida, mesmo quando a alcançou em toda plenitude), engana a sua própria alma. É verdade que a recebemos por simples fé, mas Deus não dá, nem dará essa fé a menos que a busquemos com diligência e da maneira que Ele ordenou.[27]

Assim, a obra salvífica de Deus é um dom instantâneo, mas Deus só tende a dar àqueles que estão ativamente engajados em um processo de busca e espera. E é isso que Wesley está constantemente exortando seu povo a fazer. "Faça tudo o que puderem", ele parece dizer, "e vocês descobrirão que fazendo assim, Deus fará tudo o que pode fazer também".

Esta, então, é a visão de Wesley acerca da salvação. É sobre a graça de Deus restaurando em nós a capacidade de amar e nos relacionar, restaurando a imagem de Deus em nós. A graça preveniente abre a porta através do despertar de nosso entendimento e vontade. Se optarmos por responder a Deus, Deus nos restaura ao favor completo de Deus e, em seguida, começa o processo de equipar-nos cada vez mais com o caráter de Deus para que possamos amar a Deus mais profundamente e compartilhar o amor de Deus com o próximo. O objetivo é que Deus encha os nossos corações de amor a tal ponto que simplesmente não há espaço para mais nada. Se continuarmos com Deus nessa jornada então o desdobramento de relacionamentos cada vez mais profundos será a obra de toda a eternidade. No entanto, se optarmos por recusar as ofertas de Deus e nos afastarmos de Deus, Deus respeitará nossa escolha também. Isso, é claro, seria uma grande tragédia e uma que Wesley estava constante e urgentemente pleiteando com seus ouvintes e leitores para que a evitassem, mas ainda sim seria possível.

Contudo, se salvação trata-se de amor e relacionamento, então a salvação não pode - por sua própria natureza – ser algo que acontece com indivíduos isolados ou algo que é meramente "entre eu e Deus". Amor implica comunidade e assim, para encerrar a nossa exploração dos pensamentos de Wesley, passaremos para sua compreensão acerca da Igreja e de todos os fatores comunitários e sociais que influenciam e moldam nossa vida com Deus.

Notas bibliográficas

1   *Atas* da Conferência de 1745, [§35] (Ed. Bicentenário 10:153). Veja também sua carta a Sra. March, (Telford 4:208). "Antinomianismo" é a crença de que a lei torna-se completamente nula pela obra salvadora de Cristo, com o resultado de que nada do que fazemos quando somos salvos - para o bem ou para o mal - tem algum efeito sobre a nossa salvação.

2   Sobre a ideia reformada da "graça comum", veja Louis Berkhof, *Systematic Theology*, 4ª ed., Grand Rapids: Eerdmans, 1979, p. 434.

3   "Preventiva" foi a palavra de Wesley, mas hoje essa palavra significa "impedir", não apenas "que vem antes", por isso usamos a palavra "preveniente" para evitar qualquer confusão.

4   *Atas* da Conferência de 1744, [§22] (Ed. Bicentenário 10:129).

5   Sermão 3, "Desperta, tu que dormes", I, §3-4.

6   Sermão 85, "Desenvolvendo nossa própria salvação", §III.4.

7   Sermão 19, "O Grande Privilégio dos que são Nascidos de Deus", III, §3.

8   Filipenses 2:13.

9   Randy Maddox, Responsible Grace: John Wesley's Practical Theology, Nashville: Kingswood, 1994.

10 Sermão 110, "Sobre as Descobertas da Fé" (EO, n.117), §13.

11 Sermão 2, "Os Quase Cristãos", II, §§1-5.

12 Sermão 107, "Sobre a Vinha de Deus", §I.5.

13 Sermão 19, "O Grande Privilégio dos que são Nascidos de Deus", §2. Veja também o Sermão 13, "Sobre o Pecado nos Crentes", II, §1 e Sermão 43, "O Meio Bíblico da Salvação", I, §4.

14 Sermão 5, "A Justificação pela Fé", II, §5.

15 *Ibid.*, IV, §§4-6.

16 Carta a Thomas Church, §VI.4 (Telford 2:268), trad. nossa.

17 Sermão 45, "O Novo Nascimento", II, §4.

18 Sermão 42, "As Maquinações de Satanás", §§13-14.

[19] Sermão 76, "Sobre a Perfeição", §I.3.

[20] Explicação Clara da Perfeição Cristã, §25, pergunta 9, p.90.

[21] Carta a Penelope Maitland, (Telford 4:213). Veja também sua declaração em *Explicação Clara da Perfeição Cristã*, §25, pergunta 11, p.91.

[22] Sermão 40, "A Perfeição Cristã", I, §9.

[23] Sermão 76, "Sobre a Perfeição", I, §4.

[24] Sermão 83, "Sobre a Paciência", §11.

[25] *Explicação Clara da Perfeição Cristã*, §18, p.52.

[26] Ibid., §19, p.66.

[27] *Ibid.*, §19, P.67.

CAPÍTULO QUATORZE

Pensamentos de Wesley acerca da Igreja

Alguém poderia ser tentado a pensar que, com o pensamento acerca da perfeição cristã, já atingimos o auge das convicções de Wesley, a mais alta expressão da salvação encontrada nesta vida. Certamente pessoas falam sobre Wesley nesses termos. Muitos livros e sermões defenderam a "inteira santificação" individual como se fosse o objetivo final de Deus. Tal visão, no entanto, perde o caráter essencialmente relacional da abordagem de Wesley para com a salvação. Até mesmo a santificação é um instrumento na mente de Wesley, um passo no caminho em direção a outro lugar. Deus não salva as pessoas apenas para que elas sejam santificadas. Deus salva e santifica as pessoas para que sejam capacitadas a amar - e amor não é algo que pode existir em um indivíduo sozinho. O cume da doutrina da salvação de Wesley não é, portanto, a inteira santificação individual; é em uma comunidade que as pessoas que estão sendo inteiramente santificadas (independentemente de onde elas possam estar neste processo) expressam o amor que Deus lhes deu uns pelos outros e estendem esse amor ao mundo, além da comunidade. Na mente de Wesley, o "caminho para o céu" não é percorrido sozinho. A maneira como Deus conecta-se a nós não pode ser separada da maneira como Deus conecta uns aos outros. Isso nos leva aos pensamentos de Wesley acerca da Igreja.

Existem quatro características a respeito do entendimento de Wesley acerca da Igreja e a comunidade cristã que exploraremos neste capítulo. Cada uma dessas percepções moldará de forma profunda a própria vida e ministério de Wesley e continuam a ser úteis à vida e ministério hoje. Primeiro, exploraremos alguns dos pensamentos de Wesley sobre a natureza comunitária essencial da religião cristã, ligando o seu pensamento sobre a Igreja ao seu pensamento sobre Deus, humanidade e o drama da salvação. Na mente de Wesley, não existe tal coisa como um cristão independente.

Em segundo lugar, olharemos mais profundamente à natureza da comunidade cristã. Para Wesley, a Igreja é, na sua essência, um grupo de cristãos unidos pelo amor de Deus, enquanto administrada pelo Espírito Santo. Comunidades cristãs são essencialmente comunidades de amor. Isso faz com que a visão de Wesley acerca da Igreja seja inerentemente ecumênica, uma vez que ele afirma fortemente que coisas como acordos doutrinários ou práticas comuns de adoração são secundárias e não se deve permitir que fiquem no caminho do amor.

Em terceiro lugar, examinaremos como, na mente de Wesley, esta comunidade unida no amor é, em primeiro lugar e antes de tudo, uma comunidade de propósito e ação, uma comunidade "missional", usando uma linguagem mais contemporânea. Certamente não temos que realizar boas obras a fim de começar a nos relacionarmos com Deus - Deus nos oferece o amor de Deus através da graça. Mas, uma vez iniciado, o nosso relacionamento com Deus só pode ser expresso na obediência e ação. O amor referido por Wesley não é um sentimento, como se a Igreja fosse um clube social que se reúne, porque as pessoas deleitam-se com isso. Em vez disso, Wesley entende o amor como uma palavra de ação. A Igreja é a principal personificação física do amor de Deus no mundo e a missão da Igreja é participar da atividade de Deus no mundo. A ideia de Wesley acerca da Igreja, então, está mais preocupada com a função do que com a forma. Todas as formas da Igreja - suas tradições, modelos de adoração, estruturas organizacionais e assim por diante - devem servir a sua função, sua missão. Toda a vida e ministério de Wesley demonstraram esta convicção. Ele ignorou as velhas formas que já não eram aptas à missão, e criou novas - como as reuniões de classes ou pregação leiga - enquanto via o Espírito Santo capacitando a Igreja a cumprir a sua missão em novos tempos e circunstâncias.

Finalmente, exploraremos como a missão da Igreja inclui aqueles que estão fora dela. Uma vez que o amor de Deus engloba toda a humanidade, a expressão deste amor por parte da Igreja deve fazer o mesmo. A obra mais óbvia da Igreja é o apoio espiritual aos seus membros, mas a sua tarefa é muito maior. Tanto é parte da vida da Igreja estender o amor de Deus ao mundo, satisfazendo as suas necessidades físicas em um ministério compassivo, quanto compartilhar o evangelho através do evangelismo.

Cristianismo como uma Religião Comunitária

O entendimento de Wesley acerca de Deus está ancorado em sua ideia de que Deus é amor. "Tua natureza e o Teu nome é AMOR" como Charles Wesley escreveu em um hino.[1] Deus criou os seres humanos à imagem de Deus para que eles, também, pudessem ser capazes de dar e receber amor. Os seres humanos interrompem seus relacionamentos amorosos com Deus e uns com os outros concentrando-se em si mesmos, e assim o pecado representa a antítese do amor - um foco egoísta sobre um "outro foco". A salvação de Deus, a partir do dom gratuito da fé e da justificação em Cristo à obra santificadora do Espírito Santo, trata da reparação do dano causado pelo pecado e restaura as capacidades de amar e se relacionar. É, portanto, impossível que esse tipo de salvação seja dada a indivíduos isolados e Wesley está plenamente consciente dessas implicações.

Refletindo na afirmação de Jesus de que seus seguidores eram o "sal da terra" (Mateus 5:13), Wesley conecta suas percepções relacionais acerca de Deus e a humanidade ao Cristianismo e a Igreja. "o Cristianismo é essencialmente uma religião social" Wesley escreve, e "transformar o Cristianismo em religião solitária, é destruí-lo."[2] Por "essencialmente" aqui, Wesley não quer dizer apenas "basicamente", mas na verdade quer dizer "na sua essência". É a natureza social do Cristianismo que faz com que seja a religião que é, e se alguém retirar isso, o que resta poderia não ser considerado Cristianismo.

Wesley dá uma explicação mais completa da natureza essencialmente social do Cristianismo no prefácio que escreveu para uma compilação de *"Hymns and Sacred Poems"* [Hinos e Poemas Sagrados], logo no início do Reavivamento Evangélico (1739). Neste prefácio, ele descreve o que chama de ideal "místico" do cristianismo, em que o maior objetivo da religião é a contemplação solitária do ser divino em uma espécie de quietude interior, com ninguém por perto e sem fazer nada direcionado para o exterior. Após resumir esse ponto de vista, ele tem isto a dizer:

> Diretamente oposto a isto é o evangelho de Cristo. Religião solitária não se encontra ali. 'Santos solitários' é uma frase sem nenhuma coerência com o evangelho, tanto quanto santos adúlteros. O evangelho de Cristo não conhece religião senão a social; não há santidade, senão a santidade social. 'A fé que atua pelo amor' é o comprimento, largura, profundidade e altura da perfeição cristã. 'Ele [Cristo] nos deu este mandamento: Quem ama a Deus, ame também a seu irmão', e que manifestemos o nosso amor fazendo 'o bem a todos os homens, especialmente aos da família da fé'. E, na verdade, todo aquele que ama a seus irmãos não apenas em palavras, mas como Cristo os amou, não deixa de ser um 'zeloso de boas obras'. Ele sente em sua alma um desejo arden-

te e inquieto de se gastar e ser gasto por eles. 'Meu pai', ele dirá, 'trabalha até agora, e eu trabalho também'. E em todas as oportunidades possíveis ele estará, como seu Mestre, 'fazendo o bem'.[3]

A maior expressão do Cristianismo não é uma santidade interior que faz com que a alma brilhe, mas uma expressão externa de amor na prática direcionada aos outros cristãos e ao mundo. A comunidade de fé não é uma adição útil para a vida espiritual, como se fosse possível alguém conseguir por conta própria, e que seria apenas mais fácil com outras pessoas. Pelo contrário, é o único lugar onde se pode viver a sua fé.

Logo no início de sua vida, Wesley entendeu que os cristãos avançam em sua fé e progridem em direção a salvação completa através de sua conexão com outros cristãos. Vemos isso no "Clube Santo" em Oxford e em seus pequenos grupos na Geórgia, mas atinge a sua expressão máxima nas Sociedades Metodistas. Em *A Plain Account of the People Called Methodists* [Explicação Clara do Povo Chamado Metodista], Wesley fala sobre a necessidade do apoio mútuo entre os primeiros convertidos do Reavivamento Evangélico.

> Eles queriam 'fugir da ira vindoura', ajudando uns aos outros ao fazê-lo. Eles, portanto, uniram-se 'a fim de orarem juntos, para receber a palavra de exortação e vigiar uns aos outros em amor, para que pudessem ajudar-se mutuamente a conseguir a sua salvação'... Do mesmo modo eles agora concordaram que, tantos quantos tivessem a oportunidade, reunir-se-iam toda sexta-feira, passando a hora do jantar em clamor a Deus em favor um para com o outro bem como à toda humanidade... Em poucos meses, a maior parte daqueles que haviam começado a 'temer a Deus e praticar a justiça', mas que não estavam unidos, começaram a ter suas mentes enfraquecidas e voltaram ao que eram antes. Enquanto isso, a maior parte daqueles que estavam unidos continuou 'se esforçando para entrar pela porta estreita' e 'tomar posse da vida eterna'. Após refletir, eu não poderia deixar de observar que isto é exatamente aquilo que existiu no início do cristianismo.[4]

Nessa associação espontânea, Wesley viu um retorno à raiz do que se tratava o Cristianismo. O Espírito Santo levava os convertidos individualmente a unirem-se para ajudar uns aos outros no caminho da salvação. Eles até mesmo oravam para aqueles que ainda não tinham começado a jornada, já que as suas orações não eram apenas para si mesmos, mas também "para toda a humanidade". Esta sociedade estava aberta a quem quisesse a salvação, independentemente do que eles acreditavam no momento ou como eles preferissem adorar. Seu foco era o apoio mútuo na vida espiritual. Como Wesley observou nesse grupo inexperiente, foi a comunidade que fez a diferença entre aqueles que perseveraram na fé e os que se desviaram.

Wesley sabia que a fé era uma realidade pessoal, mas também sabia que a fé pessoal deveria ter um contexto interpessoal para florescer e crescer. A formação de sociedades Metodistas foi uma aplicação prática da teologia relacional de Wesley e marcou a diferença efetiva entre a ala de Wesley no Reavivamento Evangélico e as outras. George Whitefield reconheceu isso. Seu ministério era focado em conversões individuais e não na formação de comunidades, todavia isso fez do seu povo apenas um "grupo de peças individuais", com nada que os unisse de verdade. A atenção de Wesley para com a comunidade cristã é, portanto, uma questão de teologia consistente e prática efetiva e é algo que nós também devemos prestar muita atenção.

A Igreja como Comunidade de Amor

Como temos visto, o que unia as comunidades de Wesley não era um conjunto de ideias comuns porém mais um objetivo comum de salvação. Contudo, Wesley não atribui a unidade destas comunidades à determinação ou força de seus membros. Como tudo o que tem a ver com salvação, Wesley entendeu que o objetivo comum de salvação estava enraizado no amor e na fé comum que eles compartilhavam, que eram dons da graça de Deus. A unidade da fé e amor dados por Deus tornam-se a definição essencial de Wesley acerca do que significa ser uma Igreja. Em seu sermão *"Da Igreja"*, escrito no final de sua vida como um resumo de suas reflexões maduras sobre o assunto, Wesley faz a seguinte alegação:

> Aqui, então, está uma resposta clara e inquestionável para esta pergunta: 'O que é a Igreja?' A Igreja católica ou universal consiste de todas as pessoas no universo, às quais Deus tem chamado do mundo, habilitando-lhes com caráter precedente, a ser *'um só corpo'*, unido por *'um só espírito'*, tendo *'uma só fé, uma só esperança, um só batismo; um só Deus e Pai de todos, o qual é sobre todos, age por meio de todos e está em todos.* [5]

Usando a linguagem de Paulo em Efésios, Wesley define Igreja em termos da ação de Deus e da unidade dos cristãos. Deus age para dar fé e capacitar o arrependimento e vida santa, e isto torna-se a fundação da Igreja. O ato de Deus em chamar as pessoas para fora do mundo ao mesmo tempo chamando-as a uma família unida sob Deus, o Pai. É Deus que une os cristãos como Igreja, não sua concordância doutrinária ou suas práticas de adoração comuns. Wesley demonstra a prioridade do amor nesta unidade, acima da doutrina e formas de adoração, através da maneira como ele trabalha as implicações ecumênicas de sua definição.

Wesley cita a definição de "Igreja" da Igreja da Inglaterra como "A Igreja visível de Cristo é uma congregação de fieis, na qual a pura palavra de Deus é pregada, e os sacramentos são devidamente administrados."[6] Ele sinceramente apoia a primeira parte dessa definição, sobretudo entende-se a "congregação de fiéis" como referindo-se a um tipo de fé verdadeira, relacional e confiante em Deus. Mas quando a definição acrescenta qualificações acerca de doutrina e prática, Wesley tem um problema. Ele escreve:

> Eu não vou me incumbir de defender a exatidão desta definição. Eu não me atrevo a excluir da Igreja católica todas aquelas congregações, nas quais algumas doutrinas não bíblicas – das quais não se pode afirmar sejam *a pura palavra pura de Deus*' – são, algumas vezes, sim, frequentemente pregadas; nem todas aquelas congregações, nas quais os sacramentos não são *'devidamente administrados'*... eu posso facilmente sobrelevar que abracem opiniões errôneas, sim, e modos de adoração supersticiosos. Nem eu, diante desses relatos, teria ainda algum escrúpulo de incluí-los no seio da Igreja católica; nem faria qualquer objeção de recebê-los, se eles desejassem isto, como membros da Igreja da Inglaterra.[7]

Wesley parece pensar que a obra de Deus na aproximação das pessoas não depende de doutrina adequada ou boas práticas. Não é que estas não sejam importantes. Wesley abertamente rotula algumas dessas opiniões de "erradas" e algumas das práticas de "supersticiosas". A maior parte dos escritos de Wesley durante sua vida fala de sua preocupação em promover as boas ideias e práticas e criticar as más. Portanto, essas coisas deviam ser importantes para Wesley. Elas apenas não são essenciais, não tão importantes quanto os cristãos exibirem amor genuíno uns para com os outros e para com o mundo.

Podemos ver o foco de Wesley sobre o amor como a essência da Igreja em sua insistência de que as opiniões teológicas corretas ("ortodoxia") não são a essência da religião, e também em seus esforços deliberados para estender uma mão de comunhão que vai além das linhas divisórias doutrinárias. Uma das declarações mais polêmicas de Wesley foi sua afirmação de "que a *ortodoxia*, ou *opiniões corretas*, é, no máximo, uma *parte* muito pequena da religião, se é que pode ser reconhecida como qualquer parte dela."[8] Mais tarde, ao defender essa afirmação em uma carta a Warburton, bispo de Gloucester, Wesley prossegue dizendo o seguinte:

> Após assumir que é nosso dever sagrado trabalhar em direção a um *julgamento correto* em todas as coisas, visto que um *julgamento errado* leva naturalmente a uma *prática* errada, eu digo novamente, a *opinião correta* é, no máximo, uma *parte muito pequena* da religião (que consiste propriamente e diretamente de disposições corretas, palavras e ações) e frequentemente *não é parte* da religião.

> Pois pode existir onde não há nenhuma religião: em homens com vidas das mais depravadas; sim, até no próprio diabo.[9]

Wesley afirma que decisões corretas são importantes, mas apenas porque melhores julgamentos levam às melhores práticas. As práticas, no entanto, é que são importantes. São as atividades (palavras e ações) pelas quais o nosso amor expressa-se e a fonte da qual as atividades brotam (disposições), que é o verdadeiro coração da religião para Wesley. Desconectadas de tais coisas, opiniões corretas são inúteis. Até o diabo as tem.[10]

Por causa desta atitude, Wesley achou importante procurar a unidade com todos os que alegavam serem discípulos de Cristo, não importa como eles entendiam sua fé. Na Igreja, ele chamou essa prioridade da fé que opera no amor de "O espírito Católico". Seu sermão com este título é um apelo para que os cristãos amem uns aos outros e não deixem que as diferenças de doutrina ou prática os dividam. Ele reconheceu que as divisões entre os cristãos tornavam difíceis o funcionamento da Igreja como uma comunidade de amor para os de dentro e como um exemplo e extensão deste amor para com os de fora. Aqui Wesley estabelece sua clara afirmação da prioridade do amor na Igreja acima de todo o resto.

Seguindo o exemplo do encontro entre Jeú e Jonadabe, em 2 Reis 10, Wesley capta a ideia de que, se nossos corações estão unidos, então nossas mãos devem estar também. Ele é realista acerca do fato de que sempre haverá diferenças institucionais entre os cristãos, mas ele não quer que estas tenham a palavra final.

> Mas, embora a diferença de opiniões ou de formas de culto possa obstar a completa união orgânica, deve tal diferença impedir nossa unidade de sentimentos? Embora não possamos pensar do mesmo modo, não podemos amar de maneira igual? Não podemos ter um só coração, ainda que não tenhamos uma opinião só? Sem dúvida alguma que o podemos. Nisto todos os filhos de Deus podem unir-se, não obstante aquelas diferenças secundárias. Permaneçam estas como estão, e ainda os crentes podem-se acompanhar uns aos outros no amor e nas boas obras.[11]

Mesmo quando Wesley está convencido de que algumas das opiniões que as pessoas têm são absolutamente prejudiciais para a fé - como ele é com algumas das crenças específicas do catolicismo romano - ele ainda não vê isso como motivo suficiente para reter uma mão de comunhão. Em uma ação bastante notável para o Anglicanismo do século XVIII - e uma na qual ele sabe que será criticado - Wesley escreve uma carta para "um católico romano" em que resume os fundamentos mais elementares da fé cristã e, em seguida, declara:

Não estamos de acordo até aqui? Então, demos graças a Deus por isto, e o recebamos como uma nova prova do seu amor. Mas se Deus ainda nos ama, devemos também amar um ao outro. Devemos, sem discussão sobre opiniões, provocar um ao outro ao amor e às boas obras. Que os pontos em que temos diferença de opinião fiquem de lado: aqui há suficientes áreas onde concordamos, suficientes para serem o fundamento de todo o espírito e ato cristão... Então, se não podemos ainda pensar o mesmo em todas as coisas, pelo menos podemos estar juntos no amor. Nisto, não podeis errar. Pois de um ponto ninguém poderá duvidar nenhum momento: Deus é amor; e quem vive em amor vive em Deus e Deus nele.[12]

O amor de Deus - primeiro aceito, então reexpressado - é o que une a Igreja. Construir em qualquer outro fundamento, Wesley pensa, é inútil. E o amor é, por natureza, ativo. Se a Igreja é realmente uma comunidade de propósito e se o amor que Wesley advoga torna-se realmente presente, ele irá, inevitavelmente, conduzir a Igreja em ação.

A Missão da Igreja como Amor Ativo

Uma das maneiras mais simples que os psicólogos classificam personalidades é com a distinção entre orientação voltada à tarefa e orientação voltada ao indivíduo. Até este ponto, a Igreja de Wesley parece que tem uma personalidade orientada em direção ao indivíduo mais do que orientada à tarefa, e isto se encaixaria com o foco relacional de toda a sua teologia e sua forte ênfase no amor. No entanto, como acontece com tantas coisas a respeito da teologia de Wesley, Wesley é bom em combinar algo com uma abordagem "ambos/e", que outras pessoas tendem a separar com uma abordagem "ou um/ou outro". No caso da Igreja, a ênfase no amor e na pessoa conduz a preocupação para a missão e tarefa. Wesley não conhece outro tipo de amor do que um amor ativo. Sua teologia é orientada em direção às pessoas, mas as pessoas relacionam-se entre si ao fazerem algo. Isso faz com que a missão e a atividade sejam uma parte da identidade da Igreja tanto quanto é o amor. Wesley coloca desta forma:

[É] pura verdade que a raiz da religião reside no coração, no íntimo da alma; que a religião é a união da alma com Deus, a vida de Deus na alma humana. Mas se essa raiz se houver de fato aprofundado no coração, não poderá deixar de deitar ramos: e estes são os diversos exemplos de obediência exterior que participam da mesma natureza da raiz e são, consequentemente, não apenas marcas ou sinais, mas partes substanciais da religião... é certo que o amor de Deus e dos homens, partindo de uma fé não fingida, é tudo em todas as coisas, o cumprimento da lei... Disto, porém, não se segue que o amor seja tudo em todos os sentidos, substituindo a fé ou as boas obras. O amor é 'o cumprimento da lei', não por libertar-nos da lei, mas por constranger-nos a obedecer-lhe. O amor é 'o fim do mandamento', no sentido de que todos os mandamentos conduzem a ele e nele tem seu centro.[13]

Para Wesley, religião interna resulta *sempre* em obediência externa, razão pela qual afirmava que certas formas de obediência eram tanto uma parte da religião como o relacionamento com Deus que os conduziu. O amor é, na verdade, tudo, porém apenas se abranger todas as boas obras, não pela sua substituição. Se a atividade de amor estiver faltando, temos todos os motivos para duvidar de sua presença.

A atividade de amar, então, é a missão, a tarefa principal da Igreja. De uma forma mais específica, a Igreja deveria ser o contexto comunitário que alimenta o exercício pleno de amor, tanto para com Deus quanto para com os outros seres humanos. O *seu* trabalho é ajudar seus membros individuais a fazerem o trabalho *deles* de amar. Wesley faz essas conexões explícitas em seu sermão *"Sobre o Zelo"*, onde descreve a religião como uma série de círculos concêntricos, sendo o mais interno o amor e o mais externo a Igreja.

> Num cristão crente, o *amor* está assentado no trono erguido no mais profundo de sua alma, isto é, o amor de Deus e ao homem, que preenche todo o coração, e ali reina sem rival. Em um círculo próximo do trono estão todas as *santas disposições*: longanimidade, benignidade, mansidão, fidelidade, domínio próprio, e qualquer outra disposição que se encontre na 'mente que estava em Cristo Jesus'. Num círculo exterior estão todas as *obras de misericórdia*, quer as para a alma, quer as para o corpo dos homens. Mediante essas, exercitamos todas as santas disposições, aperfeiçoando-as continuamente, de modo que obras de misericórdia são verdadeiros *meios da graça*, embora comumente isto não seja considerado. Próximo a estas, no círculo seguinte, estão aquelas que são usualmente denominadas *obras de piedade* – ler e ouvir a palavra; oração pública; familiar; privada; receber a Ceia do Senhor; jejuar ou abster-se. Por fim, para que seus seguidores possam mais efetivamente estimular, um ao outro, ao amor, às santas disposições, e às boas obras, nosso bendito Senhor os têm unido em um só corpo, *a Igreja*, dispersa por toda a terra – um pequeno sinal da qual, da igreja universal, temos em toda congregação cristã em particular.
>
> Esta é aquela religião que nosso Senhor tem estabelecido sobre a terra, desde a descida do Espírito Santo, no dia de Pentecostes. Este é o sistema completo e conexivo do Cristianismo. Assim, suas diversas partes erguem-se uma sobre a outra, do ponto mais baixo, ao nos juntarmos uns aos outros, ao mais alto – ao amor entronizado no coração.[14]

Esta citação é esclarecedora por várias razões, dentre elas está a prioridade clara que Wesley dá às obras de misericórdia (o que poderíamos chamar de "ministérios de compaixão") sobre as obras de piedade, no entanto trataremos esse aspecto crucial da missão da Igreja na próxima seção. Por enquanto, devemos notar que a Igreja é tanto a expressão final do amor, enquanto passa pelas disposições santas às obras de misericórdia e piedade, como também é a serva de tudo isso. Amor naturalmente suscita disposições; que suscitam atividades; que suscitam uma comunidade de atividade; mas o objetivo dessa comunidade é capacitar essas realidades que lhe deram origem. O Senhor "os uniu" a fim de "mais eficazmente provocar um ao outro" a ter amor e expressá-lo corretamente.

Wesley continua neste sermão exortando os seus leitores a serem zelosos pela Igreja, mas apenas se estiverem dispostos a serem mais zelosos pelas obras de piedade; ainda mais zelosos pelas obras de misericórdia; e mais zelosos ainda por disposições santas e reservarem o seu "zelo preferido" somente para o amor. "A igreja," ele escreve, "as ordenanças, as obras exteriores de qualquer tipo, sim, todas as outras disposições santas, são inferiores ao amor, e se erguem em valores somente o quanto mais e mais se achegam para perto dele."[15] A missão da Igreja é ser uma agente e promotora do amor. Reunimo-nos a fim de agir em nosso amor uns pelos outros e fortalecer uns aos outros para amarem ainda mais. Nossas obras de piedade - nossas orações, pregações públicas e a comunhão da Ceia do Senhor - são importantes como meios pelos quais o nosso amor a Deus e ao próximo é aumentado, mas são importantes apenas por esse motivo. Qualquer outro uso delas é um mau uso delas.

É nesta perspectiva que devemos ler toda a controvérsia sobre o envolvimento de Wesley com as diversas formas de atividade na Igreja, seja porque ele ignorou as que os outros achavam importante (como o sistema paroquial), ou porque ele criou novas formas que não tinham lugar no sistema antigo (como pregações ao ar livre ou pregações leigas). Quaisquer meios pelos quais a Igreja tentou promover obras de piedade ou misericórdia, tiveram de ser avaliados pela maneira como serviram à missão da Igreja de capacitação ao amor. O amor não conhece fronteiras políticas, de modo que Wesley sentiu-se livre para ignorá-las. Quando as portas da igreja excluíram o amor de Deus, Wesley pregou fora delas. Se o clérigo anglicano oficial não estava realmente ajudando as pessoas a aprenderem a amar a Deus e ao próximo, Wesley iria encontrar pessoas que o fariam - quer tivessem ou não um diploma universitário ou a ordenação da Igreja. A forma seguia a função, na opinião de Wesley. A missão regia tudo e esta missão era o amor.

O foco de Wesley no amor, no entanto, não significava que as formas de organização institucional ou de culto eram irrelevantes. Lembre-se que Wesley era, pelo menos em seu próprio ver, um anglicano com aspectos que nunca mudariam. Ele instintivamente resistiu a essas várias mudanças que discutimos acima, até que se convenceu de que elas estavam, de fato, servindo a missão da Igreja. Sua atitude básica em relação às formas institucionais, portanto, era muito conservadora. Ele supunha que não se deve mudar nada, a menos e até que seja provado a sua inutilidade ou algo melhor venha a aparecer. E assim, por exemplo, ele não queria que seus metodistas se separassem institucionalmente da Igreja da Inglaterra porque não havia necessidade de fazê-lo. Ele incentivou os metodistas a irem aos cultos da Igreja da Inglaterra, bem como às reuniões das sociedades, porque Deus estava, de fato, usando ambos os meios para desenvolvê-los no amor.[16] Quando a Igreja da Inglaterra não ordenou ministros suficientes para a América, Wesley não disse que a ordenação não tinha importância. Ele simplesmente se convenceu (para o bem ou para o mal) que tinha tanto poder para ordenar ministros como qualquer bispo anglicano tinha. E mesmo que ele tenha visto, por exemplo, a Ceia do Senhor como um dos meios para o mais elevado fim do amor, ele ainda achava um meio indispensável e incentivou seu povo a participar tão frequentemente quanto pudessem.[17] Wesley, portanto, não era uma *Quaker*, pronto a jogar fora toda a liturgia e os sacramentos, porque as coisas espirituais eram mais importantes. Os meios pelos quais a Igreja cumpre a sua missão de promover o amor eram importantes para Wesley. Eles apenas não eram tão importantes quanto o amor que eram destinados a promover e tinham de ser julgados à luz desse critério.

Havia uma parte dessa missão de promover o amor, porém, que não poderia ser cumprida dentro da Igreja, não importava que tipo de forma fosse criada, porque envolvia os que estavam fora dela. E assim concluiremos a nossa observação a respeito dos pensamentos de Wesley acerca da Igreja examinando a forma como a Igreja deveria amar àqueles que ainda não fazem parte dela.

A Missão da Igreja como Extensão de Amor

Há uma interessante tensão na visão de Wesley acerca da Igreja, uma tensão entre a Igreja que existe como um contexto de amor para com os seus membros e uma Igreja que existe para estender o amor de Deus ao mundo. Por um lado, Wesley frequentemente repete que sente ser uma prioridade bíblica que os da Igreja cuidem de seus irmãos na fé. Assim, por exemplo, ele interpreta as palavras de Jesus em Mateus 25:40 ("O que vocês fizeram a algum dos meus menores irmãos, a mim o fizeram" NVI) como se referindo aos cristãos e comenta: "Que incentivo encontramos aqui para ajudar a família da fé."[18] Por outro lado, Wesley também está constantemente buscando ampliar esse foco para incluir igualmente os que estão fora da Igreja e por isso ele continua seu comentário sobre esse mesmo versículo dizendo: "Mas devemos, da mesma forma, nos lembrar de fazer o bem a todos os homens."[19]

Esta é uma tensão importante a ser reconhecida, porque muitas igrejas ainda hoje a enfrentam. Algumas querem concentrar-se no discipulado entre os seus membros, enquanto outras querem concentrar-se em questões de "justiça social" como o combate à pobreza ou estabelecimento da paz. Aqui novamente encontramos Wesley tentando manter as duas atitudes. Wesley defende que o amor deva começar dentro da Igreja, mas deve, eventualmente, avançar além dela. Um dos versículos favoritos que Wesley citava era Gálatas 6:10 ("Portanto, enquanto temos oportunidade, façamos o bem a *todos*, especialmente aos da família da fé" NVI). Interessante notar que Wesley, na maioria das vezes, apenas cita a primeira parte do versículo. O adendo que Paulo acrescenta ("especialmente aos da família da fé") é o que Wesley geralmente - embora nem sempre – deixa de citar.[20]

Dada a visão de Wesley dos seres humanos como "espíritos encarnados", é de se esperar que Wesley entendia o "fazer o bem a todos" tanto em termos físicos quanto espirituais. Em sua própria vida e ministério, Wesley sempre tentou equilibrar estes dois e incentivou seus metodistas a fazerem o mesmo. Ele passou a vida viajando e compartilhando o evangelho como ele o entendia e gastou seus recursos tentando ajudar os pobres. Ele inclui entre as "obras de misericórdia" tudo o que afeta ambos corpos e almas. Ele incentivava os metodistas a compartilhar o evangelho com seus vizinhos[21] bem como satisfazer as suas necessidades físicas. Em seu sermão *Sobre a Visita aos Enfermos"*, Wesley incentiva seus metodistas a cuidarem de qualquer um que esteja sofrendo qualquer tipo de aflição, primeiro perguntando sobre suas necessidades físicas e então - e só então - ajudando a apontá-los para Deus.[22] Na mente de Wesley o físico e o espiritual nunca podem realmente ser separados, e assim "amar o próximo" sempre incluirá buscar o bem de seus corpos, bem como o bem de suas almas.

Com esse equilíbrio em mente, no entanto, devemos também notar que Wesley sentia que amar as pessoas e satisfazer as suas necessidades físicas não era apenas um meio para chegar às questões espirituais mais importantes. Enquanto ele abertamente acreditava que os valores espirituais eram maiores, ele não poderia deixar a falta de resultados espirituais ser uma desculpa para ignorar as necessidades físicas. Ao discutir o que significa para a Igreja ser "sal e luz" no mundo, Wesley aborda aqueles que descartam o valor do ministério de compaixão. Alguns diziam que isso não era importante, porque as necessidades espirituais são mais importantes do que as físicas. Outros estavam frustrados, porque o atendimento às necessidades físicas das pessoas nem sempre produziam frutos espirituais ou os levavam a juntar-se à Igreja. A resposta de Wesley para ambas as objeções era austera e sem desculpas e fornece um bom resumo das ideias que tinha sobre como a missão da Igreja conecta-se à obra de Deus no mundo.

> Respondo: (1) Quer os homens venham a ser finalmente condenados ou sejam salvos, tendes mandamento expresso no sentido de alimentar os famintos e vestir os nus. Se podeis fazê-lo e o não fazeis, ireis, qualquer que seja o destino deles, para o fogo eterno. (2) Conquanto somente Deus possa mudar os corações, Ele geralmente o faz por meio do homem. Cumpre-nos fazer tudo quanto nos toca, tão diligentemente, como se nós mesmos pudéssemos transformá-los - e depois deixemos o resultado nas mãos de Deus. (3) Deus, em resposta às suas orações, edifica sobre seus filhos, uns pelos outros, em toda boa dádiva, nutrindo e fortalecendo o 'corpo a que servem todos os membros'.[23]

Portanto, o nosso amor a Deus resulta em nossa obediência e isso é algo que fazemos, independentemente de quão "bem-sucedidos" possamos ser ao cumprir as tarefas que Deus nos pede para executar. Obediência "sem êxito" também nos dá a oportunidade de sermos como Jesus na prática. Um pouco mais adiante Wesley continua:

> É muitíssimo possível que também esses fatos sejam verdadeiros; que experimentastes fazer o bem e fostes mal sucedidos; sim, que os que pareciam reformados, recaíram no pecado – e seu último estado veio a ser pior do que o primeiro. E que maravilha há nisto? O servo é maior do que seu Senhor? E quantas vezes se esforçou Ele por salvar os pecadores, e estes não quiseram ouvir, ou, quando o seguiram por um instante, voltaram-se para trás como cão que retoma a seu próprio vômito! Mas nem por isso o Mestre desistiu de lutar por fazer o bem: outra coisa não deveríeis fazer, fosse qual fosse o resultado. Compete-vos fazer o que vos foi ordenado: o sucesso está nas mãos de Deus. Não sois responsáveis por isso.[24]

Este é o entendimento de Wesley acerca da Igreja e sua obra. A nossa salvação é algo comunitário, porque Deus e os seres humanos são comunitários e relacionais. Por esta razão, Deus reúne os seguidores de Deus em uma Igreja. Esta Igreja é, antes de tudo, uma família unida no amor e não uma instituição unida por acordos doutrinais ou práticos. Esta família, no entanto, é ativa. O amor é um verbo e é expresso tanto pelo que fazemos na Igreja por Deus e pelos outros quanto pelas formas como alcançamos àqueles além dela. E enquanto esta dinâmica do amor flui de Deus através dos seres humanos, o Reino de Deus avança. As pessoas são renovadas à imagem de Deus na santificação e "a vontade de Deus é feita na terra, como no céu".

A Igreja engaja-se na tarefa de compartilhar o amor de Deus ao mundo, independentemente do mundo responder ou não. Dessa maneira, ela simplesmente ama como Deus ama, o que é apropriado para uma comunidade que está sendo renovada à imagem de Deus. A Igreja trabalha para o Reino de Deus, mas não pretende realizá-lo. Isso é obra de Deus e de Deus somente. O que Deus requer da Igreja em seu trabalho no mundo é simplesmente a obediência alegre que surge naturalmente do amor. Os resultados estão todos nas mãos de Deus. Wesley admite que o amor nem sempre é eficaz, mas isso não é desculpa para deixar de amar. Simplesmente amamos, porque Deus é amor. Buscamos o bem até mesmo para os pecadores, porque isso é o que Jesus buscou. Amor, nesse sentido, é o seu próprio fim. É assim que Deus trabalha e é assim que Deus espera que a Igreja de Deus trabalhe também.

Notas bibliográficas

[1] Hino 136, "Wrestling Jacob" de "A Collection of Hymns for the Use of the People Called Methodists" (Ed. Bicentenário 7:250-252), trad. nossa.

[2] Sermão 24, "Sobre o Sermão do Monte, IV", I, §1.

[3] Prefácio de *"Hymns and Sacred Poems"* (1739), §5 (Jackson 14:321-22), trad. nossa.

[4] *"A Plain Account of the People Called Methodists"*, §§7-10 (Ed. Bicentenário 9:256-58), trad. nossa.

[5] Sermão 74, "Da Igreja", §14.

[6] *Ibid.*, §16.

[7] *Ibid.*, §19.

[8] *"A Plain Account of the People Called Methodists"*, §I.2 (Ed. Bicentenário 9:254-55), trad. nossa.

[9] "A Letter to the Right Rev., the Lord Bishop of Gloucester", §I.11 (Ed. Bicentenário 11:477), trad. nossa.

[10] Wesley surpreendentemente credita o diabo com uma ortodoxia perfeita por todo o bem que ela lhe faz (Sermon 7, "O Caminho do Reino", §6).

[11] Sermão 39, "O Espírito Católico", §4.

[12] *"Carta a um Católico Romano"*. Tradução extraída do *website*: http://www.arminianismo.com/backupsite/index.php/categorias/obras/livros/133-john-wesley-as-obras-de-john-wesley-vol5-/426-carta-a-um-catolico-romano (Acesso em 12 de dezembro de 2014)

[13] Sermão 24, "Sobre o Sermão do Monte, Parte 4", III, §§1-2.

[14] Sermão 92, "Sobre o Zelo", II, §5-6. Wesley usa a metáfora de um livro de James Garden, *Comparative Theology* (1700), mas sua aplicação aqui é própria.

[15] *Ibid.*, §II.11.

[16] Sermão 104, "Sobre atender o Culto na Igreja".

[17] Sermão 101, "O Dever da Comunhão Constante".

[18] *NNT*, Mateus 25:40, trad. nossa.

[19] *Ibid*, trad. nossa.

[20] Wesley dá uma clara prioridade para a família da fé quando trata-se do uso do dinheiro, exortando seus Metodistas a emprestarem dinheiro para os da igreja primeiro (Sermão 23, "Sobre o Sermão do Monte, Parte 3", III, §12) e a usar quaisquer excedentes que eles possam ter primeiramente no cuidado de irmãos na fé (Sermão 50, "O Uso do Dinheiro", III, §3).

[21] Sermão 66 "Os Sinais dos Tempos", II, §13.

[22] Sermão 98, "Sobre a Visita aos Enfermos", II, §§2-4.

[23] Sermão 24, "Sobre o Sermão do Monte, Parte 4" III, §7.

[24] *Ibid.*, III, §8.

Conclusão

Exploramos os contornos do mundo de João Wesley, os eventos centrais que moldaram sua vida e as percepções básicas que moldaram seu pensamento. Considerando que a tarefa de uma boa introdução é tanto levantar boas questões quanto respondê-las, encerraremos com plena consciência de como inacabada está nossa tarefa. Existem duas trajetórias principais que os leitores de Wesley poderiam tomar ao término deste livro e não são, de forma alguma, mutuamente exclusivas. Uma delas seria a trajetória acadêmica para aqueles que desejam aprender mais sobre João Wesley. A outra seria a trajetória prática acerca do que faremos com tudo isso, agora que temos toda estas informações disponíveis. Tentaremos dar ao leitor uma breve orientação para cada trajetória.

Para estudo adicional...

Como observamos no início desta jornada, este livro é apenas uma tentativa de introduzir o leitor à riqueza da herança teológica de João Wesley. Há muitos escritores que têm explorado esse legado com muito mais profundidade e compreensão. Agora que fomos introduzidos a Wesley, podemos continuar nossa jornada com ele em um número de maneiras diferentes. Para outras introduções curtas a Wesley que possuem diferentes orientações e perspectivas, os leitores podem explorar *Wesley for Armchair Theologians* [Wesley para Teólogos de Poltrona], de William J. Abraham (Louisville, KY: Westminster-John Knox, 2005) e *Wesley: A Guide for the Perplexed* [Wesley: Um Guia aos Perplexos], de Jason E. Vickers (New York: T&T Clark, 2009).

Para os mais interessados em uma leitura mais biográfica, *John Wesley: A Theological Journey* [João Wesley: Uma Jornada Teológica], de Kenneth J. Collins (Nashville, TN: Abingdon, 2003); *The Elusive Mr. Wesley* [O Indescritível Sr. Wesley] de Richard Heitzenrater (Nashville, TN: Abingdon, 2003); e *Reasonable Enthusiast: John Wesley and the Rise of Methodism* [Entusiasta Razoável: João Wesley e a Ascensão do Metodismo] de Henry D. Rack (Nashville, TN: Abingdon, 1993), são bons pontos de partida. Antiga, mas ainda útil é a obra de Martin Schmidt: *John Wesley: A Theological Biography* [João Wesley: Uma

Biografia Teológica], traduzido por Norman P. Goldhawk (New York: Abingdon, 1963).

Aqueles que gostariam de um envolvimento mais profundo com o pensamento de Wesley - livros que trazem diferentes facetas de seu trabalho e concentram-se em diferentes interesses - fariam bem em ler tanto *Responsible Grace: John Wesley's Practical Theology* [Graça Responsável: Teologia Prática de João Wesley] de Randy L. Maddox (Nashville, TN: Kingswood, 1996) quanto *A Teologia de João Wesley: o Amor Santo e a Forma da Graça*, de Kenneth J. Collins (CPAD, 2010). Mais curtos, porém também muito úteis são *The New Creation: John Wesley's Theology Today* [A Nova Criação: A Teologia de John Wesley Hoje], de Theodore Runyon (Nashville, TN: Abingdon, 1998); e *The Way to Heaven: The Gospel According to John Wesley* [O Caminho para o Céu: O Evangelho Segundo João Wesley], de Steve Harper (Grand Rapids, MI: Zondervan, 2003).

Além dessas obras, houve muitas monografias e coletâneas de ensaios escritos sobre aspectos específicos da vida e legado de Wesley, muitos dos quais contêm ideias maravilhosas, além daquelas encontradas nos livros listados acima, porém são muitas para citar nesta breve conclusão. No entanto, uma recente coleção de ensaios sobre sua vida e ministério, que muitos leitores provavelmente acharão útil, é *Cambridge Companion to John Wesley* [Um Companheiro de Cambridge para João Wesley], editado por Randy L. Maddox e Jason E. Vickers (New York: Cambridge Univ. Press, 2010).

Colocando em Prática

Como vimos, Wesley foi um teólogo intensamente relacional e prático. O teria decepcionado muito saber que pessoas leram a sua teologia e refletiram acerca de suas ideias apenas para registrá-las em livros (ou recitar respostas a respeito do mesmo em um teste). Wesley sabia que a teologia era para ser vivida com Deus e com os outros no mundo. Então, como um "próximo passo", depois de olharmos para a vida e pensamento de Wesley, é bom pensarmos sobre que tipo de diferença sua vida e pensamento podem fazer às nossas próprias vidas e pensamentos hoje. Claro que, para sequer começarmos a aplicar as ideias de Wesley seria necessária a produção de um outro livro. Contudo, mesmo não tendo espaço para extrair todas as implicações do exemplo e percepções de Wesley, podemos dizer algo que nos ajudará a orientar-nos em direção a esta empreitada.

Ao longo desta apresentação da vida e pensamento de Wesley, tentamos articular suas respostas às dinâmicas básicas e também suas percepções fundamentais nas quais direcionaram essas respostas. Em certo sentido, estas formam o núcleo do "projeto teológico" de Wesley. Poderíamos, claro, tentar simplesmente repetir suas palavras e duplicar seus métodos. No entanto, dado a diferença da Inglaterra de Wesley no século XVIII e a Inglaterra do século XXI - ou a América, ou África, ou Ásia - esta abordagem não é susceptível a produzir para nós os mesmos resultados que Wesley obteve. Por outro lado, se tentarmos ser wesleyanos hoje através do processamento de suas percepções em nossas próprias culturas e nos perguntarmos o que uma expressão relacional e criadora, orientada pela graça e de expressão comunitária da igreja pode parecer em nossos dias, podemos encontrar algumas coisas surpreendentes acontecendo. Nossas palavras podem não ser as mesmas de Wesley, mas ainda podem soar muito wesleyanas. Se as nossas atividades forem impulsionadas por um amor inspirado pela graça - o amor sábio e intencional, não apenas um tipo de "sensação boa" - nós provavelmente nos encontraremos fazendo coisas muito wesleyanas. E, talvez, se tentarmos "ser igreja" de uma forma que aceite as pessoas onde elas se encontram, mas, em seguida, as apontem em direção as expressões surpreendentes da imagem de Deus que elas foram criadas a ser, talvez Deus responderá às nossas ofertas de forma semelhante a maneira como Deus respondeu a Wesley. Talvez não ajudaremos a iniciar um reavivamento que venha a moldar significativamente o nosso país – isso é com Deus. De qualquer maneira, é difícil imaginar que poderíamos nos arrepender de nossos esforços fiéis em viver a grande visão do Evangelho que Wesley tem nos ajudado a compreender.

www.ingramcontent.com/pod-product-compliance
Lightning Source LLC
Chambersburg PA
CBHW021926040426
42448CB00008B/935